터널의 끝을 향해

아시아태평양전쟁이 남긴 대일역사문제 해법 찾기

터널의 끝을 향해

아시아태평양전쟁이 남긴 대일역사문제 해법 찾기

초판 1쇄 발행   2017년 4월 25일

지은이 ㅣ 정혜경
펴낸이 ㅣ 윤관백
펴낸곳 ㅣ 도서출판 **선인**

등록 ㅣ 제5-77호(1998.11.4)
주소 ㅣ 서울시 마포구 마포동 324-1 곳마루 B/D 1층
전화 ㅣ 02)718-6252 / 6257   팩스 ㅣ 02)718-6253
E-mail ㅣ sunin72@chol.com
Homepage ㅣ www.suninbook.com

정가 19,000원
ISBN 979-11-6068-082-9 94900
ISBN 978-89-5933-473-5 (세트)

[강제동원&평화총서 제9권]

터널의 끝을 향해

아시아태평양전쟁이 남긴 대일역사문제 해법 찾기

정혜경 지음

조용히 역사 속으로 사라진 한국정부 기관, 멈춰버린 진상규명의 시계

2015년 12월 31일. 서울특별시 종로구 신문로1가에 자리했던 '국무총리 산하 대일항쟁기강제동원피해조사 및 국외강제동원희생자등 지원위원회(이하 강제동원위원회)'라는 긴 이름의 정부기구가 공식 폐지되었다. 법 규정에 따라 잔여 업무는 행정자치부로 이관되었다. 2004년 11월 10일, '일제강점하 강제동원피해진상규명 등에 관한 특별법(법률 제7174호, 2004년 3월 5일 제정, 이하 강제동원특별법)'에 의해 발족한 지 11년 만이었다. 강제동원위원회 폐지로 75명의 사무국 구성원들과 어렵게 모은 자료는 흩어졌다.

연말의 번잡한 분위기에서 주목 받지 못한, 쓸쓸한 해산이었다. 그러나 한일관계사에서 존재 의미는 뚜렷이 남겼다. 강제동원위원회 폐지가 임박했던 2015년 11월, 40여 대표적인 역사학자들과 일본 시민단체가 연명으로 대한민국 국회와 대통령에게 강제동원위원회 존속을 청원했다. 처음이 아니었다. 강제동원위원회 존속이 위태로울 때마다 반복한 일이다. 그 즈음, 동아일보, KBS, MBC, JTBC 등 주요 언론에서도 폐지의 문제점을 제기했다. 왜 일본 시민단체와 역사학자들은 한국정부기관의 존속을 원했을까. 왜 한국 주요 언론은 폐지의 문제점을 지적했을까. 존재의미가 있었기 때문일 것이다.

재일사학자 강덕상姜德相은 10년 전 발표한 글에서 '최근 5-6년간 크게 높아진 일본의 대한對韓 내셔널리즘'의 배경을 '한국과 일본은 민족의 입장에서 과거 식민지 시대의 매듭을 짓지 않은 미완의 상태이기 때문'이라 진단했다. 특히 한국 역사와 한일관계사에 대한 일본 민중의 무지를 '공범共犯'이라 지적하고, 해결의 출발점을 '사실의 무게를 아는 것'이라 제시했다. '사실의 무게'는 '복잡다단'하다. 일본에 대한 촉구만으로는 부족하다. '사실의 무게를 아는' 노력에 비해 '촉구'는 쉬운 방법이다.

현재 한일 양국은 '사실의 무게를 아는 것', 즉 문제해결의 출발점을 각기 다른 곳에서 찾고 있다. '역사'라는 강고한 벽을 세워놓고는 자신들 만의 세계에 처박힌 듯하다. 불통의 대일역사문제, 소통의 가능성은 있는가. 실마리는 강제동원위원회라는 작은 정부기관이 남긴 성과와 교훈에서 찾을 수 있다. 강제동원위원회는 존속기간 중 한국사회에서 대중적 존재감은 없었다. 한시기구로 출발한데다 최대 100여 명 남짓했던 작은 정부기관은 관심의 대상이 아니었다. 대부분의 존속 기간을 6개월 단위로 연명해온 불안정성도 존재감 상실에 큰 몫을 했다. 명칭 때문에 민간단체로 오해받기도 했다. 친일 문제와 함께 국내 '과거사'로 치부되어 정치적 외풍을 맞기도 했다.

그러나 강제동원위원회는 "건국 이후 최초로 한국정부가 일제의 전쟁에 동원당한 자국민의 피해를 조사하고 진상을 밝히는" 업무를 담당한 정부기관이었다. 세계 유일의 '일본이 일으킨 아시아태평양전쟁에 의한 피해를 조사하는 공적 기관'이었다. 피해자와 시민들의 노력으로 문을 열었으며, 아시아태평양전쟁 피해라는 과제를 대상으로 진상규명을 추진한 '야전사령부'였다.

양심적 일본시민들과 연대하며 먼지가 덕지덕지 낀 역사의 거울을 닦아 나갔다. 일본정부를 상대로 사망자 유골 현황 조사를 개시했고 공탁금문서 등 관련 자료를 확보했으며, 일본과 사할린 지역의 유골봉환 사업도 시작했다. 모두 '전후 역사상' 첫 시도였고, 성과였다. 아쉽게도 시작 단계에 문을 닫았다. 그럼에도 대일역사갈등 해결과 미래지향적

한일관계의 가능성을 확인한 점은 큰 성과다. 공허한 담론이 아니라 경험을 통해 얻은 교훈이다.

2010년 8월, 당면 업무에 급급하던 나는 기관장 지시로 보고서를 작성했다. 정선태 위원장은 부임 직후, 내게 강제동원위원회의 성과를 토대로 대일역사문제 해결을 위한 거시적 실천 방안을 주문했다. 그는 강제동원위원회를 발족한 한국이 선도적 역할을 할 수 있다고 생각했다. 부친상 중에도 출근해 독려할 정도로 위원장의 관심은 컸다. 보고서에서 나는 '동북아평화공동체 구축 실천 방안'을 제시했다. 크게 '① 양국 의회의 연대 ② 일본 우호세력 연대 ③ 한중일 지식인 연대 ④ 국내 학계 연구 활성화 ⑤ 진정성을 전제로 한 일본 정부 및 기업의 노력 ⑥ 평화재단 설립을 위한 기업·정부·국회의 노력 방안' 등 여섯 가지 방향을 설정했다. 그리고 먼저 학계가 할 수 있는 방안을 실천에 옮겼다. 일제강제동원&평화연구회(2011.8.6.창립. 아시아태평양전쟁 문제를 연구하는 연구센터로서 학자와 시민을 잇는 네트워크. http://cafe.naver.com/gangje)다. 국내는 물론 일본 연구자들도 동참했다.

보고서 작성 직후, 부임 4개월 만에 위원장이 교체되면서 보고서는 내 서랍에서 나올 기회를 잃었다. 그러나 대일역사문제 해법에 관한 내 개인적인 관심마저 사라진 것은 아니었다. 그 후 6년이 흘렀다. 그간 한일관계를 둘러싼 환경은 변했다. 악화되었다. 그러나 변하지 않은 것도 있다. 근본 원인은 변하지 않았다. 문제의식이나 접근 방식도 크게 달라지지 않았다. 여전히 '선언'하고 '촉구'하고 '분노'하지만 함께 '사실의 무게를 알아가려는 노력'은 충분치 않다.

전후 역사청산의 바람직한 과정은 진상규명 → 피해자 권리 찾기이다. 이스라엘과 독일이 걸어온 길이다. 아시아태평양전쟁과 제2차 세계대전 관련국들이 걸어야할 길이다. 그러나 일본과 한국은 그 길을 걷지 못했다. 일본은 외면했다. 전후 역사청산은 그저 한일 양국 외교 현안의 하나였다. 지속적 고민이 아니라 '즉자적 대응'에 그쳤다. 그나마 강제동원위원회가 체계저 대응 시스템을 놓는 과정이있다. 강세동원위원회 폐지로 진상규명은 중단되었으나 전후 대일역사청산의 길을 시도했던 귀한 경험은 남았다. 향후 해법 찾기에 필요한 토양이라 생각한다.

오래 동안 국내외 많은 학자들은 대일역사문제에 대해 깊이 고민했다. '촉구'를 넘어선 해법을 찾고자 했다. 그러나 정부 수립 이후 한국정부와 시민사회가 이룬 성과 보다는 국제 정치 공학적 해법이 주를 이루었다. 대일역사문제에서 아시아태평양전쟁 가해국 일본과 전후청산과정을 이끈 미국의 역할은 중요하다. 그러나 해법 찾기의 한 축이다. 또다른 축은 그간 한국정부 및 사회가 기울인 대일역사문제 해결 노력에 대한 성찰이다. 한국은 그동안 무엇을 했고, 무엇을 해야 하며, 무엇을 할 수 있는가. 일본을 상대로 제대로 '촉구'하고 외교적 성과를 내기 위해서도 반드시 필요한 과정이다. 이를 통해 '촉구'의 내용을 보완할 수 있고, 정방향의 방향 설정도 가능하다.

길을 잘못 들어섰다고 판단될 때 가장 좋은 방법은, 멈춰 서서 생각하고 왔던 길을 돌아가 다시 출발하는 것이다. 성찰과 회복이다. 이 책은 한국정부역할에 대한 성찰을 통해 제대로 된 길을 찾으려는 작은 고민이다. 2001년 특별법 제정운동 참여부터 2015년 강제동원위원회 폐지까지 만 14년간의 경험을 토대로 했다. 6년 전 보고서 작성을 계기로 가졌던 고민의 일부도 담았다. '일본의 역할'은 이 책에 담지 않았다. 한일관계 전문가들의 고견과 풍부한 연구 성과가 유용할 것이다.

2015년 12월 31일, 한국정부의 진상규명 시계는 멈췄다. 그러나 시계는 사라지지 않았다. 다만 멈춰 있을 뿐이다. 특별법을 폐지하지 않는 한, 작동 가능성도 남아 있다. 다시 시계가 작동한다면, 대일역사문제의 해법 찾기는 쉽고 빨라질 것이다.

차례

제1부

전후 대일역사문제, 한국정부가 걸어온 길

1. 광복 72주년 : 대일역사문제의 현주소

□ 일본의 역사인식 - 봉인 · 망각 · 왜곡 · 미화

1970년 12월 7일, 비 그친 뒤 잔뜩 흐린 하늘에 날씨는 쌀쌀했다. 코트 차림의 빌리 브란트 서독 총리가 폴란드의 한 유대인 추도탑 앞, 비에 젖은 차가운 대리석 위에 무릎을 꿇었다. 그리고 과거 나치독일에 상처받은 폴란드 국민들에게 용서를 빌었다. 제2차 세계대전 후 25년 만에 독일 총리로는 처음 폴란드를 방문한 브란트가 국교정상화 조약에 서명한 뒤 바르샤바의 한 유대인 추도탑을 찾은 길이었다. 추도탑을 세운 곳은 1943년 4월 19일에 유대인 7만 명이 나치에 저항하다 56,000명이 사살되거나 체포된 바르샤바 게토(중세 이후 유럽 각 지역에서 유태인들을 강제로 격리하기 위해 설정한 집단 거주지)였다.

이 사건에 대한 세계 각국의 평가는 '충격과 감동'이었다. 언론은 "무릎을 꿇은 것은 한 사람이었지만 일어선 것은 독일 전체였다"고 표현했다. "나치와 싸웠던 브란트총리는 그 곳에서 무릎을 꿇을 필요가 없는 사람이었다. 하지만 총리는, 실제 무릎을 꿇어야 함에도 용기가 없어서 꿇지 못하는 사람들을 대신해 무릎을 꿇었다"고 극찬했다.

그간 독일의 전쟁책임노력은 브란트총리의 '용서'와 무관하게 진행되었다. 1949년 나치부정에 대한 보상법 제정 이후, 연방보상법(1956), 연방보상법 종결법(1965), 포괄보상협정(1959년 이후, 룩셈부르크 등 서방 11개국과 체결)이 대표 사례이다. 역사교육도 중요한 실천 대상이다.

물론 독일의 전쟁책임 과정이 순탄한 것은 아니었다. 자발성과 주체성에만 의지한 과정도 아니었다. 충분하지도 않았다. 독일정부 차원에서 유대인집단학살을 '전쟁범죄'로 인정한 적도 없다. '독일경제의 기금 이니셔티브 기억·책임·미래'(이하 독일미래재단) 설립 이전까지 나치 강제노동 피해자에게 보상하지 않았다. 일본도 고이즈미 준이치로小泉純一郎총리의 루거우차오盧溝橋 방문(2001)이나 아베 신조安倍晋三총리의 하와이 진주만 방문(2016) 등 이벤트는 있었다. 루거우차오는 중일전쟁 발발지이고 진주만은 태평양전쟁 발발지이다. 그러나 브란트총리와 같은 '감동'은 일어나지 않았다. 정치적 목적의 행위라는 평가가 일반적이다. 여전히 세계 여론은 독일과 일본의 역사청산은 다르다고 평가한다. 한국 시민은 물론 양심적 일본인들은 부러워한다. 독일의 역사청산을…. 그리고 촉구한다. 왜 일본은 독일처럼 전쟁책임을 다하려 하지 않는가.

일본과 독일은 무엇이 다른가. 현재 일본의 역사인식을 살펴보면, 분명 독일과 일본의 전후역사청산 과정은 차이가 있어 보인다. 유럽 각국이 독일의 전후 역사청산과정에 주목했다면, 당연히 한국 등 아시아 국가의 관심은 일본이다.

'과거의 전쟁'에서 국가의 책임을 인정하고 사죄와 반성을 되풀이하면서도 당시 신권적인 존재로서 국가권력의 최고 정점에 자리하고 있던 '대원수'인 '천황의 전쟁 책임'을 부정하는 모순을 안고 있는 한, 일본의 역사인식에 내재된 근본적인 문제점은 결코 해소되지 않을 것이다.

일본천황제 전공자 박진우는 '청산의 출발점은 천황의 전쟁책임을 논하는 것'이라 지적했다. 일본 역사인식의 특징을 '봉인·망각·왜곡·미화'로 정리했다.

패전 직후 히로히토裕仁는 적극적으로 그리고 일관되게 평화주의자임을 표명했다. 1948년 9월 미국 기자단과 회견에서, '민주주의가 천황제의 오랜 전통 속에 존재하고 있음'을 강조하며, "짐은 무력으로 항구적인 평화는 수립할 수 없으며 유지할 수도 없다고 믿고 있다"고 발언했다. 1976년 11월 '재위 50년 기념식전'을 앞두고 열린 기자회견에서, 가장 슬픈 일에 대한 질문에서 "무엇보다도 제2차 세계대전입니다"라는 답변으로 자신과 전쟁 사이의 선을 그었다. 스스로 '평화주의자'로 자처한 히로히토는, 자신의 과거 모습 이면을 모른 척 했다. 히로히토의 과거 모습은 '대원수'가 이끌었던 제국 일본의 실상이었다.

일본이 샌프란시스코강화조약 발효 직후부터 전환된 원폭피해자 코스프레는 2016년 5월 오바마 미국대통령의 히로시마廣島 방문으로 완결점을 찍었다. 2016년 11월 25일, 히로시마 지역 방송의 아침 뉴스 첫 소식은 '오바마대통령 히로시마 방문 반년'이었다. 미국대통령의 히로시마 방문은 반년을 기념할 정도로 일본에게 준 선물이었다. 방문의도와 무관하게 일본이 원폭피해국이라는 점을 국제적으로 공인했기 때문이다. 그렇다면 일본사회는 원폭피해국이 된 배경에도 관심이 있을까. 안타깝게도 사실의 무게는커녕, 사실事實 자체에 대한 관심도 없어 보인다.

아무리 '평화 애호국이며 원폭 피해국'으로 포장하려 해도, 일본은 분명 아시아태평양전쟁 가해국이다. 아시아태평양전쟁을 일으켰다. 4천만 명이 넘는 아시아 민중들을 전쟁에 동원했고 고통을 주었다. 역시 변치 않는 사실이다. 일본은 이 같은 '사실의 무게'를 알고자 노력했는가.

□ 완전히 재수 없는 거죠

일본 국가권력은 오히려 패전 직후부터 사실의 무게를 가볍게 하는 정도가 아니라 사실 자체를 '소거消去'하고자 했다. '히로히토가 평화주의자이며 입헌주의에 충실한 입헌군주로서 패전에 즈음해서는 성단聖斷으로 비참한 전쟁을 멈출 수 있었다'는 신화를 면책 확산에 활용했다. 박진우가 정리한 네 가지 일본의 역사인식 '봉인·망각·왜곡·미화'는 바로 소거의 내면이다. 이들이 사실을 소거해야 하는 가장 큰 이유는 면책을 위해서다. 거기에는 일본인을 포함한 제국 영역 민중들에게 '제국 일본의 허식'을 들키지 않으려는 의도도 포함되어 있었다.

메이지 유신 이후 일본은 서구 열강과 마찬가지로 제국 만들기에 나섰으나 제국으로서 자격은 갖추지 못했다. 전쟁에 동원한 식민지와 점령지 민중은 물론, 자국민에게도 무책임했다. 마음가짐도 능력도 역량도 없었다. 현인신現人神으로 불렸던 히로히토에게 자국민을 지킨다는 생각은 없었다. '종전終戰의 명분'을 쌓기 위해 공습의 참화에 내던져진 자신의 신민臣民을 외면했고, 오키나와 주민들에게 본토 결전을 위한 총알받이를 강요했다. 심지어 '국체(천황제) 수호'를 위해 천황의 군대라던 황군皇軍을 소련에 넘겨줄 준비까지 했다. 1945년 7월 10일 최고전쟁지도회의의 결정에 따라 화평중개요청사절이 된 고노에 후미마로近衛文麿가 소련에 넘겨 줄 교섭안은 '관동군의 제공'이었다. 18일, 소련의 거부로 교섭안 보따리는 풀지 못했다. 그러나 8월 16일, 소련군은 60만여 명의 일본 관동군(조선인 1만여 명 포함)과 제5방면군(樺太남사할린과 千島지시마 주둔군) 포로를 시베리아 등 수용소에 억류했다. 최근 일본측 조사결과에

의하면, 강제노역과 추위 등 열악한 환경으로 사망한 일본인만 1만여
명에 달했다. 간신히 시베리아 억류생활을 마치고 1947-1956년간 마이
즈루舞鶴항을 통해 귀국한 이들을 맞은 것은 일본 사회의 '외면'이었다.
  "완전히 재수 없는 거죠."
  TBS 실화 드라마 '나는 조개가 되고 싶다'의 장면. 패전 직전, 일본 본
토에 추락한 미군조종사에게 가혹행위를 한 혐의로 교수형을 당하기 전
날 밤, 시미즈淸水가 교화사敎化師에게 한 말이다. 이발사 시미즈는 재수
가 없어서 장애자임에도 소집영장을 받아야 했고, 재수가 없어서 상관
의 명령에 따라 미군에게 총검을 들이대야 했으며, 재수가 없어서 전범
이 되었고, 재수가 없어서 교수형을 피하지 못했다. 그러나 시미즈와 동
료들에게 총부리를 겨누며 '돌격 앞으로!'를 외친 돼지 상등병은 교수형
을 면했다. 시미즈는 그저 재수 없었을 뿐이었다. 일본사회는 소련에 억
류되었던 60만여 명에 대해서도 '재수 없었던 이들'로 치부했다.
  그뿐만 아니다. 1956년에 돌아온 중국 지역 일본인 전범 출신자에게
는 '세뇌당한 비국민'이라는 멍에를 씌웠다. 중국 민간인에 대한 생체실
험이나 민간인 학살 등 가혹한 전쟁범죄 혐의로 베이징北京을 비롯한 중
국 각지의 전범 감옥 수형생활을 마치고 귀국한 이들에게 일본사회는
'가만히 있으라!'를 강요했다. 그러나 11년간 수형 생활을 통해 사실의
무게를 인식하고 '사죄할 줄 아는 양심'을 회복한 이들 가운데 일부는
적극적으로 '봉인' 해제 작업에 나섰다. 주변에 '일본이 중국에서 한 짓'
을 알리고 반전평화운동에도 참가했다. 군인 연금을 거부하는 방식으
로, 또는 신문에 수기를 투고하는 방식으로 '반성의 회오悔悟'를 실천하
기도 했다. 정례적인 중국 현지 방문 프로그램을 운영하거나 일본 국내
에서 사망한 강제동원 중국인 위령비를 세우고 유골 봉환에도 나섰다.
그러나 중국에서 경험한 '사실의 무게'를 일본 사회와 공유하려는 이들
의 실천에 대한 대가는 냉혹했다. 당국의 감시와 미행은 기본이었다. 직

장을 구할 수도 없었다. "세뇌당한 소련 스파이" "빨갱이" "스스로 배를 갈라라"는 폭언과 협박도 그치지 않았다. 일본 민중은 자신도 모르는 사이에 천황과 일본정부가 원하는 '소거' 과정에 적극 동참하고 있었다.

이 같은 상황에서 일본 민중이 사실의 무게를 알아간다는 것은 매우 힘든 일이다. 개인의 힘으로 촘촘하고 두터운 장벽과 맞서고 장막을 벗겨내는 일이다. 이웃과 사회의 눈총을 받기도 하고 불이익을 감수해야 하는 버거운 일이다. 그 사이에 일본의 역사 거울은 먼지가 계속 쌓여 갔다.

☐ 터널의 한복판

광복 70주년과 한일국교정상화 50주년을 맞은 2015년을 보낸 직후, 정부 차원의 한일관계는 큰 갈등 이슈가 없어 보였다. 2015년 전격적인 '12·28 일본군위안부 합의' 이후 양국 정부는 '굳건한 공조 체제'를 과시하는 듯 했다. 이명박 정부 때 졸속 추진이라는 비판 속에 외교부 담당 국장이 사직할 정도로 국민적 반대가 심했던 한일군사정보보호협정도 전격적으로 체결되었다. 이런 점만 보면 정부 차원의 한일 양국은 갈등 없이 평탄한 시절이다. 2016년 12월, 부산영사관 앞 소녀상 설치문제가 발생하기 이전까지는 그랬다.

그러나 시민 차원의 한일관계는 차가운 살얼음판이다. 특히 2015년 7월 유네스코 세계유산등재는 양국 시민 사회의 골을 더욱 깊게 만들었다. 한국 시민사회는 진실과 정의 등 인류보편의 가치를 지향하는 유네스코 세계유산등재 과정에서 역사의 사실을 소거하려는 일본을 비판했다. '역사왜곡문제'를 지적했다. 한국의 문제 제기에 수긍한 독일 등 유네스코 주요 회원국들도 '등재를 하려면 한국인과 중국·연합군포로에게 가한 강제노동의 사실을 기재하라'고 요구했다. 당연한 요구였다. 그

결과 2015년 7월 독일 본에서 열린 유네스코 세계유산위원회에서 사토구니佐藤地 주 유네스코 일본대사는 일본 최초로 세계 공식 기구에서 '강제성'을 인정했다. "본인의 의사에 반해 동원돼 가혹한 조건 아래서 강제로 노역한 수많은 한국인과 여타 국민이 있었다(…there were a large number of Koreans and others who were brought against their will and forced to work under the harsh conditions …)" 그러나 '사실의 무게'를 느끼지 못하는 일본 시민사회는 당황스러워 했다. 이튿날부터 계속된 일본정부의 '부정'도 큰 몫을 했다. 일본사회는 한국에 대해 '굳이 필요 없는 흠집이나 잡는 비뚤어진 이웃의 컴플렉스'로 폄하했다. 한국사회의 상실감은 컸다. 2015년 1년 내내 한국 언론에서 일본 유네스코세계유산 등재 소식은 사라지지 않았다.

게다가 일본사회는 거칠게 반응했다. 2016년 여름, 오사카大阪에서는 한국 관광객을 상대로 한 혐오 사건이 계속 일어났다. '고추냉이 사건'과 '조센징' 소동, '묻지 마 폭력' 등이 대표적이다. 이미 일본에서 조선학교 학생들에 대한 '치마저고리 찢기 테러'와 '재일 특권을 용납하지 않는 시민모임(이하 재특회)'의 헤이트스피치 등 '재일'에 대한 폭력의 역사는 오래되었다. 민족차별과 폭력의 역사는 1923년 관동지진 당시 조선인 학살에서 연원을 찾을 정도로 깊다.

특히 재특회의 헤이트스피치는 도쿄와 가와사키川崎, 오사카 등 한인 밀집 지역에서 한인 상점이나 학교 등지를 대상으로 조직적이고 집요하게 발생했다. 일본 법무성에 따르면, 2012년 4월부터 2015년 9월까지 확인된 헤이트스피치는 1,152건에 이른다. 재특회에 대해 일본사회는 '극우단체의 표현의 자유를 넘어선 폭력'이라는 반응을 보였다. 일본 시민들이 직접 나서서 막을 정도로 일탈적인 행동으로 지탄받았고, 일본정부도 2016년 5월 '본국 외 출신자에 대한 부당한 차별적 언동의 해소를 향한 대응 추진에 관한 법'을 제정할 정도였다. 예산상 조치가 없는 이념법이고, 처벌이나 제재규정이 없다는 점에서 선언적 법이다. 그러나 보수적 분위기 속에서 연립여당이 발의했고, 여야 합의를 통한 '헤이트 스피치 불용不容 원칙'을 선언했다는 점에서 의미가 있다.

2016년 6월 5일, 한국인들이 밀집한 가와사키 지역에서는 가와사키시와 법원이 나서 재특회의 헤이트스피치 행사 개최를 위한 공원사용허가를 거부하고, 수도권 각지에서 모여든 일본 시민 천여명이 반대집회를 하며 재특회원을 몰아냈다. 2016년 12월 27일에는 가와사키시 인권시책추진협의회가 '헤이트스피치에 의한 인권 침해를 미연에 방지하기 위해 공공시설 이용을 제한하는 가이드라인'을 시장에 제안하기도 했다. 일본 전국 최초의 제안이다. 이 같은 양심적 일본시민들의 노력과 달리, 오사카에서 혐오사건이 발생했다. 최근 오사카에서 있었던 사례가 우려스러운 이유는 특정 단체나 조직이 아닌 개인 차원에서 일어난 한국 혐오 감정 분출이라는 점 때문이다.

일본사회의 혐한 감정 악화는 한국사회의 반일 감정을 촉발시켰다. 당연한 수순이다. '총'이 일본에서 한국인을 비하할 때 사용하는 대표적인 욕설이라는 점을 알게 되고, 일본인들에게 욕설을 들으며 걷는 한국 여성 관광객의 피해 동영상이 공개되면서 국내 여론은 악화되었다. 유네스코산업유산 등재로 패인 한일 양국 국민들 사이의 골은 12월 28일 일본군위안부문제에 대한 한일양국의 '합의' 이후 더욱 커졌다. 대부분의 한국인들은 일본을 '못 믿을 이웃'이라 생각한다. 2016년 11월, 한국 대통령의 국정농단사건으로 매주 백만 명 이상의 시민들이 모여서 대통령 퇴진을 요구하는 와중에 한일 양국이 체결한 한일군사정보보호협정은 한국민의 정부 불신과 함께 반일 감정 불씨에도 기름을 끼얹었다.

현재 한일관계는 여론조사결과를 통해 체감 할 수 있다. 2016년 신동아 11월호에 실린 여론조사 결과(9월 말 조사)를 보면, 13.7%만이 '한일관계가 좋다'고 응답했다. 한일관계에 영향을 미치는 쟁점으로는 '한일위안부합의 등 역사문제'가 86%이고, 영유권 분쟁이 64.6%에 달했다. 특히

'한일 과거사 청산이 상당히 진행되었다고 생각하느냐'는 질문에 90%가 아니라고 응답했다. 일본인 호감도는 6%였고, 94%가 '일본은 나쁜 친구'나 심지어 '적'이라 응답했다. 한일관계에서 역사와 영유권 문제가 갖는 무게감을 명확하게 보여주는 여론조사결과이다.

비슷한 시기에 실시한 일본 여론조사 결과는 다른 모습을 보였다. 2016년 10월 말 내각부가 실시한 조사에서 '한일관계가 양호하다고 생각한다'는 응답은 6.5% 포인트 증가한 29.2%로 나타났다. 그러나 2017년 1월 말 일본 언론이 발표한 여론조사결과는 한국과 차이가 없다. '한국을 외교나 경제 상대국으로 인정할 수 있는가'라는 질문에 대해 80%가 '신뢰할 수 없다'고 답했다.

□ 한일관계, 터널을 벗어났다고 생각한 적도 있었다

오늘날 한일 관계는 불편하다. 생각해보면 불편하지 않았던 적이 얼마나 있었을까 싶다. 그러나 늘 불편했던 것은 아니었다. 1998년부터 시작된 전후 최초 양국 간 대중문화개방에 힘입어 건강한 문화교류가 자리 잡았고, 2002년 월드컵 공동개최는 한일 양국민 상호 인식에 가장 큰 영향을 미쳤다. 역사교과서 문제를 계기로 해결을 도모하기 위해 2001년에 양국 정부가 추진한 '한·일역사공동연구위원회'도 신뢰 구축에 기여한 사례였다. 제1기(2002년 발족)와 제2기(2007년 발족) 등 두 차례 운영한 한·일역사공동연구위원회는 한계 속에서도 양국 역사학자가 처음으로 정부가 지원하는 공식 기구를 통해 공동 연구를 하고, 한·일 간 역사인식의 다양성을 제시한 소중한 기회였다. 1998년을 기점으로 개선된 양국민의 상호 인식은 2005년 시마네島根현의 '다케시마의 날竹島の日 조례 제정'으로 독도 문제가 촉발하기 전까지 몇 년 간 양호했다.

특히 김대중 정부 시기는 이전 한국정부가 시도했던 대일역사문제에서 관계 개선을 한 차원 높인 시기라 할 수 있다. 1984년 9월 한국 대통령으로서는 처음으로 전두환대통령이 일본을 공식 방문한 이후 한국 대통령의 방일 때마다 일본 측의 사과와 반성의 표현에 관심이 집중되었다. 그러나 어렵게 반성과 사과 표현을 이끌어낸 이후에도 일본사회에서 쏟아져 나오는 망언과 역사왜곡 발언은 늘 한일관계를 악화시켰다. 김대중 정부는 논쟁이 반복되지 않기 위해 공식 문서로 확인하는 방안을 고민했다. 1998년 10월 8일, 방일한 김대중金大中대통령이 오부치 게이조小渕恵三총리와 발표한 '21세기의 새로운 한일 파트너쉽 공동선언(이하 한일공동선언)'이 산물이다.

일명 '김대중-오부치 평화선언'이라 부르는 한일공동선언은 모든 점을 충족하지는 못했다. 특히 부속서인 '21세기의 새로운 한일 파트너쉽을 위한 행동 계획(액션 플랜)'은 43개 항목의 구체적인 협력 사업을 담았는데, 이 가운데 한일어업협정 교섭 기본 합의(일명 신한일어업협정)에 대한 국내 반대는 적지 않았다. 그러나 이후 현재까지 한국 외교당국은 물론 한일관계전문가들은 한일관계가 불편한 상황에 빠질 때마다 한일공동선언을 양국이 돌아봐야 할 길잡이로 꼽는다.

그 이유는 무엇일까. 바로 한일 국교정상화 이후 한일관계를 총괄하고 새로운 시대의 비전을 제시하는 역사적 의미를 갖고 있기 때문이다. 외교관 출신 조세영은 한일공동선언의 핵심을 두 가지로 정리했다. 첫 번째 핵심은 일본의 식민지배 문제를 공식적으로 명확히 했다는 점이다.

> 오부치 총리는 금세기의 한일 양국 관계를 돌이켜보고 일본이 과거 한때 식민지 지배로 인하여 한국 국민에게 다대한 손해와 고통을 안겨주었다는 역사적 사실을 겸허히 받아들이면서 이에 대해 통절한 반성과 마음으로부터의 사죄를 했다.

두 번째 핵심은 한일 양국이 1945년 이후 서로 이룩한 발전과 성과를 긍정적으로 평가했다는 점이다. 이 선언에서 일본은 과거역사에 대해 솔직하고 분명한 반성과 사죄를 표명했고, 한국은 전후 일본이 민주주의와 평화의 원칙을 견지하면서 국제사회에 공헌해온 점을 높이 평가한다고 화답해 양국 간 균형을 맞췄다.

> 김대중 대통령은 이러한 오부치 총리의 역사인식 표명을 진지하게 받아들이고 이를 평가하는 동시에 양국이 과거의 불행한 역사를 극복하고 화해와 선린우호협력에 입각한 미래지향적인 관계를 발전시키기 위하여 서로 노력하는 것이 시대적 요청이라는 것을 표명했다.
> 또한 양국 정상은 양국 국민, 특히 젊은 세대가 역사에 대한 인식을 심화시키는 것이 중요하다는 점에 대하여 견해를 함께 하고 이를 위하여 많은 관심과 노력을 기울일 필요가 있다는 점을 강조했다.
> 오부치 총리는 한국이 국민들의 꾸준한 노력에 의하여 비약적인 발전과 민주화를 달성하고 번영되고 성숙한 민주주의 국가로 성장한 데 대하여 경의를 표했다. 김대중 대통령은 전후 일본이 평화 헌법하에서 전수 방위 및 비핵 3원칙을 비롯한 안전보장정책과 세계경제 및 개발도상국에 대한 경제 지원 등을 통하여 국제사회의 평화와 번영을 위하여 수행해 온 역할을 높이 평가했다.

특기할 점은 일본정부가 최초로 '사죄'라는 용어를 사용했다는 점이다. 1965년 한일국교정상화 이후 일본 외상이나 총리, '천황'이 공식석상에서 표명한 용어는 '사과'와 '반성'이었고, 문서가 아닌 구두口頭였다. 그러나 한일공동선언에서 처음으로 '사죄'라는 표현을 공식 문서에 사용했다. 또한 한일공동선언 발표로 모든 한일 간 과거사 문제를 불문에 부치는 것이 아니라 미해결 상태의 문제는 계속 제기할 수 있도록 했다. 양국 정상은 **'공동 선언을 존중해 더 이상 양국간 역사에 관해 잘못된 발언이 나오지 않도록'** 한다는 입장을 여러 차례 공식 표명했다.

이 같은 양국의 입장은 한일공동선언에서 일본정부가 분명한 형태로 반성과 사죄를 했으므로 한국정부도 더는 반성과 사죄를 요구하지 않겠지만 일본 측에서 한일공동선언과 어긋나는 망언이나 행동을 해서는 안 되며, 선언이 정신을 흔들림 없이 지켜나가는 것이 중요하다는 공동 인식을 의미했다. 이는 2015년 12월 28일 일본군위안부합의 문안에서 사용한 '불가역적'이라는 용어가 가져온 후유증과 큰 차이가 있었다. 그러나 당시 일본에서는 보수우파를 중심으로 한일공동선언을 '한국정부의 불가역적 약속'으로 왜곡하는 경향도 있었다.

이미 18년 전에 있었던, 까마득한 '신화'가 되어버린 한일공동선언의 의미를 긍정적으로 그리고 장황하게 언급하는 이유는 무엇일까. 양국 사회가 고민한 성과이자 경험이기 때문이다. 현재 터널의 한 가운데에 장벽을 쌓아 동굴이 된 대일역사갈등문제를 풀기 위한 푯대이기 때문이다.

양국 시민사회가 느끼는 온도는 차갑다. 특히 역사 주제와 관련해서는 살얼음판이다. 2016년 신동아 여론조사 결과에서 한일관계의 쟁점을 '역사와 영유권 문제'로 꼽은 점이 이를 입증한다. 1998년 한일공동선언으로 어렵게 조성된 난기류에 균열을 낸 것도 역사와 영유권 문제였다. 독도가 대표적인 주제이며 갈등 연원이 깊다. 흔히 독도문제는 한일관계의 활화산이라 부른다. 그런데 독도는 접근 방식이나 해법 찾기에서 보면, 아시아태평양전쟁 관련 대일역사문제와 거리가 있어 보인다. 영유권 문제는 쉽게 해결하기 어려운 사안이기 때문이다.

'미해결의 해결책'.

정치경제학자 노 다니엘이 『독도밀약』에서 밝힌 한일청구권협정 체결 당시 맺었다는 '독도밀약'의 핵심이다. 당시 밀약 관련자들은 '명안名案'이라 자평했다지만 영유권 문제 해결의 난망함을 보여주는 사례이기도 하다. 1994년 11월 16일 유엔 해양법 조약 발효 이후 자원이용권이라는 차원에서 독도의 중요성은 증대되었고, 이에 따른 일본 영유권 주장의 공세 수위도 높아졌다. 그러나 독도는 대한민국이 실효적으로 지배하고 있다. 아무리 일본이 영유권을 주장한다 해도 무력으로 점거하지 않는 한 변하지 않는 현실이다. 이에 비해 아시아태평양전쟁의 후유증은 영유권 문제보다는 해결 가능성을 점칠 수 있는 사안들이다.

문제는, 여전히 독도문제가 대일역사문제의 원심력으로 작용한다는 점이다. 영유권 문제와 역사현안을 분리하려는 한국정부의 노력은 번번이 두 문제를 연계해 대응하려는 일본정부의 벽에 가로막히곤 했다. 일본정부의 정책을 통해 꺼지지 않는 독도 불씨는 상호 불신의 원인이다. 최근 소녀상 문제가 독도 문제로 확전한 과정에서도 알 수 있다. 대부분의 한국민들은 일본의 독도 영유권 주장 철회가 문제해결방안이라 생각한다. '엄연한 남의 영토를 넘보는 도둑놈 심보'라는 인식은 명확하다. 거듭되는 사과와 비례하는 망언도 일본 불신을 가중시키고 있다. 일본 사회의 인식도 마찬가지이다. 지속적으로 확산한 '불법으로 남의 영토를 침탈하고 있는 한국'의 이미지는 아시아태평양전쟁 관련 대일역사문제에서 '사실' 자체를 불신하게 만드는 원인이다. 이러한 불신 풍조에 힘입어 '일본군위안부 강제동원은 없었다'는 일본 우익의 주장은 위세를 떨치고 있다.

전쟁청산은 당연히 전쟁 발발국인 일본의 몫이다. 그러나 일본은 '사실의 무게'를 봉인하고 소거하는 데 치중했다. 일본정부 차원의 역사왜곡은 역사교과서기술을 통해 지속적으로 이루어졌고, 일본 시민단체가 주장하는 최소한의 진상규명 요구는 외면했다. 전후 제대로 된 역사교육을 받지 못한 일본 시민들은 사실의 무게를 느낄 기회조차 갖지 못했다. 미래지향적인 한일 관계는 정치인들의 수사修辭에 머물렀다. 시기가 지나면서 일본 역사의 거울에 낀 더께도 두꺼워져갔다. 21세기가 시작되었으나 터널의 한복판에서 출구를 찾지 못한 상황이었다.

출구를 찾기 위한 노력에 나선 측은 가해국 일본이 아닌 한국이었다. '2000년 국제법정(2000년 12월 8일-12일 일본 도쿄에서 열린 '일본군 성노예 전범 국제법정'을 지칭. 한국·북한·중국·타이완·필리핀·인도네시아 등 피해국과 일본 시민단체들이 공동으로 주최하고 천여 명의 세계 인권·평화·여성단체들이 참여한 민간 법정. 히로히토를 비롯한 관련자들에게 유죄판결을 내렸으나 민간법정이므로 법적 구속력은 없음)'을 마친 후, 한국사회는 미래지향적인 한일관계의 토대를 다지는 길을 열기 시작했다. 2004년 강제동원위원회 발족이다. 그러나 어렵게 다지기 시작한 그 길은 2015년 말에 일시 정지했다. 동시에 '12·28일본군위안부합의'가 발표되었다. 그동안 보일 듯 했던 빛은 사라지고 터널 안은 암울해졌다. 없었던 벽마저 쌓였다.

모두가 사실의 무게를 몰랐던 '무지'가 나은 산물이다. 그러나 생채기와 갈등은 서로 간에 아무런 도움이 되지 못한다. 해결 필요성이 있다면, 해결 가능한 사안부터 의견을 좁히려는 노력이 필요하다. 일본이 아시아태평양전쟁을 통해 야기한 역사 갈등의 해법을 찾아 향후 양국은 물론 전쟁 피해지역인 아시아와 태평양 지역이 누려야 할 평화적 미래상을 구체화하고 실천해야 한다.

□ 어느새, 동굴 안이다

> 들어가면 들어갈수록 깜깜해져서 이게 동굴이 아닌가. 끝이 없는… 그런데 그때 멈추지 않고 계속 걸어가야 이게 동굴이 아니고 터널이고, 그 끝에 빛이 나오는 것을 경험할 수 있거든요. 제 삶이 그랬던 것 같아요

끔찍한 화상피해를 딛고 대학교수가 된 이지선씨는 '인생은 동굴이 아닌 터널'이라 했다. 그녀는 동굴인줄 알았던 현실을 터널로 만들고 그리고 터널을 벗어나 세상으로 나왔다. 동굴이든 터널이든 처박히고 싶어 하는 사람은 드물다. 대부분은 벗어나려 한다. 그런데 오히려 장벽을 쌓아 동굴을 만들고 웅크리고 앉아 소리를 지르는 답답한 모습이 있다. 바로 2017년 초, 한일관계이다.

일본은 2014년 아베총리의 시정방침 연설과 '외교청서'에서 한국과 일

본이 "가장 중요한 이웃나라이며 자유, 민주주의, 기본적 인권 등 기본적 가치와 지역의 평화와 안정 확보 등의 이익을 공유"한다고 밝혔다. '기본적 가치'와 '전략적 이해'는 1998년 10월 김대중-오부치파트너쉽 선언 이후 일본정부가 대한 정책을 언급할 때 사용해 온 용어다. 한일이 기본적 가치를 공유하는 친구이자 북핵 문제 등 안보 위협에 공동대처해야 하는 협력자라는 의미이다. 그러나 2015년 이후 아베총리의 시정연설에서 '기본적 가치'는 찾을 수 없다. '친구'가 아니라는 의미다.

2016년 12월 30일 시민단체들이 중심이 되어 부산영사관 앞에 소녀상을 설치한 후 일본 언론은 한 목소리로 비판적 보도를 쏟아냈다. 1월 1일, 아사히신문은 아베총리 측근의 입을 빌어 '12·28합의로 일본이 10억 엔을 지급했는데도 소녀상이 이전되지 않는 사실은 마치 보이스 피싱(일본어로 입금 사기) 같다'는 불만의 목소리를 전했다. '약속을 지키지 않는 한국', 한국 정부가 10억 엔을 받고 소녀상을 팔아먹었다고 여길 수 있는 기사이다. 일본정부도 1월 4일, 스가 요시히데菅義偉관방장관이 부산영사관 앞 소녀상 '철거를 요구'하고, 1월 6일에 네 가지 조치를 발표하며 강경 대응했다. 부산총영사관 직원의 부산시 관련 행사 참가 보류, 주한 일본대사와 부산총영사 일시 귀국 조치, 통화스왑 협정 재개 협상 중단, 한일 고위급 경제협의 연기다. 일본대사의 귀국조치로 인한 공백은 최장 기록을 갱신했다. '역사문제와 경제 및 사회문제는 연계하지 않는다'는 일본 측 기존 입장에도 반하는 강경조치였다. 이에 대해 일본 국민 80%가 찬성했다.

독도문제를 둘러싼 공방도 여전하다. 경기도 의회가 독도에 소녀상 설치를 결의하자 외교 교섭 창구인 기시다 후미오岸田文雄외상의 독도 발언에 이어 초중학교 교과서 학습지도요령에 '독도는 일본 고유의 영토'로 표기하도록 했다는 발표가 뒤를 이었다. 역사문제(군위안부)는 영유권문제(독도)로 확전되었다. 일본군위안부(이하 군위안부)와 독도문제에 대한 일본인들의 시각 차이가 있다는 점을 고려할 때, 독도문제를 통해 한국에 등을 돌리는 일본인을 늘리려는 의도도 있어 보인다. 일본정부의 강경 대응은 내부용이라는 평가도 있다. 그러나 10억 엔을 내세운 소녀상 압박은 한국과 국제사회가 일본정부의 진의를 의심하도록 만들 뿐이다. 군위안부가 본인의 의사에 반한 여성에 대한 가혹한 인권 침해였다는 사실은 이미 국제사회에 정착되어 있기 때문이다.

> 일본정부와 언론의 한반도 대응은 '우리는 이미 할 만큼 했다. 왜 한국은 과거에 집착하는가, 너희들이 문제다'라는 식의 태도를 취해왔고, 일본 국민들은 그런 언설에 쉽게 영향을 받는다고 지적했다. 〈중략〉
> 상식적으로 봐도, 관계를 개선하고자 하는 의지가 있다면 '도대체 상대방이 왜 그러는지' 상대의 입장에서 생각해본다. 그것이 '관계'를 개선시키는 지름길이다. 그럼에도 그런 수단을 취하지 않는 것이 현재 한일관계이다. 이는 한국 측에도 해당한다고 할 수 있다. 문제의 핵심은 항상 일본 측이 '한국인은 왜 과거에 집착하는가'라고 설정한다는 것이다. 피해자와 가해자의 기억 구조는 다르다. 일반적으로 과거의 사건에 대해 피해를 입은 당사자는 그 피해가 해결되지 않았다고 생각하면 후대에 그 사실을 전하는 법이다. 그와 유사한 사례는 일본의 중세사나 근대사에서도 볼 수 있다. 팔레스티나민족이나 유대민족 등의 역사에서도 유사한 사례를 볼 수 있다. 즉 한국인만 과거에 집착하는 것이 아니라는 것이다. 즉 전 인류의 공통적인 현상이다. 일본 스스로도 히로시마나 나가사키 원폭투하에 관한 인식이 미국과 정반대이지 않은가.

일본정부의 확전에 대해 한일관계사학자 김광열金廣烈이 SNS에 올린 글이다. 관계성의 인정, 문제 해결의 출발점이다. 아직은 기대 난망이다.
이상이 일본의 역사인식을 진단한 결과이다. 현실을 파악했으니 해법을 찾아보자. 일본은 아시아태평양전쟁을 일으킨 가해국이다. 그러므로 아시아태평양전쟁 책임을 져야 하는 주체는 일본이다. 당연히 일본은 전후 역사 청산의 책임을 엄중히 인식하고 실천에 나서야 한다. 그러나 '사실의 무게'를 소거하고 역사를 왜곡하는 주체도 일본이다. 무책임한 처사이다.

그러나 이런 의문도 가능하다. 이미 두텁게 먼지가 쌓인 역사거울을 자력으로 닦을 힘이 일본사회에 있을까. '과거를 온존시키는 무지의 속성'을 무겁게 받아들여야 할 공범은 일본 민중뿐일까. 일본 패전 후 청산과정에 관여한 열강은 책임에서 자유로운가. 극동국제군사재판Military Tribunal for Far East과 샌프란시스코강화조약이 일본 국가권력과 히로히토의 전쟁책임에 면죄부를 준 것은 아닌가. 전쟁 피해국인 중국과 한국, 동남아시아와 태평양 국가들은 어떠한가. 피해국도 가해국 민중과 마찬가지로 '수치를 모르는 사람이 과거의 영광 재현에 가담할 수 있는 가능성'을 잠시 잊고 있는 것은 아닐까. '사실의 무게'를 함께 느낄 필요는 없을까. 등등.

2010년 8월 한국과 일본의 시민단체는 '식민주의 청산과 평화실현을 위한 한일시민공동선언'을 채택했다. '강제병합 100년 공동행동 한국(일본) 실행위원회' 이름으로 발표한 공동선언문은 8월 22일 도쿄대회와 8월 27-29일 서울대회에서 발표되었다. 공동선언문은 식민 지배 자체를 범죄행위로 규정하고 관동조선인피살문제를 비롯해 독도, 군위안부, 교과서 등 한일간 미청산 과제를 모두 포함했다. '동아시아의 평화로운 미래를 구축하기 위한 일본정부에 대한 요구와 행동계획'을 담았다. 한일 양국의 양심을 집약한 의미 있는 공동선언문이다. 그러나 이 공동선언문에 담긴 행동계획 가운데 실현된 것은 거의 없다. '선언'으로 그쳤다. 무엇 때문인가. 물론 양국 정부의 책임이 가장 크다. 그러나 사실의 무게를 알기 위한 노력을 병행하지 않은 잘못은 없었을까.

전후戰後 70년간 한일 관계는 터널 안의 불안한 이웃이다. 작은 자극에도 널 뛰 듯 했고, 암울한 시기가 많았다. 최근에는 터널 안에 장벽을 쌓으며 동굴로 만들어버렸다. 그나마 터널의 끝을 찾으려던 한일관계를 동굴로 만든 결정적 계기는 2012년 8월 10일 이명박대통령의 독도 방문이라고 생각한다. 이대통령이 임기 말에 터트린 단 한 번의 퍼포먼스로 어렵게 차린 밥상은 엎어졌다. 성사가 임박할 정도로 합의에 이르렀던 일본지역 노무자유골봉환은 무기한 보류되었다. 개인적으로 가장 아쉽고 뼈아픈 경험이었다. 환호한 국민도 있었지만 대통령이라는 막중한 책무를 가진 주인공의 무책임한 행보가 낳은 결과는 한일 간 터널에 내리꽂은 큰 장벽이었다.

양국 정부와 사회 간 시각 차이를 인정하지 않는 한 장벽은 치우기 어려워 보인다. 이 대목에서 생각해볼 점은, 양국의 이 같은 불화와 갈등관계가 바람직한 것인가이다. 아무리 친구 아니라고 무시하려 해도 현실은 '이웃'이다. 전후 한일 양국 간 역사를 보면, 늘 불화와 갈등은 아니었다. 열심히 터널의 끝을 나서기 위해 노력을 기울인 적도 있었다. 갈등을 피하고 공생해야 할 명확한 이유가 있기 때문이다. 양국이 동굴의 벽을 허물고 터널의 끝을 찾지 않으면 광명천지를 만나기 어렵다. 동굴을 열심히 걷다보면 터널이라는 것을 알게 되고 터널의 끝을 나서면 서로 만날 수 있다. 터널의 끝을 찾아 벗어날 해법을 고민해보자.

2. 아시아태평양전쟁이 남긴 것

□ 아시아의 해방이라고? '아시아의 원망怨望', '아시아의 배신'

『주간아사히』1974년 2월 1일자 모리모토 데쓰로森本哲郎와 다나카 전 수
상의 딸 다나카 마키코田中眞紀子의 담화 중 다음과 같은 대화가 있다.

데쓰로 : 이번에 5개국 방문여행을 다녀오신 감상을 한마디로 하면 어떠
        셨는지요?

마키코 : 동남아시아라도 모두 다르기 때문에 이를 일괄해서 그쪽 지역
        은 대체로 이러이러하니 결국 아시아는 하나인 것 같다는 식으
        로는 말할 수 없네요.

데쓰로 : 절대 그렇게 말할 수 없죠. 일본인은 종종 아시아가 하나라고
        말하고 싶어 하는데, 저는 그 단어가 일본인의 아시아관을 왜곡
        시켜왔다고 생각해요. (이하 생략)

이 대화의 결론은 한 마디로 '일본에서 언급하는 아시아라는 실체는 없다'
는 것이다. '아시아는 없다.' 맞는 말이다. 확실히 '아시아는 없다.' 나는 전
후 30년이 지나서야 겨우 '아시아는 없다'는 말을 활자로 접할 수 있었다.
이 글을 읽자 왠지 모를 안도감과 함께 이 두 사람에게 감사의 말을 전하
고 싶은 기분이 들었다. (야마모토 시치헤이山本七平의 『어느 하급 장교가
바라본 일본제국의 육군』)

필리핀 전선에서 포병砲兵부대 소위를 지낸 야마모토는 두 사람의 대
화를 통해 30년 만에 필리핀에서 절감했던 아시아 인식과 마주했다. 그
러나 이들의 대화는 '세간의 주목을 받지 못한 채 사라져버린 듯'했다.
야마모토가 보기에 일본사회는 여전히 국가권력이 '제멋대로 만들어낸
아시아 혹은 아시아인의 마음'이라는 개념을 신뢰하고 있었기 때문이다.

일본이 내세웠던 아시아는 실체가 없었다. 일본이 머릿속으로 제멋대로 만들어낸 아시아 혹은 아시아인의 마음과 같은 개념에 부합하는 대상은 현실 어디에도 없었다. 전장戰場에서 일본 청년들이 배운 교훈이다. 그러나 이 교훈은 전후 일본 사회에 전달되지 않았다.

아시아태평양전쟁은 침략전쟁이다. 일본 학계에서는 '15년 전쟁'이라고도 불렀다. 그런데 당시 제국 일본에서는 '대동아전쟁'이라 불렀다. 백인의 압제에 허덕이던 아시아 황인종을 해방하는 성스러운 전쟁이라는 의미였다. '백인의 압제에 허덕이던 황인종'은 일본이 제1차 세계대전 당시 차지한 '남양군도'(괌을 제외한 중부태평양 지역)통치과정을 통해 고착한 아시아인의 이미지였다.

정주 오산학교를 거쳐 도쿄고등척식학교 남양과를 졸업하고 경성의 일신日新학교에서 교편을 잡다가 1939년에 남양무역회사에 입사해 사이판으로 들어간 전경운全慶運이 남긴 자필 회고록『한족韓族 2세 3세가 天仁安島(티니안섬)에 살고 잇는 혼혈아들』에 의하면, 독일인 치하의 황인종은 '가혹한 차별대우'의 대상이었다.

> 당시 일인들은 원주민을 사람대우를 안했다. … 오직 순종뿐이다. 이 내력은 독일이 미크로네시아를 서반아(스페인)로부터 200마르크로 샀는데 원주민 가운데 포나페 도민들이 반기叛起를 들고 상주하는 독일장관을 죽여버리자 독일군대가 와서 진압하고는 전보다 더 가혹한 차별대우로써 문명인이 지나갈 때는 무릎을 꿇고 토좌土座해야 한다는 규례가 생겨 일본도 역시 그대로 이어받았다고 한다.

통치 초기에 일본은 독일의 규례를 이어받았다. 그러나 타이완 통치의 경험을 토대로 독일을 뛰어넘는 통치술을 발휘했다. 공公학교 운영을 통한 거주민 대상의 서열화 정책이다. 통치정책이 정착하면서 '해방된 아시아의 수혜자'를 배출했고, 이들은 통치에 긍정적인 영향을 주었다. 공학교를 거쳐 관리로 변신한 원주민들에게 일본은 출세의 기회를 준 해방자였기 때문이다.

일본이 의도한 '백인의 압제 속에 허덕이던 황인종'을 구하는 이미지는 일본 민중들에게 일본을 '아시아의 메시아'로 각인시켰다. 그러나 아시아 해방을 위해 피 흘린다고 생각한 일본 청년들이 현지에서 맞닥뜨린 것은 해방자에 대한 환호가 아닌 아시아의 원망恕望이었다. 1944년 6월 수송선 안에서 '반일 비적이 많다'는 필리핀 정보지를 읽고 충격을 받은 일본 장교는 한명이었다. 그러나 사이판에서 받은 '간부필독서류'를 읽은 장교들은 망연자실 상태에 빠졌다. 야마모토 시치헤이가 1944년 9월 필리핀 민간버스에서 목도한 상황은 더욱 충격적이었다. 검문 중인 일본 병사가 슬쩍 성추행을 하자 필리핀 젊은 여성은 '재팬 시고로 파타이!(일본은 곧 파멸할거라는 의미)'를 외쳤다. 일본 장교가 동승했음을 알고 있었지만 필리핀 민중의 적개심은 그대로 표출되었다. 이 모습을 보며 야마모토는 '벌거숭이 왕 일본'을 떠올렸다. 이런 상황에서 패전에 임박한 일본군과 같이 투쟁해 줄 아시아 동지들은 없었다. 오히려 종 주먹을 들이대는 아시아인이 더 많았다.

1945년 9월, 베트남의 일본군 포로들은 호송 중인 미국병사의 위협사격으로 목숨을 건질 정도로 공포에 떨었다. 증오에 찬 표정으로 악을 쓰고 목을 긋는 시늉을 하며 돌과 부러진 나무토막을 던지는 베트남 민중들, 돌 맞은 옆 사람의 머리에서 흐르는 피를 보며, '군중 속으로 끌려들어가는 순간 갈기갈기 찢기지 않을까' 하는 공포. 일본군 포로들은 처음에 자신들이 패한 탓이라 여겼다. 그러나 착각이었다. 1942년 바탄 행진 때 필리핀 민중은 미군 포로들에게 꽃을 던지고 담배와 물을 건넸다. 아무리 일본군이 쫓아내고 위협해도 소용없었다. 일본군 호송 장교들은 필리핀 민중이 '패자에게 돌을 던지고 승자에게 무릎을 꿇는 것은 아니라는 사실'을 처음 알았다. 그러나 같은 시기, 일본 본토의 민중들은 몰랐다. 아시아민중에게 일본은 '메시아'가 아니라 '원망'이었음을, '벌거숭이 왕 일본'일 뿐이라는 사실을···.

□ 말을 앗아간 제국, 말을 잃은 제국 일본의 민중

> 인간의 질서란 말의 질서, 말에 의한 질서다. ··· 사람에게서 말을 앗아가
> 면 남는 건 동물적 공격성을 기반으로 한 폭력질서, 바로 '서식 나무의 질
> 서' 뿐이다. 그렇게 되면 정신은 막대기에 불과한 상태가 된다. ··· 일본군
> 은 말을 앗아갔다. 그곳에는 폭력만이 존재했다. 말로 보이는 것들도 실체
> 는 동물의 '신음 소리' '짖는 소리'와 다를 바 없는 위험일 뿐이었다.
> 다른 사람의 말을 빼앗으면 자신의 말도 잃게 된다. 따라서 입에서 나오
> 는 건 팔굉일우八紘一宇나 대동아공영권 등 '짖는 소리'에 가까운 의미 불명
> 의 슬로건 밖에 없다. ··· 나는 일본적인 파시즘이 '태초에 말이 없었다'라
> 는 기본적인 형태를 지녔다고 생각하며 히틀러의 웅변과는 전혀 다른 모
> 습이라고 생각한다.

야마모토 시치헤이는 일본군의 가장 큰 특징이자 동포에게 저지른
죄악 중 가장 무거운 것이며 악의 근원으로 '말을 빼앗았다'는 점을 들
었다. 일본 제국 육군의 실체를 관통한 견해이다.

일본 국가권력이 민중의 말을 앗아가는 동안 일본인 약 310만 명이
전쟁으로 목숨을 잃었다. 전쟁터에서 죽은 군인과 공습이나 원폭, '강요
된 자결'로 죽은 민간인을 포함한 숫자이다. 그 외 약 1,500만 명이 공습
등으로 집을 잃었다. 특히 오키나와에서는 전투에 휘말렸던 현민 4명 중
1명이 죽었다. 군인 전사자의 수를 보면, 일본군 전사자는 미군의 20배
에 달했다. 일본군 전사자의 약 60% 이상이 '넓은 의미의 아사자'였다고
추산하는 학자도 있다. 현지보급원칙은 일본군 사망 원인 가운데 비중
이 높았다. 중국 전선에서 일본군은 황군皇軍(천황의 군대)이 아닌 황군蝗軍
(메뚜기군대)이었다. 식량과 땔감을 찾아 민가를 뒤지고, 취사도중에 적의
공격을 받아 목숨을 잃는 것이 일본군의 현실이었기 때문이다. 동남아
시아에서는 더욱 심했다.

"필리핀에 가면 무기가 있다는 말에 빈손으로 일본을 출발했지만 도착해보니 총 한 자루 없는 게 현실이다. 어쩔 수 없이 죽창을 든 군대가 되었다." 화학기술자로써 징용당해 필리핀에 파견되었던 『포로일기』 저자 고마쓰 신이치小松眞一의 경험은 특이한 사례가 아니다. 필리핀 현지에 '군마현지조달'을 명받은 관동군 포병장교는 간신히 끌고 온 155밀리미터 곡사포를 인력으로 끌어야 한다는 현실에 '사고정지'상태가 되었다. 원래 필리핀에는 물자를 수송할만한 말이 없었다. 당연히 곡사포는 무용지물이 되었고 어느 새 황군은 식량을 구하는 데 혈안이 되었다. 필리핀 전투에서 일본군 전사자의 약 80%가 '넓은 의미의 아사자'일 수밖에 없는 이유다.

일본인 사망자 310만 명은 당시 일본 인구의 약 4%에 해당한다. 친척이나 친구 중 사망자가 없는 경우는 드물었다. 공습으로 도쿄를 비롯한 도시 대부분은 불탄 들판이 되었다. 철로는 녹거나 뒤틀려 제 구실을 하지 못했다. 전쟁을 지속하기 위해 정부가 국채를 대량 남발한 결과 패전 직후 굉장한 인플레이션이 일어났다. 물가는 수십 배 올라 전전戰前에 모아두었던 저금이나 재산은 휴지조각과 마찬가지였다. 민중들은 공습으로 집을 잃고 고물가와 식량부족으로 고통 받았다.

제국 일본의 영역이었던 아시아 지역 민중들의 피해는 그 이상이었다. 중국 정부는 아시아태평양전쟁으로 발생한 사망자를 2천만 명 이상으로 추산했다. 인도네시아 정부는 약 400만 명이라 주장했다. 베트남은 약 200만 명으로, 한국은 최소 23만 명으로 추산했다. 그리고 이들 한 사람 한 사람 뒤에는 마음에 큰 상처를 입은 유족들이 있다. 피해규모를 어찌 가늠할 수 있겠는가.

아시아 여러 나라에 피해가 커진 이유는 여러 가지였다. 일본군이 직접 죽인 경우도 많았지만 일본군이 강제로 끌고 가 식량을 충분히 주지 않는 악조건 속에서 노역 중 죽은 경우도 있다. 필리핀은 미일 양국의 전쟁터가 되었으므로 전투에 휘말려서 죽은 사람도 많았다. 일본의 엉터리 점령 정책으로 인해 일어난 피해도 많았다.

아시아태평양전쟁, 특히 태평양전쟁은 한마디로 무모한 전쟁이었다. 원래 일본군이나 정부 고위층은 전쟁을 시작할 때부터 국력에서 현저하게 차이 나는 미국과 싸워 이긴다는 예상 따위는 하지도 않았다. 만주 침략의 주모자인 이시하라 간지石原莞爾도 1928년 1월 19일 육군 목요회 주최 모임에서 '우리의 국방 방침'이라는 제목의 강의을 통해 '미일개전은 세계 최후의 전쟁인데, 일본은 중국을 차지한 후 50년 이상 국력을 축적해야 미국과 일전을 벌일 수 있다'고 전망했다. 이 자리에는 도조 히데키東條英機도 참석했다. 그러나 일본은 중국을 다 차지하기도 전에 미국을 상대로 전쟁을 일으켰다. 무모한 짓이었다.

당초 일본의 전쟁 준비는 철저하게 중국과 소련을 겨냥한 것이었고, 미국이나 동남아지역은 고려 대상이 아니었다. 노몬한 전투(일명 할인골 전투. 몽골어: Халхын голын байлдаан, 러시아어: бои на реке Халхин-Гол. 1939년 5월부터 8월까지 몽골과 만주국의 국경 지대인 할하 강 유역에서 소련군과 몽골군과 일본 제국의 관동군, 만주국군의 전투. 당시 만주는 일본 관동군이 장악하고 있었는데, 노몬한 부근은 국경선이 확실치 않아 잦은 분쟁이 발생. 1939년 5월 11일 몽골군 기병 70-90명이 할하 강을 건너오자 일본군은 이를 불법 월경越境으로 간주해 할힌골 전투가 발생. 이 전투에서 일본군은 소련군에게 참패하여 소련이 요구하는 대로 할하 강을 경계로 만주국과 몽골의 국경선이 확정)의 생존자들이 1943년 8월부터 하급 장교들에게 대미전투법을 강의했다. 아무도 대미전투법을 알지 못했다. 노몬한 전투의 체험을 중심으로 한 강의는 '육탄이 전차를 이겼다'라든가 '정신력이 철강을 이겼다'로 마무리되었다.

특히 군부는 마지막 1년 기간에 일본에 승산이 없다는 사실을 잘 알고 있었다. 이미 1940년 8월 각의결정에 따라 1941년 4월 개소한 총력전 연구소는 8월 단계에서 '미일개전은 패전으로 이어질 것'이라 전망했다.

이노세 나오키猪瀬直樹가 총력전연구소 관련 르포집 책 이름을 '1941년 여름의 패전'이라 붙인 이유이다. 일본 군부와 정부 고위층은 단지 항복 조건을 유리하게 하려고 국지전을 일으키고, 이긴 다음 항복 교섭을 시작하려 생각했다. 청일전쟁과 러일전쟁에서 쓴 수법이기도 했다. 그들이 구상한 항복조건은 두 가지, 천황제 고수와 전범재판을 일본 측에서 진행하는 것. 이 두 가지를 고수하기 위해 일본 국가권력은 많은 제국 신민을 희생했다. 1945년 2월 히로히토가 고노에 후미마로의 항복 제안을 거부하던 시점에 필리핀 루손Luzon섬 바기오Baguio전투에서는 총알도 식량도 약도 제대로 없이 일본군 소속 병사들이 죽어나갔다. 그 가운데에는 조선 소년도 있었다. 동남아시아 민중도 있었다.

'말을 빼앗은' 죄악은 일본군만의 문제가 아니었다. 전쟁 기간 동안 제국 일본 영역의 민중들은 '자신의 말'을 빼앗겼다. 히로히토와 대본영의 왜곡된 정보를 일방적으로 듣는 귀만 허락되었다.

그렇다면 전쟁이 끝난 이후 아시아 민중들은 빼앗긴 말을 되찾았는가. 패전국 일본에서는 여전히 허용되지 않았다. 중국 전범수용소에서 11년 만에 돌아온 일본인들이 가족에게 들은 말은 '전쟁에서 있었던 일을 이야기하면 안 돼!'라는 당부였다. 일본 패전 후 비록 몇몇은 전범으로 처형되었지만 여전히 천황제는 유지되었고 많은 권력자들이 정계와 재계로 속속 복귀한 상황에서 잃어버린 말은 되찾기 어려웠다. 세월이 흐르면서 말을 찾기란 더욱 어려워졌다. '패전'은 일본인들에게 기억하고 싶지 않은 과거였다. 굳이 발화發話하면서 아픈 상처를 떠올릴 필요는 없었다. 더구나 곧이어 찾아온 도쿄 올림픽과 버블경제의 흥청거림은 '봉인'을 가속화했다.

1989년 1월 쇼와昭和 시대의 종언은 일본 사회가 '말을 찾을 수 있는 기회'였다. 그러나 일본 사회는 그 기회를 잡지 못했다. 아니 지나쳤다.

역설의 상자를 열면 "당신의
풍전등화 같은 목숨이
유감입니다. 참으로 참으로
안타까워 견딜 수 없습니다. 아이고!"
아이고 소리 솟아난다.
분명 당신이 살아 있는 이 순간
어찌할 수도 없는 수명이 끝나가는
이 순간에 대신大神이 아닌
사람도 아닌 추상의 상징이 마침내
아아 마침내 개체로서 구체화하여
인간으로 돌아올 수 있음을 당신을 위하여 함께
기뻐하는 쇼와 여년餘年의 지금은 가을
들녘에 흐드러진 국화에 정이 감돈다.
당신, 죽지 말지어다 아직은,
일선동조론日鮮同祖論의 대본大本의 대신大神의
피가 당신의 피가 흐르고 있음으로 하여
적자赤子라고 끌려온 우리 아버지는
치쿠호筑豊 탄전의 갱부였던 우리 아버지는
인고단련忍苦鍛鍊하여 훌륭한 국민이 되겠습니다.
된다 되어라 되지 않으면 안 되는 황국신민서사를
외우셨다는 우리 아버지는 열도의
흙덩이 성분이 되어 무산되어버렸고
기미가요(당신의 세상)의 기미(당신)의 국토의 자양이 되었다.
아아 당신, 당신이여 죽지 말지어다.
당신도 또한 국민이 아니므로 인권이 없는
기본적 인권을 박탈당한 사람이었다고
전농병하田農丙下(독음이 텐노헤이카天皇陛下와 동일)라고 창씨개명을 한
우리 아버지가
견분식위犬糞食衛라 스스로 일컬었던 우리 아버지가
인권이 없는 비인非人으로 살았던 우리 아버지가
숨 끊어지기 직전의 절규 혹은 죽어가는 벌레 소리같이
가까스로 남긴 말이었다.
당신 죽지 말지어다 아직은,
살아서 귀를 기울이시라 우리 아버지의 유언에

나는 당신이다!! 당신 또한 나다!! 하는 외침을 듣고
혼신의 힘을 다하여 최후의 힘으로
불체포의 특권을 벗어나 자유로워질 것을
당신의 그늘 어둠 속에서 빌 수 있는 행운을
어제로부터 오늘 그리고 내일로 이을 수
있도록 아아 당신 이대로
죽지는 말지어다
아이고!!

히로히토가 병상에 든 1989년 가을, 재일 한인 여류 시인 종추월宗秋月
은 '비탄의 패러독스'를 쏟아냈다. 이 시는 1904년 러일전쟁 전야에 일본
여류 시인 요사노 아키코与謝野晶子가 썼던 반전시 "당신, 죽지 말지어다"
의 구절을 빌려 '부정되어 온 인간성을 획득하라'고 외친 절규였다. 그
러나 비판적 자기반성의 기회는 '자숙' 분위기 속에서 고요히 침잠했다.
오랫동안 유지해 온 자율규제라는 허울에 갇힌 일본사회의 모습이다.
현재 일본의 역사인식과 닮은꼴이다.

전쟁 기간 동안 '자신의 말을 빼앗겼던 제국 일본 영역의 민중들은
일본 패전 이후 말을 찾아야 했다. 말의 질서를 통해 인간의 질서를 회
복해야 했다. 민주정부를 세우고 민주 사회를 유지할 힘을 기르고 평화
를 나누는 힘을 키워야 했다. 그러나 이 과정은 힘든 길이었다. 가보지
못한 길이었다. 앞장서서 길을 개척해야 할 책임이 있는 일본은 뒤로
물러나 앉았다. 일본이 아시아태평양전쟁에서 패전한 후 아시아 여러
나라가 걸어야 할 길이 녹록치 않았던 이유 가운데 하나이다.

3. 히로히토의 녹음방송 후 개변한 세상

□ 개변한 세상, 한반도의 일본인들

사진이 있다. 오랫동안 1945년 8월 15일에 있었던 일이라 각인된 사진들. 반바지 차림의 건국준비위원회 위원장 여운형呂運亨이 감격에 환호하는 민중들 속에서 웃음 띤 얼굴로 주먹을 불끈 쥐고 연설하는 사진, 서대문형무소에서 출옥한 독립투사들과 대중들이 만세를 부르는 사진이다. 그러나 당시 경성방송국 취재기자였던 문제안의 회상은 15일이라 알려진 사진 모습과 다르다.

사실 15일에 해방 사실을 안 사람은 몇 명 안됩니다. 요즘에 와서는 가끔 정치하는 사람들이나 높은 지위에 있는 사람들이 방송에 나와서 마치 제 눈으로 보기라도 한 것처럼 '8월 15일 서울 거리에는 만세소리가 울려 퍼지고 태극기가 물결치듯 휘날렸다'고 떠벌리지만 다 거짓말입니다. 그날 서울 큰 거리에는 아무도 없었어요. … 사람들이 독립되었다는 사실, 일본이 망했다는 사실을 제대로 인식한 것은 그날 밤 정도라고 생각합니다. 그 때는 일본 천황의 방송이 몇 번 되풀이되었지요. 우리말로도 방송하고 해설도 해주었어요. 그렇게 하니까 16일 나라 전체가 발칵 뒤집혔어요. 정말 서울 시내, 누가 나오라고 한 것도 아닌데, 전부 길거리로 나왔어요. 그리고 제대로 된 태극기는 아니었지만 어떻게 그리도 급하게 만들었는지 형형색색의 태극기를 들고 만세를 불렀어요.

사실은 안재홍씨가 계동 143번지 몇 호인 서울방송국 편성과 임병현씨의 집 2층을 '건국준비위원회를 만들려면 우선 학생을 모아서 연락사무소로 여기를 써야겠다'고 해서 급하게 전화부터 놓기로 했답니다. … 나는 직감적으로 뭐가 있다 싶어 따라나섰지요. 가보니까 안재홍선생님이 아래층 큰 방에 보성전문, 연희전문, 중앙불교전문 그리고 경성제대 학생들까지 40여 명을 모아놓고 정말 감격에 넘치는 열변을 토하고 있었습니다. '정말 우리가 나라를 위해서 일할 때가 왔습니다.!'
우리는 전화기를 다 달았으면 곧장 와야 했지만 그런 얘기를 듣고 올 수가 있어야지요. 나는 심기사와 함께 계단에 웅크리고 앉아서 열심히 들었어요. 얘기를 다 마치자 누가 뭐라고 한 것도 아닌데, 모두 벌떡 일어나 두 손을 높이 들고 '대한독립만세'를 목이 터져라 외쳤어요. 내 눈에 뜨거운 눈물이 솟구치는 것 같았어요. 그게 한 4시 반쯤 됐을 거예요. 사실 그것이 최초의 독립만세였을 겁니다.

고향인 평안북도 창성군 청산면 시골에서 해방을 맞은 언론인 리영희李泳禧의 회상도 문제안의 발화發話와 크게 다르지 않다.

15일 저녁에 일본 경관들이 주재소의 문서를 소각하는 것을 본 시골사람들로서는 분명히 어떤 중대한 일이 일어난 정도로는 생각했지만 바로 그것이 일본제국의 식민지적 통치의 종말이라고까지는 판단치 못했었다. … 해방의 소식을 듣고도 어쩔 줄 모르고 엉거주춤할 뿐이었다. … 해방이 실감되지 않았다.

문헌자료로 확인한 내용도 사진의 배경은 15일이 아니었다. 8월 14일 밤 11시 일본의 항복을 알게 된 조선총독부는 일본인들이 성난 조선인

들에게 맞아죽을 것을 염려했다. 15일 새벽 6시, 엔도 류사쿠遠藤柳作정
무총감은 여운형과 회동해 치안유지 협조를 부탁했고, 이를 수락한 여
운형은 15일 밤 건국준비위원회를 조직했다. 서대문형무소의 정치범들
이 석방된 것은 16일 오전이었고, 오후 1시에 휘문중학교 교정에서 건
국준비위원회 결성식이 열렸다.

　1945년 8월 15일. 히로히토의 항복방송이 있었던 날. 한반도가 사진의
모습처럼 발칵 뒤집힌 것은 아니었다. 갑작스럽게 다가온 해방에 '실감
나지 않아 어쩔 줄 모르고 엉거주춤'하면서 조용히 주시하던 이들이 대
부분이었다.

　한반도에 거주하던 일본인 사회가 본격적으로 한반도가 들썩이기 시
작했다고 감지한 것도 다음 날 부터였다. 1945년 8월 16일, 출근한 충남
강경경찰서 병사계 소속 나카무라 기미中村貴美는 패전을 실감했다. 서
장실로 들어섰더니 조선인 순사가 "이제는 우리가 서장이다"라며 떡 하
니 회전의자에 앉아 있었다. 신사神社는 돌과 방망이를 든 사람들에 의
해 아수라장이 되었다. 온순했던 마을 사람들은 "알몸으로 왔으니 알몸
으로 돌아가라"고 소리쳤다. 세상이 변한 것이다.

　그러나 조선에 거주하던 일본인을 놀라게 한 것은 조선인들의 변화
가 아니었다. 1945년 8월 16일, 4년 만에 부산의 등화관제가 해제되어
조선인이 부산 야경을 만끽하며 해방을 실감할 수 있는 뜻 깊은 날. 부
산지방교통국장 다나베 다몬田邊多聞이 경성교통본국으로부터 받은 첫
번째 지시는 교통기관 운영 지침이 아니었다. 총독부인 일행이 조선에
서 수집한 귀중품을 실어 나를 기범선 마련이었다. 패전을 맞아 상심하
고 충격에 빠진 일본인을 위로하고 돌보아야 할 총독부인이 패전 후 가
장 먼저 한 일은 재산과 생명 지키기였다. 전쟁 기간 중 일본인은 물론
이고 조선 민중에게 '총후보국'을 강조하던 모습은 찾아볼 수 없었다.
8월 17일, 부산항을 출발한 총독부인 일행의 항해는 성공하지 못했다.

과적으로 목도牧島 앞 바다에서 배가 기울어 애써 실은 귀중품을 절반 이상 바다에 버리고 간신히 부산항으로 돌아왔기 때문이다.

평안남도 진남포에 있던 일본광업(주) 소속 일본인 직원 천여 명은 소련군이 진주하자 불안과 공포 속에서 탈출기회를 엿보고 있었다. 그런데 9월 말, 이 회사 공장장과 과장급 이상 간부들이 몰래 밀선을 수배해 경성으로 탈출해버렸다. 남은 직원들에게 소련군의 감시가 강화된 것은 당연했다. 강원도 지역의 일본인 경찰관들도 자신들이 보살펴야 할 관할 지역의 일본인들을 버려둔 채 자기 가족만 데리고 남쪽으로 달아났다.

시일이 지나면서 이런 풍조는 더욱 강해졌다. 10월의 도요東洋방적과 가네가후치鐘淵방직이 일으킨 수천만 원 어치의 면포 횡령사건이나 1946년 1월의 니시마쓰구미西松組 현금 횡령사건 등 일본인의 물자와 현금 밀반출 시도는 계속되었다. 12월에는 부산 3거두라는 소리를 듣던 일본인 유력자 가시아 겐타로香椎源太郎 일행이 자전거 튜브에 주식과 채권, 보험증서를 숨겨 일본 밀항을 시도하다가 해안경찰에 체포되었다는 소식에 부산이 들썩거렸다.

이런 모습은 8월 15일 항복 선언 이전에도 있었다. 8월 8일 소련의 대일참전선언 후 8월 9일 소련군이 나남 등 한반도 북부지역에 상륙을 개시할 때 있었던 일이다. 조선군 제19사단은 교통 요지에 열차를 수배한 후 나남 군관구의 군인 가족들만 실어 남쪽으로 출발시켰다. 그리고는 함경북도 곳곳에서 전란을 피해 모여든 일반 피난민(일본인)을 북쪽으로 쫓아버렸다. 그뿐 아니었다. 한반도 북단의 군부대에서는 소집영장을 남발해 영문도 모르는 민간인들을 징집해 무기대신 삽 한 자루씩을 쥐어준 후 소련군의 총알받이로 삼았다. 조선총독부보다 더 막강한 영향력을 행사하던 군사령부가 패전을 전후한 시기에 했던 노골적인 기민棄民정책이자 민간인 학대였다.

　역사학자 이연식이 역사논픽션『조선을 떠나며』에서 묘사한 '1945년 패전을 맞은 조선의 일본인들 모습'이다. 조선에 거주하던 일본인 사회 지도층들이 히로히토 항복 방송 이후 보인 행태는 제국 일본의 백성, 또는 일본인 공동체 구성원의 모습이 아니었다. 그들의 뇌리를 지배한 것은 내 생명과 재산을 지켜야 한다는 강박관념과 위기의식이었다. 어떻게 하면 나와 내 가족이 일본으로 안전하게 돌아갈 수 있을까, 조선에서 일군 재산을 어떤 방법으로 한 푼도 빠짐없이 가져갈 수 있을까를 골몰하느라 단 하루도 머릿속이 맑을 날이 없었다.

　일본 패전은 반세기 동안 아시아를 호령한 일본 제국에 총체적 균열을 가져왔다. 그 과정에서 그동안 애써 감춰왔거나 제국의 논리로 강제 봉합되었던 일본인 사회 내부의 잠재된 불신과 갈등이 드러났다. 이런 모습은 한반도에 국한하지 않았다. 제국 일본 영역 전체에 해당하는 현상이었다. 차이라면 일본 본토와 남사할린에서 식민지민에 대한 타자화가 강하게 드러났다는 점이다.

□ 전후 일본 본토의 한인 정책 – 잘라내기

　전후 남사할린 지역의 식민지민 정책이 기민이라면, 일본 본토의 정책은 '잘라내기'였다. 일본 본토의 식민지민 잘라내기 정책은 연합국 최고사령부 총사령부(General Headquarters, 정식 명칭은 Supreme Commander of the Allied Powers, 약칭 GHQ)와 일본정부의 합작품이었다. 당시 GHQ는 재일한인의 역사성에 대한 인식이 편향되었고 점령통치 편의상 일본정부의 의견을 적극 반영했다.

　"나로서는 모든 조선인이 모국인 한반도로 귀환하기를 기대하는 바입니다. … 조선인 중에는 범죄자가 크나큰 비율을 차지하고 있습니다." 1949년 요시다 수상이 맥아더 총사령관에게 보낸 편지는 일본정부의 속

마음이 잘 담겨 있다. 이러한 일본정부의 입장과 방침은 일본점령기간
내내 GHQ를 통해 구현되어있다. 제2차 대전 기간 중에 미국은 '재일 비일
본인거류민에 대한 정책'(1944.6.16)을 수립하면서 재일한인을 '적국국민'
으로 분류했다. 특히 미국은 재일한인을, 일본을 친미적으로 재건시키
는 과정에서 '성가신 존재'로 인식해 같은 '적국국민' 가운데에서 일본인
보다 '쓸모없는 존재'로 취급하고, '잘라내야 할' 대상으로 설정했다. 그
이유는 조선과 일본 양국의 역사를 고려하지 못한 점도 있으나 한인의
반일 투쟁 역사에 있었다. 1920년대 이후 일본 패전에 이르기까지 한인
들이 일본 전역에서 지속적으로 전개한 반일투쟁의 역사는 일본 통치
를 준비하던 미국에게 위험하고 불필요한 존재라는 선입견을 심어주었
다.

이러한 미국의 재일한인 인식은 일본점령기간 중 GHQ를 통해 가시
화되었다. GHQ는 SFE128(1945.9.26)을 일본점령과 관리를 위해 연합국 최
고사령관에게 보내는 '항복 후 초기의 기본지령'(1945.11.1)에 반영해 '적국
국민'인 한인의 소재를 파악하고 통제범위 안에 두려 했다.

국제관계 전공자 최영호의 연구에 의하면, GHQ는 1946년 2월과 3월
에 각각 '조선인 · 중국인 · 류쿠인과 대만인의 등록에 관한 총사령부의
각서'와 '귀환(引揚)에 관한 각서'를 발표했다. 이 각서에 따르면, 재일한
인은 귀환의 희망유무를 표명하는 것 외에 개인적인 일정을 반영해 행
동할 수 없었고, 당국이 제시한 계획에 따르도록 되어 있었다. 지참 재
산은 1인당 1,000엔 이하의 현금과 의복 같은 신변물품(113kg 이하)으로
제한했다. 이러한 계획귀환정책의 결과 많은 한인은 귀국을 보류하게
되어 한인에 대한 '잘라내기' 정책은 실효를 거두지 못했다. 1959년부터
시작된 북송사업(일명 귀국산업)은 잘라내기 정책의 또 다른 실현체이기도
하다.

외국인등록령 역시 일본정부와 GHQ의 정책 공조를 드러낸 사례이

다. 이 정책은 '잘라내기'정책과 함께 또 다른 축을 이루는 '단속' 정책의 근거다. GHQ의 '조선인 귀환(引揚) 작업'이 일단락되고 일본에 정주하는 재일한인이 60만 명에 달하게 되자 정책의 중심을 단속으로 옮겼다. 일본정부는 계획귀환 당시 실시한 등록제도를 통제정책에 활용해 1946년 11월 오사카부를 대상으로 '거주지증명제도'를 시행하고, 그 경험을 외국인등록령(1947년 5월 2일)에 반영했다. 외국인등록령에 따라 재일한인은 외국인으로 간주되었고, 등록 의무와 등록증 휴대 및 제시의 의무를 갖게 되었다. 외국인등록령을 어긴 경우에 강제퇴거를 비롯한 각종 규제를 받도록 규정했다. 이 시기 529,589명(재일한인 총수 540,113명의 98%)이 등록했다.

패전 직후 재일한인의 법적 지위에 관해 GHQ와 일본정부는 인식을 공유했다. 이러한 정책 방향으로 인해 한인은 국적 미정의 상태에 놓였다. GHQ가 재일한인을 '적국국민'으로 간주하면서도 일본국적을 인정하지 않았고, 한인들은 조국이 아직 독립국으로 인정받지 못했으므로 조국의 국적을 취득할 수 없었다. 일본정부와 GHQ의 재일한인 정책을 통해 일본 패전 직후 한인은 과세의 대상이면서도 국적 미정 상태에서 형사 · 민사재판권에서 일본의 관할권 아래 놓였다.

전쟁 말기에 '1억 옥쇄'를 주창하며 3천만 조선 민족을 포함한 7천만 일본국민에게 희생을 강요하던 일본은 패망과 동시에 재일한인의 참정권을 정지했다. 1945년 10월부터 시작된 선거법개정과정을 통해 한인은 타이완인(臺灣人)과 함께 '비국민'으로 간주되어 "선거권과 피선거권을 당분간 정지하고 선거인 명부에 등장할 수 없는 자"가 되었다. 6 · 25전쟁이 발발하자 일본정부는 GHQ의 지령에 따라 재일한인을 적용대상으로 한 출입국관리령(1951년 10월 4일)을 제정 · 공포했다.

재일한인의 법적 지위에 가장 큰 영향을 미친 것은 샌프란시스코강화조약이다. 1951년 9월 8일 조인되어 1952년 4월 28일에 효력을 발생한 이 조약을 통해 일본은 한반도에 대한 주권을 포기하게 된다. 그러나 이로 인해 재일한인의 법적 지위는 변화를 맞았다. 이 소약을 통해 재일한인은 외국인으로 인정받게 된 것이다. 일본은 1952년 4월 28일자 민사民事국장의 통지(평화조약의 발효에 따른 한국인·대만인 등에 관한 국정 및 호적사무의 처리에 대하여)에서 한인이 일본의 국적을 상실한다는 점을 명기했다. 그러면서도 다른 외국인과 달리 법률 제126호 2조 6항(포츠담선언의 수락에 따라 발하는 명령에 관한 건에 기초한 외무성 관계 제 법령의 조치에 관한 법률)을 적용해 잠정적 재류를 인정했다.

> 제2조 6항 : 일본정부와의 평화조약 규정에 기초한 동 조약의 최초 효력 발생일에 일본 국적을 이탈하는 자로 1945년 9월 2일 이전부터 이 법률 시행일까지 계속해서 일본에 재류한 자(1945년 9월 3일부터 이 법률 시행일까지 일본에서 출생한 아이들을 포함한다)는 출입국관리령 제22조 2항 1의 규정에도 불구하고 별도로 법률이 정하는 바에 따라 그 사람의 재류자격 및 재류기간이 결정되기까지 재류자격을 인정하지 않아도 일본에 재류할 수 있다.

그러나 이 조치는 재일한인에 대한 우대조치가 아니었다. 재류는 인정하면서도 재류자격 및 재류기간 이외의 사항, 특히 강제퇴거에 관한 규정을 일반 외국인과 동일하게 적용하고 있었다.

샌프란시스코 조약 발효 이후 재일한인은 외국인등록령에 의한 관리 대상이 되었다. 한인에게 외국인등록증을 상시 휴대하도록 하고, 정기적으로 지문을 날인하도록 해 잠재적 범죄자로 관리하려 했다. 1965년 한일기본조약은 재일한인의 법적 지위를 약화시키는 결과를 가져왔다. '대한민국 국적' 취득자만이 협정영주권을 얻게 됨으로써 1965년 조인 당시 한인의 59%에 달하던 조선적朝鮮籍 한인(35만여 명. 1945년 일본 제국의 패망 이후, 재일 한국인 가운데 대한민국이나 일본의 국적을 취득하지 않은 사람들에게 주일 미군정이 외국인 등록제도의 편의상 만들어 부여한 임시 국적)은 무국적 상태가 되었다. 또한 조약을 통해 양국 정부는 재일한인 3세 이하에 대해 영주권을 보장하지 않았고, 25년 후 후속조치로 재협상할 수 있다는 여지를 남겨 협정영주권 소지자들을 불안한 상태로 만들었다. 이러한 문제점은 1991년 1월 가이후 도시키海部俊樹 총리 방한시 한인 3세에게 영주권 보장하는 '한일법적지위협정에 기초한 협의결과에 관한 각서'와 '출입국관리특례법'(5월) 제정을 통해 해결되었다. 조선적 한인들은 1982년 일본이 난민조약에 가입해 특례영주자의 지위를 획득할 때까지 법적 지위에서 방기된 채 살아야 했다.

□ 버리고, 억류하고 – 전후 남사할린 지역의 한인

1945년 8월 까지 남사할린은 일본 땅이었다. 비록 내외지 구분은 있었으나 일본인들에게 두 지역은 행정적으로나 정서적으로 분리되지 않았다. 일본 본토에서 별도의 도항증이나 증명서 없이 자유롭게 드나들 수 있었고, 일본어가 통용되던 지역이었다. 종이와 석탄 등 남사할린의 물자는 일본과 조선에 유통했다. 정서적 유대감은 조선 사회에서도 마찬가지였다. 화태로 불렸던 남사할린과 일본을 일본과 구분한 사람은 드물었다. '일본국 북해도 화태'라는 출생신고서는 면사무소 직원이 작성했다. 일본 내지의 홋카이도(北海道)와 외지의 남사할린(화태)을 구분하지 못한 결과이다.

일본의 패전은 사할린에도 예외가 없었다. 그러나 남사할린 조선인에게 해방은 오지 않았다. 일본 패전이 조선인 사회에 준 선물은 일본인 민간인과 군경에 의한 학살사건이었다. 대일 선전포고 이후 8월 11일 소련군이 북위 50도선을 넘어 남하하기 시작하자 소련군 진격소식을 들은 제25연대장이자 수비 대장 고바야시小林步一는 즉각 국경지대에 거주하던 일반인의 피난을 명령했다. 이 과정에서 일본인 민간인과 군경에 의한 조선인 학살사건이 발생했다. 대표적인 사건은 가미시스카경찰서 학살사건과 미즈호마을 학살사건이다.

▣ 가미시스카(上敷香. 현재 지명은 레오니도보) 경찰서 학살사건 : 남사할린 국경에서 가까운 가미시스카지역. 소련이 대일 선전포고 이후 8월 11일 소련군이 북위 50도선을 넘어 남하하기 시작하자 1945년 8월 17일, 일본군은 화태 북동부의 가미시스카와 인근 지역을 포기하기로 결정하고 인근에 거주하던 조선인 중 유력자 18명을 '스파이'라는 이유로 가미시스카 경찰서에 연행한 후 17~18일에 수십 명을 사살한 사건. 일본 헌병과 경찰관은 18일 아침 9시경, 학살 증거를 없애기 위해 가솔린을 부어 유치장 건물과 함께 주검을 불태웠다. 이후 유족의 여러 차례 현장 발굴시도에도 유해는 물론 잔해도 찾지 못하고 있다.

▣ 미즈호마을 학살사건 : 미즈호 촌(瑞穗. 현재 지명 뽀쟈르스꼬예. 250호 규모의 농가)에서 8월 20~25일에 일본군 도요하라(현재 지명 유즈노사할린스크) 연대지구와 사령관 산하 재향군인회가 조직한 의병전투대(일본 청년들)가 한 마을 조선인 27명을 몰살한 사건. 학살사건은 우발적인 사고가 아니라 계획적이었다. 미리 요시찰인물로 점을 찍어두었다가 일본이 후퇴를 할 즈음에 조선인과 가족들을 데려다가 학살을 하고, 시신을 불에 태워서 흔적을 없애버리거나 집을 습격해서 가족을 몰살시키는 식이다. 일본 청년들은 학살 이후에 시신을 마을 뒷산에 풀로 덮어두었는데, 소련이 진주한 이후인 1946년 7월에 발굴되었다. 피살자 가운데에는 세 명의 여성과 여섯 명의 어린이가 포함되었고 학살 방법도 참으로 잔혹 조사를 담당했고 관련자를 처벌하기도 했던 소련의 KGB조차 너무 잔혹하다고 기록할 정도였다.

남사할린 조선인 학살사건의 전체 현황은 파악되지 않았다. 르포 작가 하야시 에이다이(林 えいだい)의 현지 조사 결과, 남사할린 전역에서 일어났다는 사실이 알려져 있을 뿐이다. 남사할린 지역에서 강제동원 피해조사를 하던 2005년 여름, 여러 지역에서 유사한 사건 이야기를 듣고 몸서리치곤 했다. 특히 미즈호 학살사건은 촌락에서 일본인 이웃이 같은 마을 이웃을 잔혹하게 학살했다는 점에서 충격적인 사건이다.

8월 28일, 일본군인의 무장이 해제되자 남사할린은 더 이상 일본 땅이 아니었다. 그렇다고 조선인 해방의 땅도 아니었다. 소련 땅 사할린이었다. 이곳에 세 종류의 낯선 사람들이 들어왔다. 소련인, 고려인(카레이스키), 북한 파견노동자.

일본군이 떠난 사할린에 들어온 첫 번째 사람들은 소련군이었다. 일본과 전쟁에서 승리한 점령자 군인. 그 다음으로 들어온 이들은 소련정부의 사할린 개발 추진 계획의 하나로 이주한 소련 이민자들이었다. 1947년 1월 1일 기준, 사할린에 도착한 러시아인 이민자는 4,010가구였다.

낯선 이들 속에는 동포도 있었다. 한인을 관리하기 위해 같은 동포인 '고려인'이 등장했으나 사할린 한인의 입장을 이해할 수 있는 부류가 아니었다. 조선말은 했지만 동포의 공감대를 느낄 수 없는 사람일 뿐이었다. 스탈린에 의해 강제이주 당했고, 소련식 사할린 개발 추진을 위해 소련에서 파견되어 각 부문의 지도적 자리에 배치된 관리자였다. 이들에게 일본 치하에 남사할린에 살면서 '아무 저항도 하지 않았던 조선인'은 일본의 스파이거나 반소反蘇분자일 뿐이었다.

1947년 부터는 새로운 '조선 사람'들이 사할린 땅을 밟았다. 북한에서 파견한 노동자들이었다. 이들은 탄광이나 삼림채벌장에서 일했다. 역사학자 방일권이 수집한 자료에 의하면, 1947년초 소련 내각의 노무자 모집 요청에 따라 북한지역에서 사할린으로 유입되었다가 잔류한 인원은 1949년까지 총 11,670명이다.

일본 패전 후 남사할린을 찾은 세 종류의 새로운 입도자들은 수적으로도 기존 사할린 한인 사회를 압도했다. 이러한 상황에서 한인들은 러시아어를 배우며 '생존'의 길을 찾았다. 왜 이들은 해방 후 조국으로 돌아오지 않고 동토의 땅에서 생존의 길을 찾는가. 돌아오고 싶었다. 돌아오려 했다. 해방되자마자 콜사코프 항구로 몰려갔다. 그러나 돌아오지 못했다. 돌아올 수 없었다.

일본 패망 당시 남사할린에는 40만 명이 넘는 사람들이 거주하고 있었다. 일제시기 남사할린 인구통계는 1941년이 최종 자료이다. 모든 종족을 대상으로 한 인구통계는 1941년 이후는 찾을 수 없다. 1941년 기준 인구 통계에 의하면, 총 인구 406,557명 가운데 일본인(아이누인 포함)은 386,058명이었고, 조선인은 19,768명, 원주민 425명, 외국인 202명, 중국인 104명이었다.

소련은 1945년 8월 8일 대일선전포고를 발령한 후 남사할린으로 진격해 23일 도요하라(유즈노사할린스크)에 진주하고 소야宗谷해협(라페루즈 해협)을 봉쇄했다. 해협 봉쇄 직전 약 10만 명 정도의 일본인들은 탈출했으나, 약 30만 명에 달하는 주민들은 떠나지 못했다. 방일권이 수집한 자료에 의하면, 1946년 사할린 민정국이 파악한 당시 잔류 일본 민간인은 281,653명이었고, 1947년 소련 외무부가 파악한 당시 잔류 한인은 22,777명이었다.

1946년 3월 연합군총사령부(GHQ)는 '귀환(引揚)에 관한 각서覺書'를 공표하고, 이 각서를 기초로 도쿄에서 '소련지구인양蘇聯地區引揚에 관한 미소美蘇협정'을 체결(12월 19일)했다. 이에 따라 1947년 봄부터 1948년 여름까지 남사할린과 쿠릴 열도에 있던 일본 국민 264,063명(아이누 포함)이 본국으로 돌아갔다. 1949년 7월 22일까지 약 28만 명의 일본인이 떠났다. 남은 것은 한인과 일부 한인을 배우자로 둔 일본인 여성이었다. 일본은 자국민 송환에는 적극적이었으나 한인 송환문제는 철저히 외면했다. 일본정부는 사할린 한인들의 귀환을 미·소 양국에 건의할 책임이 있었으나, 어떠한 노력도 하지 않았다. 오히려 미소 간 협정에 의해 사할린 거주 일본인의 집단귀환이 결정되자, 귀환대상자를 '일본호적에 입적되어 있는 일본인'으로 한정해 한인을 귀환대상에서 제외했다. 버리기 정책이었다.

미국도 사할린 거주 한인 문제에 대한 별다른 이의를 제기하지 않고

협정을 소련과 체결함으로써 한인을 송환대상에서 배제시키는데 역할
했다. 한반도 남쪽을 차지하고 있던 미군정은 '한인의 귀환이 사회 안정
을 해친다'는 입장을 전하기도 했다. 1947년 11월 GHQ가 작성한 문서에
미국 측의 판단이 명확히 나와 있다. 문서에는 '포츠담선언이나 일본의
소련에 대한 항복문서에서도 일본인 이외에는 그 누구도 귀환시킬 의무
가 규정되어있지 않은 만큼 연합군총사령부가 그 의무를 질 필요가 없
다'고 했다. '인도적 관점에서 남사할린의 사례는 중국이나 만주지역의
한인 이주자들까지 귀환시켜야 하는 부담으로 이어질 수 있는 만큼 사
할린 한인을 귀환시키는 문제는 스스로에게 대단히 심각한 의무를 지우
는 것이 될 수 있다'고 우려했다. 주한미군정도 1948년 2월경, '종전으로
남한으로 280만 명 이상의 한국인 귀환자와 망명자들이 귀국'한 상황에
서 '식량과 의복 및 수용소 제공을 위해 기존 시설이 무리하게 사용되어
온 상황'이므로, '현 시점에서 연합군총사령부가 추가적으로 수천 명에
이르는 사할린과 쿠릴 열도로부터 귀환자에 대한 의무를 지는 것은 바
람직하지 않다'는 입장을 밝혔다.

　GHQ와 주한미군정 당국의 입장은 확고했다. 그러면서 1948년 3월까
지 소련에 대해 사할린한인의 수와 귀환 희망 여부에 대한 정보, 한인
귀환 문제에 대한 소련의 태도를 요구했다. 한인의 귀환 의무는 지고
싶지 않으나 국제적 교섭 차원의 문제를 무조건 외면할 수 없었기 때문
이다.

　GHQ로부터 입장 표명과 관련 정보를 요구받고 있던 소련의 입장은
어떠했는가. 방일권의 연구에 의하면, 남사할린을 차지한 소련 당국이
한인을 이동의 제한과 감시아래 두고 내부 통제 상황을 강화하는 것은
가능했다. 그러나 문제를 계속 미룰 수 없는 상황들이 나타났다. 하나는
1946년 여름까지 가능했던 홋카이도 방향으로 개인적 탈출시도였다. 당
시 라페루즈해협에 대한 소련 경비가 허술했고 일본 측 해안 경비는 사

실상 없는 상태였다. 또 다른 문제는 개인적으로 사할린을 탈출한 한인들의 '소련의 비인도적 억류' 공식 발언이 국제적 관심이 되었다는 점이다. 일본인으로 속여 귀환선에 오른 후 부산을 통해 귀국한 최영기崔永璣는 자유신문과 동아일보 등을 통해 사할린 동포의 실정을 알리며 이들의 구출을 위한 탄원서를 미군정장관과 민정장관에게 제출하는 등 적극적으로 활동했다. 세 번째 배경은 GHQ와 주한미군정의 입장 표명과 관련 정보 요구였다.

소련은 1947년 초반에는 한인 귀환에 동의하는 입장을 취했다. 1947년 5월 29일자 소련 내무장관 C. 크루글로프가 작성한 3008호 답변서는 한인 귀환에 대한 내무장관의 입장을 담았다.

> 1947년 5월 23일자 … 서신에서 언급하신 남사할린 거주 조선인 22,777명의 귀환 문제에 대하여 소련 내무부는 그들의 귀환에 대해 이의가 없음을 밝힙니다. 다만 남사할린 내 한인들이 다양한 소비에트 경제 조직들에게 노동하고 있는 점을 고려하여 그들의 귀환 문제는 소련국가계획위원회의 동의를 얻는 것이 합당하다고 봅니다.

이러한 입장은 이보다 1946년 7월 17일자 내무장관 명의의 문서(당시 소련 각료회의 의장대리 베리야에게 발송한 공문)에서도 명확하다. 공문에서 내무장관은 남사할린 내 한인과 중국인들은 '전쟁 전에 남사할린과 쿠릴 열도로 일본인들에 의해 끌려온 이들'이라 인식했다. 그러므로 '소련 내무부는 지역 당국으로부터 고국으로 가고자 희망하는 한인과 중국인의 숫자에 대한 자료를 받기까지는 … 이들의 한국 및 중국으로 출발을 연기하는 것이 불가피'하겠지만, '지역 당국으로 하여금 고국으로 돌아가기를 희망하는 한인 및 중국인들의 청원을 접수하도록 허용하는 것은 당연한 일'이라 결론 내렸다. 강제 동원된 한인 전체의 귀환이 당연함을 전제로 한 의견이었다.

또한 골리코프(1943년부터 국방차관으로써 독일군에 잡힌 소련군 포로 송환을 담당했고, 전후에는 정보계통의 요직을 담당했으며, 1947년 당시에는 소련 각료회의에서 귀환 업무 전권국 책임자로 근무)의 문서에 의하면, 남사할린주 당대표인 민정국장 크류코프는 '1948년 하반기 중 한인 귀환에 대해 1947년 10월 29일에 동의를 표했고', 극동 연해주 군관구 부책임자인 니콜라예프는 '11월 14일, 1948년 여름 동안 한인들을 귀환시키고 이주시키는 것이 가능하다고 답했고', 수송 문제에 대해서도 해군은 '1948년 완료에 아무 문제가 없다'며 협조의지를 밝혔다.

이러한 소련의 입장이 있었는데, 왜 한인은 '억류'되었는가. 남사할린의 노동력 부족으로 북한 지역 노무자 모집까지 실행하던 입장에서 굳이 소련이 나서서 일본과 GHQ가 외면하고 미군정이 반대하는 한인 귀환을 추진할 필요는 없었을 것이다. '당연한 일'이라던 소련의 한인 귀환 입장은 사할린 민정국과 소련 각료회의에서 일단 1948년 말까지 귀환 연기 의견이 공감대를 얻으면서 점차 희미해졌다. 그리고 1950년 4월 22일 소련은 사할린 거주 일본인 집단 귀국 완료 발표와 동시에 '7월 1일까지 잔류를 결정한 모든 일본인과 한인의 의무적 거주지 등록을 지시'했다. 돌아갈 길이 막힌 것이다. '명확한 한인 귀환 정책'은 '명확한 한인 억류 정책'으로 굳어졌다. 또한 1952년 5월 6일에는 한인에게 소련 국적 신청을 허용하는 각료회의 결정이 내려졌다. 임시거주자 신분의 경계인이었던 한인은 소련 국적을 취득하지 않는 한, 무국적자로 남게 되었다. 1952년은 한반도가 6·25전쟁을 겪고 있었고, 샌프란시스코강화조약이 발효(4월 28일)된 해였다.

1956년, 일본은 남사할린에 남은 잔류 일본인들을 송환하기 위해 소련 측과 교섭해 '일소공동선언'을 발표(1956.10.19)했다. 이 선언으로 사할린 잔류 일본인뿐만 아니라 일본인 배우자인 한인들의 일본 송환 길이 열렸다. 그 결과 1957년 8월 1일부터 1959년 9월 28일까지 총 7회에 걸처 일본인 766명과 그 동반가족인 한인 1,541명이 귀환했다. 이로써 일본인 송환은 완료되었으나 한인들의 합법적 귀국길은 1990년 한소수교 체결로 인한 국교정상화까지 기다려야 했다.

□ 시베리아에 버려진 조선청년들, 1991년에 돌아온 고향

시베리아 억류 포로. 매우 생경한 단어다. 1945년 7월, 패전이 임박한 급박한 시기에 국체(천황제) 수호를 위해 일본정부가 준비한 보따리가 있었다. 소련의 거부로 풀지 못하고 만 보따리 안에는 일본군을 소련에 넘겨주겠다는 선물이 들어 있었다. 다급함이 느껴지는 대목이다. 아니, 협상을 위해 '천황의 군대'도 기꺼이 넘겨줄 정도로 제국정부의 '신민'에 대한 인식은 천박했다.

1945년 8월 16일, 소련군은 일본 관동군에 대한 무장해제와 억류를 개시해 조선인 1만여 명을 포함한 60만여 명의 관동군과 제5 방면군(남사할린과 지시마 주둔군) 포로를 시베리아 등 2천여개소에 달하는 수용소에 억류했다. 보급품도 없는 전선에서 굶주림과 절망 속에서 천행을 기다리던 60만 관동군은 소련군의 포로가 되어 동토로 향했다. 이들은 통조림공장이나 벽돌공장 등에서 중노동에 시달렸다. 패전 후 일본정부와 군부는 이들을 방임했다. 아니, 패전 이전부터 이들을 버렸다. 설사 시베리아포로가 되지 않았다 해도 협상 보따리에 들어간 순간, 버림받은 것이다.

> 먼 데서 막 먼지 일으키면서 전차부대가 쫙 내려오는 거야. … 거의 전차부대가. 전차부대 쫙 보병부대들이 따라오고. 그니까 일본 놈들이 저걸 어떻게 여기서 막아야겠는데 무기가 있어야 막지. 대전차포도 없고, 뭐 전차를 파괴할만한 무기가 아무 것도 없는 거야. 그니까 일본 놈들 지휘관들이 특공대 맨들어 사지고서 가서 육탄으로 해서 저걸 탱크를 깰 수밖에 없다하고 결론을 내렸어. 그래서 장병들 집합시켜놓고 특공대 지원자 손

들어라 하니까 누가 있어요? 그 때 관동군이 60만 명이라고 하는데 전부 무기도 없고 그냥 껍데기만 60만 명을 채워놓고 있었지. 젊은 군인들은 전부 남방으로 보냈을 거야. 거기는 일단 제대했던 사람을 재소집해가지고 그걸 보고 이제 보충병이라고 하는데. 그니 뭐 서른 살, 서른다섯 살, 마흔 살짜리도 있었어. 이 사람들은 두 번 현역 근무하는 거야. … 그래서 특공대 모집 할라고 지원하라고 하니까 한 사람도 손든 사람이 없어. 그 들겠어? 그 사람들이? 그니까 이 사람들이 어제 그저께 입대한 놈도 있고 조선아이들이 전부 스무 살 스무 한 살이니까 조선아이들 밖에 젊은 아이가 없어. 거긴 그니까 조선인 징병으로 들어온 놈들 중에서 이제 골르자 해가지고 이제 지명하는 거야. 그냥 너 나와, 너 나와. 그렇게 하구서 TNT 여섯 개를 묶은 것을 가슴에다 결박을 해요. 거기다 뇌관 다 꽂아. 그렇게 해가지고서 탱크에다 몸을 부딪치는 거야. 그 사람은 온데 간데 흔적도 없어지고 탱크는 그냥 덜컹했다 말아. … 급조폭뢰急造爆雷라고 하는데 그거를 비끌어 메고 풀 수도 없고 그렇게 하구서 일본 이 하사관들이 권총 들고 뒤에서 이제 따라오는 거야. (일제강점하 강제동원진상규명위원회, 『시베리아 억류 조선인 포로의 기억1』)

그들 가운데에는 조선인들이 있었다. 징집된 지 며칠 되지 않은 상태에서 수류탄 몇 개를 몸에 묶고 소련군 탱크에게 달려들어야 했던 조선청년들도 있었다. 1945년 8월 9일 내몽고 지역 하이라얼(海拉爾, Hailaerh, 옛 이름 후룬呼倫) 보병 제253연대로 징집당한 이병주李炳柱는 입대하자마자 심한 종기 수술로 의무실에 있었던 덕분에 목숨을 구할 수 있었다.

조선청년들이 억류당한 곳은 만주를 비롯한 북한과 사할린, 쿠릴 열도 일대이다. 원래 이 지역 내 무장해제를 담당했던 소련군은 원칙적으로 억류된 일본군 내 조선인들을 조국으로 귀환시켜야 했다. 그러나 일선 부대에서 이러한 방침은 제대로 지켜지지 않거나 무시되었다. 만주 거주 조선인 출신 일본군으로 러시아어에 능통했던 일부 조선청년들은 소련군에 항의해 시베리아행 기차에서 풀려나기도 했다. 그러나 다수의 조선청년들은 시베리아 각지의 수용소에 일본군과 함께 억류되어 피해를 입었다. 피해자수는 1만 명 설, 3천명 설이 있으나 미확인 상태이다.

옛 소련 내무성 포로억류자문제총국(GUPVI)이 파악한 1945년 당시 한인 억류자수는 1만 206명이다. 군인 외에 한반도 북부 지역에서 부일자나 경제사범 등으로 이송한 민간인도 포함된 수치다. 이 가운데 한국정부가 파악한 명부는 3천 명 정도다. 중국과 한반도로 귀환을 확인한 한인도 3천명 규모이다.

해방은 되었다는데, 수용소는 여전히 일본군 치하였다. 한인들은 일본군의 식사당번과 청소당번을 해야 했고, 궁성요배까지 강요당했다. 견디다 못한 한인들은 러시아어를 배우기 시작했다. 이병주는 러시아어를 배운지 석 달 정도 지난 후, 종이에 그린 지도를 한 장 들고 수용소장을 찾아갔다. "우리는 니뽄스키가 아니다. 카레이스키다!" 손짓 발짓다 해가며 설명한 끝에 1946년 6월에 한인들만의 수용소 생활을 쟁취했다. 비록 수용소에서 해방된 것은 아니지만 민족별 수용소 운영으로 수용소 안에서 일본군의 탄압을 피하게 된 것을 위안으로 삼았다.

조선인들이 시베리아에 억류된 근본적인 원인은 일본이 아시아태평양전쟁을 일으켜 군 병력으로 조선청년들을 동원했기 때문이다. 일본당국이 동원한 조선인 군 병력은 지원병과 징병으로 구분되는데, 억류 피해자는 징병 형식으로 동원된 청년들이다. 조선인 징병제도는 1942년 5월 8일, 각의에서 육군대신이 요청한 '조선에 징병제 시행 준비의 건(육밀陸密 제1147호, 5월 1일 요청)'을 결정함으로써 시작되었다. 그러나 1942년 각의결정은 징병제 시행이라는 원칙을 확인한 것이고 실제 징병제가 시행된 것은 1944년부터이다. 징병 적령자의 거주지도 파악해야 하고 교육제도도 마련해야 했기 때문이다. 2년간 사전 준비를 마친 후 1944년 8월 1일에 첫 번째로 조선인들이 징병으로 입대했다. 현재 일본정부 공식 통계로 확인한 수치는 육군 166,257명이다. 그러나 16만 명만이 조선인 징병자라는 의미는 아니다. 모든 군적軍籍이나 명부가 공개되지 않았기 때문이다. 아시아태평양전쟁은 '명부 없는 노무자'와 마찬가지로 '군적 없는 군인'도 양산했다.

한국인 피해자는 1948년 12월 소련정부의 한인억류해제방침에 따라 대부분 풀려났다. 이들은 당시 소련 하바로프스크에 집결했다가 나호트카항을 출발해 흥남으로 돌아왔다. 흥남에서는 다시 북한 정부에 의해 연고지별로 구분한 후 개인자격으로 고향으로 돌아갔다. 흥남에 도착한 조선인은 약 2,300명인데 그 가운데 800명은 북한에 남았고, 1000명은 중국으로 향했으며 500여 명 정도가 남쪽으로 돌아왔다. 그러나 남쪽으로 오는 길은 평탄치 않았다.

간신히 시베리아 억류생활을 마치고 마이즈루항을 통해 귀국한 일본인들을 맞은 것은 일본 사회의 '외면'이었다. 한반도 북부지역과 인천항을 통해 귀국한 한국인 억류피해자를 맞은 것은 한국 사회의 '무지'였다. "포로 속에 공작대?" "인천수용소에서 엄밀 조사" 1949년 2월 12일 신문 기사 머리글이다. "북한 괴뢰정권이 40일 동안 훈련을 시킨 다음 월남시켰는데, 훈련이라는 것은 과연 무엇이었는지 배후에는 어떤 지령이 있었는지, 그들의 정체는 점차 흥미와 주목거리가 되어 가고 있다." 머리글보다 더 험한 것은 2월 20일자 신문 기사 내용이다. 신문기사보다 거친 것은 현실이었다. 일단 북한 지역에서 조사를 거쳐야 했고, 3.8선을 넘어서도 감시와 조사는 계속되었다. 인천 송현동의 전재민수용소에는 미군 극동군사령부 요원을 비롯해 10여개가 넘는 수사 사찰기관 요원이 상주하며 '적성 국가'에서 돌아온 귀환자들을 대상으로 철저한 심문을 벌였다.

1949년 2월 4일 흥남에서 열차로 연천에 도착했다. 저녁 식사가 끝난 후 고향가지 갈 여비를 개개인 균등하게 지급받았다. (차비와 2식 정도) 우리들은 남북한 사이에 정식 인계인수절차가 있는 것으로 알았으나 그런 수속도 없이 '남쪽에는 경비가 삼엄하니 잡히지 않도록 조심해서 가시오'라고 주의시키면서 3.8선으로 향하는 곳 까지 안내해주었다. 그곳에 경비하고 있던 15세 전후되는 감시병들이 잘 가라고 손짓 한다. 바로 그때 밤 12시의 정적을 깨고 총성이 들려왔다. 제2차로 출발한 우리들 50명은 불안해서 앞으로 더 나갈 수가 없었다. '우리가 무슨 죄가 있어 밤중에 숨어서 집으로 가야 하나. 내일 날이 밝은 후 당당하게 3.8선을 넘어가자'고 의견을 모았다. 그리고 연천으로 돌아가서 날이 밝기를 기다렸다. 아침 식사가 끝난 직시 지휘자도 안내자도 없이 출발했다. 고향으로 향하는 마음이 즐거워야 할 텐데, 오늘의 발걸음은 무겁기만 하다.

1945년 8월 1일 소집 영장을 받고 징집되어 하얼빈哈爾浜에서 소련군의 포로가 되었던 이규철李圭哲은 육필 수기에 3.8선을 넘자마자 맞닥트린 동포의 기관총 모습을 그려 넣었다. 그래도 이규철 일행은 간단한 몸수색과 조사를 마친 후 고향을 찾아 떠날 수 있었다. 더 험난한 길도 있었다. 1949년 초에 3.8선을 넘은 청년들 가운데에는 같은 동포의 총탄에 쓰러진 이들도 있었다. 간신히 목숨을 건진 459명의 청년들은 인천 수용소에서 전기 고문을 포함한 조사를 받은 후 50일이 넘어서야 풀려날 수 있었다. 시베리아 억류 한인 포로들 가운데 다수는 6·25전쟁 기간 중 국군과 인민군으로 다시 전쟁을 경험하기도 했다. 김효순이 책 이름을 '나는 일본군 인민군 국군이었다'로 붙인 이유를 알 수 있다. 식민지 지배와 냉전·분단의 아픔은 늘 이들 곁에 머물렀다.

귀국을 포기한 이들도 있었다. 1990년 12월 모스크바 크렘린궁에서 열린 한러정상회담에서 노태우대통령의 통역자는 모스크바대 역사학부 출신의 학자, '세계경제 및 국제관계연구소 한국 담당 과장' 류학구였다. 이보다 앞서 1990년 3월 모스크바를 방문한 김영삼 민자당대표의 통역 자이기도 했다. 같은 해 1월 아베 신타로安倍晋太郎외상(아베 신조총리의 부친이자 기시 노부스케岸信介의 사위)의 통역도 맡았다. 시베리아 억류자의 한 사람이었다. 조선 청년들이 포로생활을 마치고 고향 길에 올랐을 때 소련 잔류를 택했다. 그리고 1991년에 귀환했다.

□ 오지 않는 귀환선, 망망대해에서 갈 수 없는 조국 땅

돌아오네 돌아오네 고국산천 찾아서
얼마나 그렸던가 무궁화꽃이
얼마나 외쳤던가 태극기 깃발을
갈매기야 울어라 파도야 춤춰라
귀국선 뱃머리에 희망도 크다

돌아오네 돌아오네 부모형제 찾아서
몇 번을 울었던가 타국살이에
몇 번을 불렀던가 고향노래를
칠성별아 빛나라 달빛도 흘러라
귀국선 고동소리 건설이 크다

돌아오네 돌아오네 부모 형제 찾아서
얼마나 싸웠던가 우리 해방을
얼마나 찾았던가 우리 독립을
흰 구름아 날려라 바람은 불어라
귀국선 파도위에 새 날은 크다

1949년에 발표된 가요 '귀국선'의 노래 가사이다. 해방을 맞아 감격스
럽게 귀국하는 동포들의 모습이 떠오르는 경쾌한 곡조의 노래이다. 그
러나 강제 동원된 한인이 돌아오는 길은 경쾌하지 않았다. 중국에서 오
는 길은 일본인으로 오인한 중국 민중들의 공격과 중국 내전의 와중에
서 목숨을 걸어야 했고, 일본에서 오는 길은 선박 부족과 난파의 위험을
극복해야 했다. 그나마 가장 수월했던 길은 남방에서 오는 길이었다. 동
남아와 태평양 각지 연합군 수용소에 있다가 LST를 타고 안전하게 귀국
했기 때문이다.

1945년 8월 15일, 일본의 한인들에게도 해방은 왔다. 아무도 모르는
사이에 해방은 왔고, 고국산천 찾아갈 기회도 찾아왔다. 그러나 해방이

온 것을 모르는 사람들도 많았다. 강제 동원된 한인들은 대부분 일정 기간이 지난 후에 해방 소식을 알았다. 어제까지 새벽부터 일어나 일 나가라고 채근하던 감독들이 모두 사라진 것을 이상하게 여기긴 했으나 알아볼 엄두도 내지 못했다. 해방을 안다고 해서 곧바로 고향땅으로 출발할 수도 없었다. 망망대해를 건너야 했기 때문이다.

> 종전의 대 혼란의 와중에 재일조선인의 귀국심이 화살과 같아 민족의 해방과 조국으로 귀환을 외치며 시모노세키下關, 센자키仙崎, 하카타博多, 사세보佐世保, 마이즈루舞鶴, 하코다테函館, 우라가浦賀 혹은 미이케三池, 우스노우라臼浦, 모지門司, 하기萩, 나나오七尾, 니가타新潟, 오타루小樽, 무로란室蘭 등의 항구에 쇄도했다. 그들은 편선便船, 전세선 또는 부산 마산 여수 등지에서 일본으로 귀환하는 일본인을 태운 배를 잡아 무궤도의 상태로 귀향했다. 그런 배도 타지 못한 사람들은 방황하며 거세게 항의해 매일처럼 관계 당국에 진정활동을 했다. 그 중에서도 집단이입노무자의 동요가 심해 귀국을 둘러싼 분쟁이 각지에서 발생했다.

일본 외무성 외교사료관에 소장 중인 자료(태평양전쟁 종결에 의한 구 일본 국적인의 보호인양관계잡건 조선인 관계1)에 수록된 귀국하려는 한인의 모습이다. 그러나 '화살과 같이' 귀국하고픈 한인의 마음도 모른 채 귀국선 구하기는 하늘의 별 따기였다. 귀국선을 탈 수 있는 항구도 기뢰가 설치되어 있지 않은 몇몇 항구로 제한되었다.

외무성 자료에서 '집단이입노무자'는 '강제동원 한인'을 의미한다. 일본 당국은 조선인을 노무자로 송출할 당시에는 트럭과 기차, 선박 등 수송 수단을 갖춰놓고 신속히 실어 날랐다. 노무자로 동원되는 개인은 수송 수단을 걱정할 필요가 없었다. 바다 한 가운데에서 선박사고나 기뢰 공격으로 난파되어도 다른 수송선을 조달해 차질 없이 수송했다. 수송과 복귀에 대한 책임은 관련규정에도 명시되어 있었다. 그러나 전쟁이 끝난 후 수송 수단은 돌아가려는 개인이 확보해야 했다.

　물론 일본정부가 임시열차 증편이나 배선 노력을 하지 않은 것은 아니다. 그러나 공습으로 파괴된 철로와 항구에서 이들을 실어 나를 선박은 부족했다. 일본 당국은 전쟁 기간 중에 군용선은 물론 민간 상선까지 수송선으로 징발했는데, 엄청난 선박 손실로 인해 멀쩡한 선박을 찾기 어려웠다. 일본 기획원은 선박의 연간 상실량을 80~100만 톤 억제에 성공한다면 1941년도 물동계획수준의 물자를 확보할 수 있다고 예측했다. 그러나 1942년도 선박 상실량은 100만 톤을 넘었고, 1943년의 선박 상실량은 전년 대비 두 배가 넘었다. 선박 보유율 지수도 1943년에는 77%, 1944년에는 40%에 이르렀다. 그나마 남은 몇 안 되는 선박도 일본 항구에서 기다리는 것은 아니었다. 대부분 멀리 떨어진 태평양과 동남아시아 해상에 있었다. 그러나 언제까지 배를 기다리고 있을 수 없었다. 항구마다 혼란은 극에 달했다.

　　8월 15일 이후 귀국을 희망하는 조선인들이 일본 각지에서 연일 시모노세키로 쇄도했다. 많은 날은 하루에 만 명에서 2만 명에 달하기도 했다. 시모노세키는 공습의 피해가 커서 항구에는 미군이 투하한 어뢰와 일본군이 부설한 어뢰, 잠수함 방어그물이 방치되어 선박 출입은 불가능했다. 승선을 기다리던 조선인들은 역 부근 폐허가 된 곳에 운집했다. 야마토마치 외곽에 100채 이상의 판자집 음식점과 많은 상점들이 생겨났다. 와카마츠若松에서 밀선이 출항한다는 소문을 듣고 한인들은 와카마츠若松로 몰려가기도 했다. 수만 명이 센자키에서 노숙했다. 야마구치현은 5천명을 수용할 수 있는 판자집 대합소를 만들었다. 부두 근처의 광장에는 거적을 걸어놓은 상점들이 들어섰다. 조잡하긴 하지만 번화가가 만들어졌다.

　하기하라 신타로萩原晉太郎가 『안녕히 센자키 귀환』(マルジュ社, 1985)에서 묘사한 센자키 항의 모습이다. 일본의 주요 항구마다 수만 명에 이르는 한인들이 모여들어 노숙을 하며 몇 개월이 지나도록 기다리다가 귀국 관련 소문에 우왕좌왕하는 혼란스러운 모습이다. 일본이 이른바 '계획수송'이라 불리는 체계적인 한인 귀환 정책을 마련하지 못한 결과이기도 하다.

일본지역 한인 귀환 현황은 크게 세 시기로 구분할 수 있다. 제1기는 조직정비시기인데, 1945년 8월-11월까지이다. 제2기(1945년 12월-1946년 3월)는 계획 준비 시기이고, 제3기(1946-4월-12월)는 계획 송출 시기라 분류한다. 이 시기구분에 의하면, 가장 많은 인원이 귀환한 시기는 제3기가 해당된다. 이 가운데 제1기는 제대로 귀환 준비도 시작하지 못한 시기이다. 한인 귀환과 관련한 최초의 일본정부 통달은 9월 1일자 '조선인집단이입노무자 등의 긴급조치에 관한 건'이다. 이 통달에는 귀환에 대한 기본 방침만 있을 뿐, 언제부터 몇 명을 어떻게 수송할지에 대한 내용은 전혀 없다. 구체적인 계획이 나온 것은 9월 12일 철도총국업무국장이 내린 통달 '관부關釜(시모노세키-부산) 및 박부博釜(하카타-부산) 항로 경유 여객수송의 건'이 최초이다. 그러나 실제로 가장 많은 인원이 귀국선을 탄 시기는 제1기이다. 90만 명에 달하는 한인이 이 시기에 귀국했다.

1945년 8월 30일, 정원 2,500명을 태운 연락선 운젠마루雲仙丸가 하카타항에 취항했다. 정기항로가 아닌 '계획 수송'이라는 이름 아래 800명 정원의 선박을 개조했다. 1945년 9월 4일, 한인 군무원 1,552명과 일반 16명을 태운 도쿠쥬마루德壽丸가 하카타항을 출항했다. 이 출항은 구체적인 계획이 나오기 전에 이미 실행되었다. 위험천만한 일이었다.

이런 당국의 준비 부족과 혼잡함 속에서 무작정 배를 기다릴 수 없었던 한인들은 밀선 수배에 나섰다. 1인당 100엔-500엔 정도의 비용으로 승선 가능했던 100톤 전후의 낙후 어선을 빌리는 것도 요행으로 여겼다. 많은 구술기록에서 '야미 배'나 '똑딱선'으로 표현한 열악한 선박이었다. 밀선 비용을 구하기 위해 항구에서 행상을 하기도 했고, 동향인에게 돈을 빌리기도 했다.

우여곡절 끝에 귀국선은 출항했다. 어렵게 배를 구한 한인들은 콩나물시루 같았던 배 안에서 노래를 부르며 고향에 가는 기쁨을 나누었다.

귀국선 안에서 이름과 주소를 적어 명단을 만들고 잊지 말자고 했다. 고향에 금은보화가 기다리는 것은 아니었으나 그저 감격스러운 순간이었다.

그러나 어렵게 귀국선에 승선한 한인들에게 고국산천은 쉽게 문을 열어주지 않았다. 간신히 구한 밀선을 타기 전에 부둥켜안고 울 정도로 감격에 찬 모습은 승선 이후 맞닥트린 벽 앞에서 두려움으로 변했다. 첫 번째 넘어야할 벽은 바다와 격랑激浪이었다. 똑딱선 타고 오다가 바다귀신 될 뻔 했네. 강제동원위원회가 출간한 생존자의 구술기록집 제목이다. 바다와 파도를 넘어서는 어려움을 표현한 제목은 한 권 뿐이지만 강제동원위원회가 발간한 일본지역 동원 피해생존자의 구술기록집 15권 내용의 30% 이상은 모두 '바다귀신 될 뻔'했던 이야기들이다. 강제동원 현장의 구술보다 귀환 과정의 구술이 더 생생한 경우도 많았다.

격랑 속에서 열악한 밀선으로 현해탄을 건너는 것은 목숨을 걸어야 하는 일이었다. 현해탄을 건너기 전에 쓰시마에서 표류생활을 한 경험이나 바다 한 가운데에서 만난 선박 사고로 가방과 짐 보따리를 모두 바다에 잃고 빈손으로 목숨만 건진 경우는 그나마 다행스러울 정도였다. 나란히 출발한 두 척의 선박 가운데에서 한 척이 난파하는 모습을 보면서 아무 조치도 하지 못하고 지나쳤던 경험은 안타까움보다는 가슴을 쓸어내리는 안도감에 가까웠다. 밀선을 타고 오다가 떨어진 장막에 한쪽 팔이 떨어져 쓰시마에서 간신히 봉합수술을 받고 돌아온 이도 있었다.

현재 귀환 한인의 해난 사고가 얼마나 많았는지에 대해서는 현황도 알 수 없다. 대표적인 우키시마호浮島丸 폭파사건이나 히로시마 미쓰비시중공업 징용공 조난사건 등이 알려졌을 뿐이다. 강제동원위원회가 2009년에 발간한 미쓰비시중공업 징용공 조난사건에 대한 진상조사보고서(해방직후 이끼·대마도 지역의 귀국 조선인 해난사고 및 희생자 유골문제 진상조사)

작성 과정에서 해난사고의 심각성을 인식한 것이 성과일 정도이다. 그 가운데 대표적인 참사는 군무원·노무자와 가족 일행을 태우고 1945년 8월 22일 부산항을 향해 아오모리青森현 오미나토大湊항을 출발한 후 24일에 마이즈루舞鶴 항 앞 바다에서 침몰한 우키시마호이다. 사건 발생 70년이 넘도록 침몰 원인은 물론, 피해자 규모조차 파악하지 못하고 있다. 사건 발생 직후 일본은 신속히 조선인 승선규모를 3,735명(일본 해군 255명), 폭발원인은 미군 기뢰에 의한 촉뢰, 조선인 사망자는 524명(일본 해군 25명)이라고 공식 발표했다. 이 입장은 이후 변하지 않았다. 이에 대해 한국 유족들은 승선규모는 많게는 6천~ 8천명까지, 폭발원인은 일본의 고의적인 폭침, 사망자는 3000명 이상으로 주장하고 있다. 생존자 구술에서 7천명 승선설이 등장했다. 그러나 모두 기억과 회상에 의존할 뿐이다. 일본정부가 공식 발표에서 근거로 들고 있는 '편승자 명부'는 존재 유무가 확인되지 않을 정도로, 공신력은 매우 낮다. 현재 승선규모를 확인할 수 없으니 피해규모도 알 수 없다.

□ 목숨 걸고 돌아왔으나 해방된 조국은

떠나는 길보다 힘들었던 귀환의 길이지만 사진 속의 모습은 활짝 웃는 얼굴들이다. 연신 귀환동포들을 쏟아낸 '사람을 하얗게 태운 기차'를 탄 모습도 마찬가지다. 그러나 '평생 가장 기뻤던 순간'은 오래 가지 않았다. 목숨 걸고 돌아온 조국은 처참했다.

한반도 민중들이 일본의 패망을 실감한 것은 9월 8일 조선총독부 건물의 일장기 하강식과 성조기 게양식 모습이었다. 이 모습은 일본의 패망과 해방이 곧 독립으로 이어지는 것이 아님을 알려주는 상징이기도 했다. 이미 1945년 9월 2일, 맥아더 총사령관은 북위 38도선을 경계로 미소양군 조선분할점령책을 발표하고 7일 포고령 제1호를 통해 미군이 점령군임을 명확히 했다.

조선인민에게 고함.

태평양 방면 미국 육군부대 총사령관으로서 나는 이에 다음과 같이 포고함.
일본국 정부의 연합국에 대한 무조건 항복은 우리 제국諸國 군대간에 오랫
동안 속행되어온 무력투쟁을 끝냈다.

일본천황과 일본국 정부의 명령과 이를 돕기 위해 그리고 일본 대본영의
명령과 이를 돕기 위해 조인된 항복문서 내용에 따라 나의 지휘 하에 있
는 승리에 빛나는 군대는 금일 북위 38도 이남의 조선영토를 점령한다.
조선인민의 오랫동안의 노예상태와 적당한 시기에 조선을 해방 독립시키
리라는 연합국의 결심을 명심하고, 조선인민은 점령목적이 항복문서를 이
행하고 자기들의 인권 및 종교의 권리를 보호함에 있다는 것을 보장받는
다. 이러한 목적들을 실시함과 동시에 조선인민의 적극적인 지원과 법령
준수가 필요하다.

태평양 방면 미국 육군부대 총사령관인 나에게 부여된 권한으로 나는 이
에 북위 38도 이남의 조선과 그곳의 조선주민에 대하여 군사적 관리를 하
고자 다음과 같은 점령조항을 발표한다.

제1조 - 북위 38도 이남의 조선영토와 조선인민에 대한 정부의 모든 권한
은 당분간 나의 관할을 받는다.

제2조 - 정부의 전 공공 및 명예직원과 사용인 및 공공복지와 공공위생을
포함한 전 공공사업 기관의 유급 혹은 무급 직원 및 사용인과 중요한 사
업에 종사하는 기타의 모든 사람은 추후 명령이 있을 때까지 종래의 기능
및 의무 수행을 계속하고, 모든 기록과 재산을 보존 보호해야 한다.

제3조 - 모든 사람은 급속히 나의 모든 명령과 나의 권한 하에 발한 명령
에 복종해야 한다. 점령부대에 대한 모든 반항행위 혹은 공공의 안녕을
방해하는 모든 행위에 대해서는 엄중한 처벌이 있을 것이다.

제4조 - 제군의 재산권을 존중하겠다. 제군은 내가 명령할 때까지 제군의
정상적인 직업에 종사하라.

제5조 - 군사적 관리를 하는 동안에는 모든 목적을 위하여서 영어가 공식
언어이다. 영어 원문과 조선어 혹은 일본어 원문 간에 해석 혹은 정의에
관하여 어떤 애매한 점이 있거나 부동한 점이 있을 시에는 영어 원문에
따른다.

> 제6조 - 추후 포고, 포고규정 공고, 지령 및 법령은 나 혹은 나의 권한 하에서 발표되어 제군에게 요구되는 것들을 구체화할 것이나.
>
> 1945년 9월 7일
> 태평양방면 미국 육군부대 총사령관 더글러스 맥아더

건국준비위원회가 발족했으나 미군과 소련군이 들어오기 전까지 한반도는 일본 치하였다. 용산龍山 병영에는 무장을 한 일본군이 주둔하고 있었고 조선총독부 건물에 휘날리는 일장기는 여전히 한반도를 '통치' 중임을 입증했다. 8월 25일부터 일부 미군이 인천항에 상륙했으나 9월 7일 미극동군사령부가 남한에 군정을 선포할 때까지 공식적인 한반도의 지배자는 일본이었다. 일본 본토에서도 8월 28일에 연합군 선발대가 도착해 점령군 40만 명의 일본 진주가 시작되었으나 일본 측 대표가 미국·소련·중국 등 9개국과 공식적으로 항복문서에 조인한 것은 9월 2일이었다.

8월 16일에 한인들이 접수해서 '올드랭사인'에 맞춰 애국가를 내보낸 경성방송국은 17일에 다시 조선군사령부 나가야長屋 보도부장의 명령을 받은 일본 군인들에 의해 '점령'되었다. 9월 9일까지 조선총독부 당국의 '방송지침인 금지사항부와 주의사항부'에 의한 통제도 계속되었고, 일본어 방송도 여전했다. 포고령 제1호에 따라 9월 8일, 인천에 상륙하는 미 육군 제 24군단 예하 제7보병 사단을 환영하러 부두에 나온 노조지도자 등 2명을 사살한 것도 일본 경찰이었다. 일본 경찰의 행동에 대해 미군은 치안 유지를 위해 필요했던 행위로 인정했다.

> 각종 미군장비가 무한정으로 들어와 부평 백마산에서 원통고개까지 미군은 불도저로 정지작업을 하였고 많은 자동차와 기타 군수 물자를 적치했다. 이 과정에서 모든 기계들은 깊은 땅에 매립하고 정지작업을 해 주차장으로 사용했다. 미쓰비시의 모든 기계도 같은 처지로 폐기되니 뜻 있는

한국 사람들은 아연실색할 수밖에 없었다. 우리는 광복을 맞아 이 땅에 있는 적산은 우리의 것으로 여기고 있었는데, 그 많은 기계들이 고철로 변해갔고 10년 후 땅속에 묻혔던 기계를 일부나마 땅 위로 파냈을 때는 완전 고철로 변해 버렸다.

남한 지역에 들어온 미군은 경성제국대학을 비롯한 학교 교정과 군수기지창으로 몰려와 주둔지로 삼았다. 당시 부평에 있던 미쓰비시三菱제강(주) 인천제작소에 동원되었던 송백진宋百鎭은 회고록에서 부평에 미군이 주둔하면서 일본육군조병창과 미쓰비시 제강 공장안에 설치되었던 모든 기계들이 매립과 파쇄로 사라지는 것을 안타까워했다. 미군은 미처 매립하지 못한 기계와 자동차는 모두 절단해 사용할 수 없게 만들었다. 경성제국대학에 주둔한 미군도 점령군일 뿐이었다. 과학실험 연구실을 점거한 미군 장교에게 '이곳은 학교 실험연구실'이라 항변하던 교직원은 '노예에게 과학실험은 필요치 않다'는 답변 앞에 어안이 벙벙했다. 미군에게 조선인은 '노예'였다. 미국국립문서기록청(일명 NARA) 소장 노획문서에 담겨 있는 내용이다.

북한지역에 진주한 소련군도 해방군은 아니었다. 소련군은 '해방군'을 표방하고 "해방된 조선 인민 만세"를 외쳤다. 그러나 붉은 군대가 북한 땅을 밟은 이유는, '진절머리 나는 악몽'을 영구히 없애고 '행복을 창조하는 인민'을 만들기 위함이 아니라 소련 국익과 세력 확장 때문이었다.

이미 8월 8일 대일선전포고 후 곧 국경을 넘어 이튿날 경흥으로 진격한 소련군은 미군에 비해 한반도 주둔이 빨랐다. 8월 24일에 함흥에 도착한 치스차코프 제25군 사령관은 26일에 평양 인근 활주로에서 환영인파를 만났다. 한반도 진주가 빨랐던 만큼 장악력도 빨랐다. 대민 약탈은 물론 군수공장의 기간시설물과 광물 반출도 신속했다. 치스차코프가 부른 '만세'의 의미는 달랐다.

〈소련군 사령관 치스챠코프 대장의 포고문〉

조선 인민에게

조선 인민들이여! 붉은 군대와 동맹국 군대들이 조선에서 일본 약탈자들을 구축했다. 조선은 자유국이 되었다. 그러나 이것은 오직 새조선 역사의 첫 페이지가 될 뿐이다. 화려한 과수원은 사람의 노력과 고심의 결과이다. 이 같이 조선의 행복도 조선 인민의 영웅적인 투쟁과 꾸준한 노력에 의해서만 달성된다.

일본 통치하에서 살던 고통의 시일을 추억하라! 담 위에 놓인 돌멩이까지도, 조각돌까지도 괴로운 노력과 피땀에 대하여 말하지 않는가? 누구를 위하여 당신들이 일하였는가? 왜놈들이 고대 광실에서 호의호식하며 조선의 풍속과 문화를 굴욕한 것은 당신들이 잘 안다. 이러한 노예적 과거는 다시 돌아오지 않을 것이다. 진절머리나는 악몽과 같은 과거는 영구히 없어져버렸다. 조선 사람들이여 기억하라! 행복은 당신들의 수중에 있다. 당신들은 자유와 독립을 찾았다. 이제는 모든 것이 죄다 당신들에게 달렸다. 붉은 군대는 조선 인민들이 자유롭게 창작적 노력에 착수할 만한 모든 조건을 지어주었다. 조선 인민 자체가 반드시 자기의 행복을 창조하는 자로 되어야 할 것이다.

공장, 제조소 및 공작소 주인들과 상업가, 기업가들이여! 왜놈들이 파괴한 공장과 제조소들을 회복시켜라. 새 산업 기업소들을 개시하라. 붉은군대 사령부는 모든 조선 기업소들의 재산 보호를 담보하며 그 기업소들의 정상적 작업을 보장함에 백방으로 원조할 것이다. 조선 노동자들이여! 노력에서의 영웅심과 창작적 노력을 발휘하라. 조선 사람의 훌륭한 민족성 중 하나인 노력에 대한 애착심을 발휘하라. 진정한 사업으로서 조선의 경제적, 문화적 발전에 대하여 고려하는 자라야만 모국 조선의 애국자가 되며 충실한 조선 사람이 된다.

해방된 조선 인민 만세!

붉은군대사령부

이미 제2차 대전 기간 중에 캘리포니아에 수용된 일본인들을 대상으로 점령정책을 준비했던 미국에게 일본은 '국화와 칼'의 나라였다. 그러나 조선은 일본의 식민지였을 뿐이었다. 일본은 미국과 맞장 뜬 상대국이었으나 조선은 일본의 속국에 불과했다. 오히려 일본인과 대립해온 한인은 치안유지에 역행하는 위험하고 성가신 존재일 뿐이었다. 점령정책 시행과정에서 발생한 시행착오를 치안유지로 대응하려 한 미군정에게 한반도 민중은 그저 통치의 대상이었다. 사할린 한인 귀환에 대한 GHQ와 미군정의 입장은 강제동원 노무자들의 미수금 정책에서도 동일하게 나타났다.

이상의·허광무·배석만·최영호·오일환·정혜경의『강제동원을 말한다 - 일제말기 조선인 피징용노무자 미수금 문제』에 의하면, GHQ와 미군정, 일본정부는 강제동원 노무자들의 미수금 문제를 야기한 공동책임자들이다. 강제동원 노무자들의 미지불 임금과 예금에 관심이 없었던 GHQ는 기업을 상대로 일본지역 한인들의 미수금 지급 요구가 강해지자 1946년에 '미수금을 집결시키는 방침'인 공탁 제도를 택했다. 1946년 3월 8일 결성된 민간재산관리국은 3월 1일 GHQ 지시에 따라 도쿄일본은행에 관리계정을 만들어 집결한 미수금 관리를 맡았다. 이 방침은 기업을 상대로 한 일본지역 한인들의 미수금 지급 요구 차단에 활용되었다. 대표적인 사례가 홋카이도이다.

일본공문서관에 소장된 관련 문서에 의하면, 1946년 5월 5일 미군 제74부대는 미8군 사령관에게 홋카이도에서 귀국한 조선인 미해결계좌문제에 대한 보고서를 제출했다. 보고서에는 홋카이도에서 한인 노무자를 고용했던 기업과 정부기관으로부터 압수한 21개 수표목록이 포함되어 있었다. 이후에도 제74부대는 한인 노무자들의 미수금을 지속적으로 모아 1947년에는 총액 260만 엔에 이르렀다. 그러나 이전에 이미 이 돈을 받아야할 대상자 10만 8,400명에게는 '귀국 이후 한국정부 대표를 통해 협상이 이루어질 것'이라 설명하고 고향으로 보냈다. 그러므로 이들에게 미수금을 전달해주어야 할 주체는 미군정이 되었다. 그러나 결과적으로 미수금은 주인에게 돌아가지 못했다. 주한미군정청이 미수금을 주인에게 돌려주기는 주저했기 때문이다.

주한미군정청은 '이를 해당 한인에게 지불할 경우 아직 대응할 준비가 되어 있지 않은 상태에서 한인의 개인 차원의 요구가 시작될 수 있다'는 우려를 GHQ에 전했고, 미수금 지급은 개시되지 못했다. 이후 260만엔은 GHQ 관리계정을 거쳐 1951년 배상청으로, 다시 1959년에는 대장성 계정으로 이관되었다. 이 과정에서 260만 엔의 수급권자에 대한 정보는 사라져 '이름 없는 미수금 항목'으로 남았다. 2010년에 한국정부가 일본 법무성 소장 공탁금 문서를 제공받아 미수금 지급을 개시했으나 수급권자의 정보가 사라진 미수금 지급은 불가능했다.

아시아태평양전쟁의 종말은 식민지 조선의 해방을 가져왔으나 자력으로 독립을 쟁취하지 못했고, 전승국 명단에 이름을 올리지 못했으며 연합군 정책에 의해 남북분단으로 들어선 조선이 치러야할 현실은 녹록치 않았다. 냉전체제가 가시화되는 상황에서 식민지 상흔을 치유하면서 민족 및 계급 모순 해결과 민주정부 수립, 자본주의 세계 질서 편입이라는 과제를 극복해나가야 했다. 이는 한국의 문제만은 아니었다. 전쟁을 일으켰던 일본도, 전쟁의 피해를 당한 중국과 동남아시아도 각각 난제를 안고 출발했다. 비록 승전국 대열에 올랐으나 내전을 거쳐야했던 중국, 신생 독립국으로서 출발점에 선 동남아시아 여러 나라, 패전의 아픔을 극복하고 재건에 나서야 하는 일본. 각각의 차이는 있으나 아시아태평양전쟁 관련국에게 종전은 또 다른 도전과 시련의 길이었다.

4. 대한민국 정부수립과 제1공화국 시기 대일역사문제

□ "어떻게 해서라도 선을 하나 그어놓지 않으면 안 되겠어"

1948년 8월 15일 대한민국 정부수립 직후 대일 정책은 영유권 문제에서 출발했다. 평화선, '이승만李承晩 라인'은 어업권 확보와 영유권 문제를 동시에 노린 핫이슈이자 대내외적으로 대일강경이미지를 각인시키는 데 효과적인 주제였다. 샌프란시스코 강화회의 4개월 후인 1952년 1월 15일 이승만은 자유당을 결성했다. 그리고 3일 후인 18일, '대한민국의 인접 해양에서 주권에 관한 대통령 선언'을 발표했다. 한국의 배타적 주권 영역을 동쪽 끝으로 북위 38도, 동경 132도 50분까지 설정한 내용이다. 이 선언으로 동경 131도 52분에 위치한 독도는 당연히 '배타적 주권 영역'에 포함되었다. 대통령 선언에 대해 일본을 비롯한 영국, 미국, 타이완 등의 항의가 빗발치자 이대통령은 '획정선을 그은 주요 목적은 한일 양국의 평화유지에 있다'는 담화를 발표했다.

평화선 선언은 이승만 정부의 자구책이었다. 1945년 9월 27일 맥아더 총사령관이 설정한 '맥아더 라인'이 대일강화조약에 반영되지 못하면서 한국의 어업권은 보장받을 길이 없었다. 평화선 선언 이후 1952년 9월 유엔군사령관 클라크(Mark W. Clark)가 '클라크 라인'을 선포했으나 1953년 8월 정전협정 체결 후 폐지되었다. 맥아더 라인이 일본인의 어로 활동 구역을 획정한 제한선이라면, 클라크 라인은 6·25전쟁 정전협정에서 중국과 북한이 미국의 조건을 따르도록 강제적인 압박 수단으로 행사하기 위해 만든 선이었다.

"어떻게 해서라도 선을 하나 그어놓지 않으면 안 되겠어." 이대통령이 외무차관 사령을 받으러 온 갈홍기葛弘基에게 한 말이다. '당시 어업능력이 약한 한국이 준비가 될 때까지 일본어선이 넘어오지 못하도록 해 놓아야 한다'는 의미의 말도 덧붙였다. 대통령의 위기감을 느낄 수 있다.

평화선 선언이 발표된 지 3일 후인 1952년 1월 21일, 일본정부는 외무장관 명의의 구상서(외교 문서의 하나로 공식 문서를 의미. 주로 사무연락용으로 사용)를 한국대표부에 제출했다. 구상서는 평화선을 반박하며 독도가 일본 영토라는 내용이었다. 25일에 발표한 일본정부의 공식 성명 내용은 "강화조약의 해석상 일본 영토임을 인정받은 다케시마竹島를 이승만 라인에 집어넣은 것은 일방적인 영토침해 행위"라는 비난이었다. 4월 28일 샌프란시스코 대일강화조약이 발효되었다. 발효 직전인 4월 25일, 맥아더 라인을 폐지한다는 각서가 일본정부에 전달되었다.

평화선 선언은 이승만 라인이 1965년 한일청구권 협정 체결로 사라질 때까지 독도문제와 함께 한일외교의 주요 의제였다. 제1차 한일회담은 결렬되었고 제2차 한일회담도 성과 없이 끝났다. 어업 조업 과정에서 물리적 충돌도 있었다. 일본 어선들이 여전히 평화선 안쪽 한국 측 바다에서 조업을 계속했기 때문이다. 한국정부는 1952년 9월 16일 외교적 경고를 보낸 후 19일부터 일본 어선을 나포하기 시작했다. 1953년 2월 4일에는 다이이치다이호마루第一大邦丸를 나포하는 과정에서 선원이 사살되는 사건이 발생했다. 1954년에는 한국 측이 독도에 표주標柱를 설치하자 일본 측이 파괴하고 한국 독도수비대가 일본 해상보안청 순시선에 총격을 가하는 사건도 있었다. 이대통령의 강경 지시와 물러서지 않는 일본 측의 대응으로 양국 간 물리적 충돌은 계속되었다. 1952년 7월 이대통령은 해군참모총장 손원일孫元一을 불러 "평화선을 침범한 일본 어선을 모두 나포하라"고 지시했다.

일본 측도 어업권을 고수하려 했다. 대일강화조약 발효 후 5월 16일,

시마네島根 현은 '시마네현 해양어업조정규칙' 제4조를 개정해 독도를 시마네현 오키隱岐 지청 관할에 두었다. 일본정부는 1952년 9월 20일, 'ABC라인'(일본경비구역선)을 설정하고 해상보안청 감시선을 출동시켜 한국 경비정과 마찰을 빚었다.

한국의 대응은 '강경' 그 자체였다. 1965년 한일협정 체결까지 총 328척의 어선과 3,929명의 선원을 나포·억류했고, 나포한 선박을 한국 해안경비대 경비정으로 사용하기도 했다. 이러한 대일강경노선은 다분히 민족감정을 불러일으키며 '반일 투사'의 이미지를 부각하는 효과를 거두었다. 1953년 10월 2일자 조선일보는 "평화선은 국제법상 정당하다"는 김병로金炳魯 대법원장의 발언을 보도했다.

일명 평화선 선언과 대일강경대응은 이승만의 '반일 초 강경론자'의 이미지를 대변하는 대표적인 사례였다. 노다니엘은 이승만의 평화선 설정을 '샌프란시스코강화조약을 포함해 전후 체제 만들기 과정에서 패배한 이승만 정부가 자신의 손으로 정의를 실현하려 한 것'이라 표현했다. 식민지 시기 미주와 중국의 독립운동 세력들 사이에서 노회한 정치력을 구사하던 이승만은 대한민국 정부 수립 후 민족주의와 카리스마로 장기집권했다. 미국 유학시절부터 사용한 '왕족 행세'는 허세를 넘어 스스로 군주와 동일시하며 민중을 선도할 엘리트 리더로 자임했다. 해방된 지 얼마 되지 않은 상황에서 한국 민중들이 민주적인 사고를 확립하기 이전이었으므로 카리스마와 민족주의는 충분히 효과적인 전략이었다. 제1공화국 시기의 대일역사문제 대응도 이 틀에서 벗어나지 않았다.

□ 험난한 대일배상의 길

해방 직후부터 남한의 대일관계 주안점은 대일배상 요구였다. 대일배상 요구 분위기는 노무동원피해자의 미수금 문제가 해결되지 않은 점도 한 몫을 했다. 주한미군사령부 G-2의『주한미군 정보일지』에는 노동자들의 보상요구움직임이 1945년 9월부터 11월까지 집중적으로 나타났다. 이러한 움직임은 일본에서 귀환한 한인의 요구에 힘입어 조직화 양상을 보이기도 했다. 발생지역은 군산 5건, 인천 3건, 부산 2건, 남원 2건 등으로 주로 이전부터 노동운동이 활발하던 지역이었다. 시기적으로 보면 미군정의 힘이 아직 한반도를 장악하지 못했고 민중의 헤게모니 열망이 극대화되었던 시기였다.

> 인천에서는 귀환 노동자 약 3천명이 인천 부윤에게 구제를 강요했으나 이미 미군정하에 놓여있던 인천부는 아무런 힘이 없었다. 조선인 측 '응징사원호회'는 이 책임은 일본정부가 져야 하며 인천 거주 일본인도 그 의무를 분담해야 한다고 하며 인천일본인세화회에 요구해왔다. … 군산에서는 9월 중순경 갑자기 약 천명의 조선인들이 군산부청을 포위하여 이노우에 부윤에게 면회를 요구하고 군산에서 일본으로 간 노무자 1,803명이 일본에서 당한 냉혹한 대우에 관해 말하며 1인당 사망자 2만 엔, 신체장애자 1만 5천 엔, 귀환자 1만 엔을 요구하고 그 후 1인당 3천 엔, 총액 540만 엔의 손해배상을 요구했다.

당시 일본인세화회에 관여했던 모리타 요시오森田芳夫의『조선종전의 기록』에 담긴 내용이다. 일본에서도 1945년 10월 14일 설립된 재일조선인연맹이 귀국하는 한인들의 미수금 문제를 가장 먼저 제기했다. 그러나 국내보다는 늦게 시작했다. 1946년 1월부터였다. 대부분의 한인들이

1946년 1월에 귀환을 완료한 시기이기도 하다. 재일조선인연맹이 뒤늦게 미수금과 보상 문제를 제기한 것은 귀환한 한인들이 임금과 보상을 받지 못했다는 사실을 알게 된 이유도 있다. '임금은 조선으로 이미 보냈으니 조선에 가서 받아라'거나 '조선으로 보내줄 터이니 염려 말라'는 말은 대부분의 한인들이 귀환 전 기업 관리자에게 들은 약속이다. 이 말을 믿고 미군정 사무실을 찾아갔다는 생존자의 구술도 적지 않다.

해외 한인의 귀환은 대일보상권리에 대한 인식을 강화하는데 역할 했다. 역사학자 오타 오사무太田修는 보상요구운동을 주도한 전쟁피해자 단체(태평양동지회와 화태·천도재류동포구출위원회, 중일전쟁·태평양전쟁 전국유가족 동인회)를 꼽았다. 조병옥, 김창숙, 오세창, 이극로 등 당대 명망가들이 고문이나 회장을 맡았다. 이들 단체는 모리타가 언급한 '응징사원호회' 보다 늦게 결성되었다. 일본과 동남아시아 지역 한인의 귀환이 마무리 된 후인 1947년 이후가 결성 시기이다. 1948년 10월, 태평양동지회는 국회에 '대일강제노무자 미제금未濟金 채무이행요구에 관한 청원'을 제출했고, 다른 두 단체도 각각 '대일 청장년 사망배상금 요구에 관한 청원'과 '화태·천도 재류동포 환국운동에 관한 청원'을 제출하고 사망 배상금 요구를 호소했다. 당시 국회는 세 가지 청원을 모두 채택한 뒤 정부에 시급한 대책 수립을 요청했고, 이후 이승만 정부가 작성한 '대일배상요 구'에 부분적으로 반영했다.

대일강화조약을 준비하던 미국도 배상문제에 관심을 가졌다. 1945년 11월 23일, 트루먼 미 대통령은 도쿄에 배일배상문제를 조사하기 위한 폴리(Edwin E. Pauley) 사절단을 파견했다. 사절단은 일본에서 조사활동을 하고 12월 7일에 중간보고 내용을 공표했다. 내용의 골자는 '일본 군국 주의 부활을 불가능하게 하기' 위해 '일본에서 잉여 공업설비를 제거'해 '일본의 침략을 받은 나라들로 옮기는 것'이었다. 한반도에 대해서도 '독 립된 조선 경제의 부흥에 도움이 되도록 하기' 위해 배상청구의 일부로

서 '조선의 자원과 인민을 착취하기 위해 사용된' 일본의 산업설비를 한
국에 이전히는 내용을 대통령에게 건의했다. 사절단은 1946년 4월 1일에
최종보고서를 제출했다.

이에 따라 미군정청은 1946년 특별경제위원회를 창설하고 남한 측의
대일배상요구리스트와 일본 측의 대남한요구리스트 작성에 착수했다.
미군정청은 이에 앞서 1946년 2월 21일자 발포 법령 제57호에 따라 3월
1-7일간, 당시 한인이 소유한 일본은행권 및 대만은행권을 조선은행 등
7개 금융기관에 예입해 '보관증'을 발행하도록 하고 대일배상요구분에
포함시켰다. 또한 1946년 3월-9월간 귀국 한인을 대상으로 전쟁 피해를
조사했고, 1947년에는 각 시도에서 징병징용한인의 피해조사(미불임금, 상
이금, 가족수당, 저금, 기간연장수당, 퇴직수당, 채권 등)도 실시했다.

이 같은 미군정청의 움직임은 남한 사회의 대일배상문제 관심을 고
조시키는 원인이 되었다. 대일배상에 대한 남한사회의 관심은 1946년
5월, 폴리 사절단의 방한을 앞두고 높아졌다. 사절단은 남한지역은 물
론 소련군이 점령하고 있던 북한지역의 잔존한 일본인 시설품을 조사하
고 중요 공업지역을 시찰했다. 폴리 사절단의 방한에 맞추어 비상국민
회의 홍진洪震 의장 이름으로 폴리 단장에게 서한을 전달했다. 이 서한
에는 당시 각계각층이 폴리 사절단의 방한 활동에 관심을 집중한 이유
가 담겼다. 당시 한국 국민은 일제의 불법적인 식민지배로 물적 인적
피해가 컸기 때문에 대일배상을 요구할 정당한 권리를 가지고 있으며,
일본과 일본인이 남기고 간 재한 재산은 당연히 배상청구대상으로 충당
되어야 한다고 생각했다. '남한의 대일배상요구가 대일국교의 제1보가
되어야 하며' 이를 위해 '대일강화회의에 참가해야' 한다는 점은 남한 사
회의 공통된 인식이었다.

이러한 인식을 토대로 1947년 8월 남조선과도정부는 '대일배상요구조
건조사위원회'를 조직하고 일본에 요구할 배상액에 대한 구체적 조사와

대책수립 준비에 들어갔다. 1948년 1월에 총 5개항의 대일배상요구항목을 결정하고 대일청구권 내용과 금액 및 논리를 마련했다. 당초 배일배상요구액 1조 4,267억 8,601만 9,675엔을 410억 9,250만 7,868엔(징용과 징병으로 인한 노임 포함)으로 변경했다. 대일배상요구에 대한 일반적 인식을 반영한 결과이자 국제정세변동에 따라 미국의 대일정책이 변화하고 있었던 데 따른 위기감의 표출이기도 했다.

대일배상요구 준비는 정부 수립 이후에도 이어져 1948년 10월 9일, 재무부는 '대일배상요구 자료조서'를 발표했다. 1948년 11월 27일에 열린 국회 본회의에서는 '대일강제노무자 미제임금 이행요구에 관한 청원'과 '대일청장년 사망배상금 요구에 관한 청원'을 채택했다. 법무부는 '대일강화회의 준비위원회' 설치를 대통령에게 건의했다. 12월 22일, 대통령비서실이 상공부에 대일배상요구에 대한 세목 제출을 지시했다. 이 지시에 따라 1949년 2월 기획처 기획국에 '대일배상청구위원회'가 조직되었다. 위원회가 정한 대일배상원칙은 1948년 10월 재무부가 발표한 대일배상요구자료조서에 밝힌 원칙과 동일했다. '일본을 징벌하기 위한 보복의 부과'가 아니라 '희생과 피해 회복을 위한 이성적 의무의 이행'이라는 점이다. 대일배상청구위원회는 한국정부가 공식적으로 대일배상요구를 위해 설립한 기구였고, 해방 직후부터 한국사회에서 제기되고 준비되어 온 대일배상요구를 최대한 수렴했다. 위원회의 조사 활동을 토대로 기획처가 작성해 국무회의 심의를 거친 결과 '대일배상요구조서 1부(현물배상만 포함)'가 완성되었고 9월에 일반배상을 내용으로 하는 '대일배상요구조서 2부'도 완성되었다. 조서는 6·25전쟁 중 소실되어 내용을 확인할 수 없다.

정부는 1949년 4월 7일, '대일배상요구조서 1부'를 GHQ에 제출했다. 그러나 조서에 대한 연합국최고사령부의 답변은 '대일강화조약에 의거해 적당한 시기에 고려될 것'이라는 내용이었다. 사실상 거절이었다. GHQ

의 대일배상요구는 워싱턴과 도쿄의 대일배상정책이라는 틀 안에서 입안되고 시행되었는데, 이미 1947년부터 변화가 시작되었기 때문이다. '점령정책의 완화'였다. 1947년 10월 14일 미국무부 정책기획실장 케난(George F. Kennan)이 국무장관에게 제출한 각서 PPS10은 일본의 전략적 가치를 강조한 내용이다. 1948년 10월 7일 미국정부가 공식정책으로 채택한 보고서 NSC13/2의 결론은 '점령정책의 완화'였다. 대일점령정책 전환의 최종적인 방향을 결정한 이 보고서는 1947년과 1948년에 각각 일본을 방문한 케넌이 드레이퍼(William H. Draper, Jr) 육군차관과 합작으로 완성했다. 변화는 대일배상정책에 직접 영향을 미쳤다.

1947년 1월 28일 일본을 방문한 '대일배상특별조사단'(단장 스트라이크 Clifford Stewart Strike)이 2월 18일 맥아더에게 제출한 '제1차 스트라이크보고서' 요지는 종래 엄격한 배상정책에서 벗어나 '대폭적인 삭감과 포기 요구'였다. 엄격한 배상정책이 일본경제에 미치는 악영향을 고려한 판단이었다. 3월 10일에 공표된 제2차 스트라이크보고서는 더욱 강한 내용의 '배상 완화'였고, 이 보고서를 통해 대일배상정책은 전환되었다.

대일배상문제와 관련해 남한의 난관은 하나 더 있었다. 8월 극동위원회 결정(연합국만이 일본에서 배상을 취득할 수 있는데, 남한은 극동위원회 참가국이 아니므로 배상을 배분받을 수 없으며 남한은 일본인이 남기고 간 재산의 취득으로 만족해야 한다)은 남한의 배상취득권리를 부정했다. 미국의 1947년 입장은 한반도에 정부가 수립된 이후에도 변하지 않았다. 한국 측의 입장에서 보면, 오히려 악화되었다. 1949년부터 미국이 일본과 조기 강화로 정책을 전환하면서 대일배상반대 주장이 나오기 시작했다. 이에 대해 한국은 즉각 반발했다.

대일배상은 미군정 밑에서 받을 것이 아니다. 따라서 미국이 운운할 것이 아니라 직접 우리가 일본에서 배상을 받을 것이며 대한민국정부가 일본정

부에 대하여 배상을 요구하는 것이 과거 왜정 40년 동안 강도당한 국보
및 국가와 민족의 자원·재산의 현물 반환을 요구하는 것이다. 따라서 우
리의 요구는 정당한 것이며 … 미국의 대일배상취득반대에 구속받을 성질
의 것이 아니며 …

　1949년 5월 16일 임병직 외무장관의 담화 내용이다. 이대통령도 7월
8일 기자회견에서 연합국최고사령부의 일본 편향 정책에 노골적인 비
난을 퍼붓기도 했다. 그 뿐이었다. 한국정부가 할 수 있는 것은 비판과
비난에 그쳤다. 한국민의 인식과 열망, 한국정부의 대응 준비는 미국의
대일정책 변화라는 벽 앞에서 초라했다. 대일강화조약이 체결되는 과정
에서도 전혀 반영되지 못했다. 1951년 4월 23일에 열린 요시다-덜레스
회담 결과에 따라 미일 양국은 '한국의 대일강화조약 서명 반대' 입장을
명확히 했다. 역사학자 이상호의 연구에 의하면, 이미 1946년 3월부터
소련의 3차 세계대전 도발에 대비해 비상계획을 구상하던 미국이 대일
배상에 대한 한국민의 열망이나 인식을 고려할 여유는 없었다. 이제 배
상청구의 기회는 일본을 대상으로 한 직접 협상의 길만 남았다. 이제
대한민국의 명운을 걸고 일본과 본격적으로 맞붙어야 한다. 그러려면
무기가 필요했다. 그래서 만들었다. 두 종류의 명부다.

☐ 대일배상청구의 기회, 청구권교섭

　한일국교정상화는 1965년에 이루어졌다. 그러나 국교정상화를 위한
노력은 제1공화국 시기에 시작했다. 총 7회에 걸친 회담 중에서 4차례
회담이 제1공화국 시기에 열렸다. 청구권교섭회담이 열린 이유는 한국
이 대일강화조약 서명에 참가하지 못한 채 조약이 체결되었기 때문이
다. 대일강화조약 제4조는 일본이 해당 지역 당국 및 주민과 특별 협정
을 통해 청구권을 처리하도록 했다.

대일강화조약

● 제2조 : 일본은 한국의 독립을 인정하고 제주도, 거문도 및 울릉도를 비롯한 한국에 대한 모든 권리와 소유권 및 청구권을 포기한다.

● 제4조 : (a) 본조 (b)규정을 유보하고, 제조에 규정된 지역에 있는 일본 및 일본국민의 재산 및 현재의 해당지역의 시정 당국 및 주민(법인을 포함한다)에 대한 청구권(채권을 포함한다)의 처리와 일본에 있어서의 전기前記 당국 및 주민의 재산 및 일본과 일본 국민에 대한 청구권(채권을 포함한다)의 처리는 일본과 전기 당국 간 특별 협정에 의하여 결정된다. 제2조에 규정된 지역에 있는 연합국 또는 그 국민의 재산은 아직 반환되어 있지 않는 한 시정당국이 현상대로 반환하여야 한다. (b) 일본은 제2조 및 제3조에 규정된 지역의 미합중국 군정에 의해 또는 그 지령에 의하여 행하여진 일본과 일본 국민의 재산의 처리의 효력을 승인한다.

● 제14조 : (a) 일본의 전쟁 중 일본에 의해 발생된 피해와 고통에 대해 연합국에 배상해야 한다는 것은 주지의 사실이다. 그럼에도, 일본이 생존 가능한 경제를 유지하면서도 그러한 모든 피해와 고통에 대한 완전한 배상을 하는 동시에 다른 의무들을 이행하기에는 일본의 자원이 현재 충분하지 않다는 것 또한 익히 알고 있는 사실이다. (b) 연합국은 본 조약에 특별한 규정이 있는 경우를 제외하고, 연합국의 모든 배상청구권과 전쟁수행 과정에서 일본 및 그 국민이 자행한 어떤 행동으로부터 발생한 연합국 및 그 국민의 다른 청구권, 그리고 점령에 따른 직접적인 군사적 비용에 관한 연합국의 청구권을 포기한다.

물론 제4조의 '청구권'은 일본과 한국 간 식민지 지배의 청산을 목적으로 한 것이 아니었다. 양국(조선과 일본) 간 '단순한 영토 분리시 국가의 재산 및 채무의 계승 관계'에서 생기는 문제일 뿐이었다. 그러므로 장차 '특별 협정'의 대상으로 규정했다. 한계가 있었다. 그러나 대일배상청구의 기회는 제4조에 근거한 청구권교섭 외에는 없었다. 이승만 정부의 외교협상능력이 필요했다.

대한민국 정부 수립 직후 한국인의 일반적인 대일인식은 과거사의 철저한 청산이었고, 이승만 정부도 적극 부응했다. 이대통령은 1948년 8월 17일 기자회견을 통해 쓰시마의 한국 반환 및 문화재 반환 요구, 한국 내 일본인 재산의 한국정부 귀속 등 대일강경노선을 공표했다. 그러나 연합국 지위를 확보하지 못했고 강화조약 회의에도 참가하지 못한 신생 독립국 한국이 처한 국제정세는 외길만을 갈 수 없게 만들었다. 이승만 정부는 대일강화조약 체결에 대응하는 과정에서 연합국 지위 확보와 강화회의 참가, 대일 배상, 맥아더 라인 존속 등을 요구했으나 얻은 것은 없었다. 냉전체제가 강화되고 한반도에서 6·25전쟁이 발발한 급박한 상황에서 이승만 정부가 대일협상에 나서지 않고 버티긴 어려웠다. 이 시점에서 이대통령의 융통성이 발휘되었다.

1951년 7월 4일, 무쵸 주한미국대사가 워싱턴에 보낸 보고서는 '한국정부가 일본과 직접 교섭을 시작할 의사가 있으며 국무부의 중재를 원한다'는 내용이었다. 이에 따르면, 이승만 정부는 대일강화조약 체결 후에는 일본이 정치적으로 유리하게 될 것이라 생각하고 이전에 '배상과 어업, 재일한인의 국적, 외교관계 수립' 등 현안을 한일교섭을 통해 해결하는 길을 택했다. 미국은 의제를 '재일한인 법적 지위 문제'로 한정한다는 입장과 '불간섭주의'를 표명했다. 당시 한국 관련한 일본정부의 최대 관심사가 '바람직하지 않은' 재일한인의 추방과 관리였고, 미국도 한인을 '공산주의 세력과 연결된 위협적 존재'로 파악하고 있었기 때문이다. 그러나 한국정부의 강력한 반대에 직면하자 8월 13일, 일본정부와 협의를 거친 후 의제를 확대해 20일부터 개최하기로 합의했다.

그러나 도쿄 GHQ회의실에서 열린 예비교섭은 의제와 관련한 양국의 입장 차이를 드러냈다. 이구치 사다오 일본 측 수석대표가 '재일한인의 국적 문제를 해결하기 위해 열린 교섭'이란 점을 강조했다. 그러자 양유찬 한국 측 수석대표는 '과거 역사와 공산주의 공세의 위협에 처한 한국의 상황'을 강조하며 응수했다. 양측 대표는 '재일한인의 법적지위 위원회'와 '선박분과위원회'를 설치해 논의를 진행했으나 본 교섭의 의제를 둘러싼 의견 대립은 계속되었다. 결국 일본 측이 한국 측 주장을 받아들여 5항목의 의제(재일한인 법적지위, 외교관계수립, 청구권, 어업문제)를 결정했다.

한일회담 진행 현황표

회담기간	한국 수석대표	일본 수석대표	주요 의제	경과
예비회담 1951.10.20- 1952.2.27	양유찬梁裕燦	이구치 사다오 井口貞夫	공식회담 의제 결정 재일한인법적지위 선박반환	한일회담 의제 선정 평화선 선포(1952.1)
제1차 회담 1952.2.15- 1952.4.25	김용식金溶植	마쓰모토 슌이치 松本俊一	기본관계 재일한국인법적지위 선박반환 청구권 어업	일본의 대한청구권 주장으로 회담 결렬 평화선 대응으로 성과 없이 종료
제2차 회담 1953.4.15- 1953.7.23	김용식	오쿠무라 가쓰조 奥村勝藏	기본관계 재일한국인법적지위 선박반환 청구권 어업	일본, 휴전협정 체결(1953.7)과 제네바회담 개최를 이유로 휴회 제의 한국, 회담 준비를 위해 일정시피징용징병자 명부 등 3종의 명부 생산
제3차 회담 1953.10.6- 1953.10.21	양유찬 김용식	구보타 간이치로 久保田貫一郎	기본관계 재일한국인법적지위 선박반환 청구권 어업	평화선 합법성에 대한 토의 집중 구보타 망언으로 중단
제4차 예비교섭 1957.5- 1957.12.31	김유택金裕澤	오노 가츠미 大野勝巳 후지야마 아이이치로藤山愛一郎	일본의 대한청구권과 구보타 발언 취소문제 구술서 8개 항목, 회담재개합의서 서명, 공동성명문안 합의 (1957.12.31)	일본, 구보타 발언 취소하고 대한청구권 포기 선언
제4차 회담 1958.4.10- 1960.4.19	임병직林炳稷 허정許政 유태하柳泰夏	사와다 렌조 澤田廉三	재일한국인법적지위 선박반환 청구권 어업 문화재	상호 억류자 석방 재일한인 북송 문제로 잠시 중단 후 재개 한국, 회담 준비를 위해 왜정시피징용자명부 생산 4·19혁명으로 중단

제5차 회담 (예비회담) 1960.10.25- 1961.5.15	유진오俞鎭午	사와다 렌조	재일한국인법적지위 선박반환 청구권 어업 문화재	5·16쿠데타 발발로 중단
제6차 회담 1961.8.30- 1964.11.5	배의환裵義煥	스기 미치스케 杉 道助	기본관계 재일한국인법적지위 선박반환 문화재 반환 어업	김종필 오히라 메모로 청구 권 문제 타결
제7차 회담 1964.12.3- 1965.6.22	김동조金東祚	다카스키 신이치 高杉晋一	기본관계 재일한국인법적지위 재산 및 청구권 어업협정 문화재 및 문화협정	정식 조약 조인

양국 간 신뢰관계가 구축되지 않은 상황에서 살얼음판은 쉽게 깨지곤 했다. '재산 및 청구권 위원회'설치에 합의하고 논의를 시작한 제1차 회담은 일본 측이 '재한일본인 사유재산 청구권 문제'를 강력히 제기하면서 결렬되었다. 한국 측은 '조서'의 내용에서 후퇴한 안(민간 보상요구 축소)을 제시했으나 청구권 문제 해결을 연기하려는 일본 측의 전술로 결렬됐다.

제1차 회담 결렬 이후 미국의 중재로 재개된 제2차 회담을 위해 한국 측은 '일정시피징용징병자명부' 등 3종 세트를 준비했다. '재산 및 청구권 위원회' 대응을 위해서였다. '무기'를 준비한 한국 측은 4개 청구 항목(한국국보·역사적 기념물 즉시 반환 요구에 관한 건, 한국지도의 원판과 원도 및 해도의 즉시 반환에 관한 건, 태평양전쟁 중 한국인 피해 징용노무자에 대한 제諸 미지불금 및 조의弔意 대책에 관한 건, 한국인 소유 일본유가증권 상황 등의 처리방법에 대한 건)을 제시하며 논의를 진척시키려 했다. 이 때 한국 측은 '징용 중 사망자 12,603명'과 '부상자 약 7천명'이라는 수치를 제시했다. 그러나 일본 측은 '대장성에서 준비가 되지 않아 정치적 결정이 필요하다'는 이유를 들어 '정치적 정세가 안정될 때까지 연기'하자머 토의를 회피했다.

제3차 회담은 구보타 망언으로 결렬된 회담이다. '구보타 망언'이란 10월 15일에 열린 '재산 및 청구권 위원회' 제2회 회의에서 일본 측 대표가 했던 발언이다. 한국 측이 '대한청구권 주장 철회'를 요구한데 대한 구보타의 반론은 다섯 가지다.

- 연합국이 일본국민을 한국에서 송환한 것은 국제법 위반이다.
- 대일강화조약 체결 전에 독립된 한국을 수립한 것은 국제법 위반이다.
- 일본의 구 재한일본인 재산을 미군정법령 제33호로써 처리한 것은 국제법 위반이다.
- 한국민족의 노예화를 말한 카이로 선언은 연합국의 전시 히스테리의 표현이다.
- 36년긴의 일본의 한국강제점령은 한국민에 유익했다.

이 발언에 대해 20일에 열린 제3회 본회의에서 구보타는 일부 내용을 부정하면서도 '공적 자격'으로 발언했다며 철회 요청을 거부해 회담은 결렬되었다. 그 사이에 한일관계는 더욱 악화되었다. 1955년 8월, 한국 정부는 일본과 인적교류와 무역을 금지하는 '한일 단교'를 선포했다. 한일 단교의 배경은 재일한인의 북송 허가다.

한일회담을 다시 이어가기 위해 열린 회의가 제4차 예비교섭이다. 1957년 5월 1일 김용식 주일한국대표부 공사를 대신해 새로이 부임한 전 한국은행총재 김유택 공사가 착임 직후부터 일본 측과 회담하기 시작해 물꼬를 튼 것이 제4차 예비교섭이다. 구보타 망언의 배경이 된 '재한청구권' 문제에 대한 진전을 이루어 제4차 회담이 열리게 되었다. 이 과정에서 그간 '불간섭 정책'을 유지하던 미국은 재한청구권 주장이 대일강화조약 제4조 (b)항과 모순된다는 점을 명확히 했다. 1957년 12월 31일에 미국 국무부가 한일 양국에 보낸 '대일강화조약 제4조의 해석에 관한 각서'는 제4차 회담의 길을 여는 데 일정한 역할을 했다.

제4차 회담은 재일한인의 북송문제로 대립을 거듭했다. 한국 측은 '왜정시피징용자명부'라는 두 번째 무기를 만들었다. 그러나 제2차 회담 때와 마찬가지로 '무기'는 꺼내보지도 못한 채 회담은 막을 내렸다. 한국에서 4·19혁명이 일어나 이승만 정부가 붕괴되었기 때문이다.

□ 대일배상협상을 위한 무기, 피해자 명부

'주일대사관서 강제동원 명부·자료 무더기 발견'

2013년 11월 17일자 연합뉴스 단독 특종기사 제목이다. 기사에서 언급한 '명부·자료'는 이승만 정부가 생산한 대일배상협상을 위한 자료 두 종류 가운데 하나이다. 이승만 정부 시기 생산된 명부는 두 종류이다. 2013년말에 공개된 '일정시피징용징병자명부'와 '일본진재시 피살자명부', '3·1운동시 피살자명부' 3종 세트가 하나이고, '왜정시피징용자명부'가 또 다른 하나이다.

2013년 기사는 그해 겨울 내내 언론은 물론 학계와 피해자사회를 발칵 뒤집어 놓은 특종이었다. 제1공화국 시기 대일배상협상을 위해 정부가 만든 무기의 하나가 실체를 드러내는 순간이었다. 정부가 국가로서 책무를 하기 위해 기울인 노력의 흔적을 확인하는 순간이기도 했다. 개인적으로도 그 순간의 감동은 매우 소중하다.

〈2013년〉
- 7.2. 밤. 강제동원위원회 조사2과장(정혜경)에게 걸려온 주일한국대사관 정무과 소속 서기관 전화. 과장 부재로 통화 불발
- 7.3. 오전 9시 경. 성사된 통화 : 대사관 서고에서 찾은 자료에 대한 내용 조회 요청. 내용 확인을 위해 자료 표지와 목차를 전자메일로 전송
- 7.3. 오후 1시 31분. 강제동원위원회, 전자메일을 통해 담당 전문위원의 자료 검토 결과를 대사관에 통보 : 표지 제목과 관인을 볼 때 1953년

제2차 한일회담에 대비해 준비한 자료로 추정. 1949년 3월 15일 한국 정부가 일본 측에 제시한 '조서'에 관한 논의가 제1차 한일회담 당시에 정확한 근거를 제시하지 못했다는 교훈에 따라 준비한 자료로 판단된다는 내용. 8월 2일 예정된 대사관 방문시 실물 확인을 제안. 그러나 이전에 국가기록원으로 이관이 결정됨에 따라 실물 확인 불발

8.1. 강제동원위원회 조사1과, 외교부와 협의 아래 외교부 동북아1과장에게 협의 공문 발송('강제동원 관련 자료의 이관에 관한 협조 의뢰', 조사1과-629) : 자료에 대한 '관련기관에 공유 요청'을 명시

8.8. 외교부, 국가기록원으로 이관(문서 3종), 동북아1과-3621. 당초 강제동원위원회에 제공하겠다는 구두 약속을 이행하지 않고 국가기록원으로 이관

8.13. 국가기록원 담당 연구관, 강제동원위원회 담당 전문위원에게 전화 : 자료 내용에 대해 문의하고 비공식적으로 제공할 뜻을 표명
이후 3차에 걸친 관계기관회의(국가기록원, 외교부, 강제동원위원회) 개최하고 공개시기 논의 : 1차는 실무자급이었지만 2차는 국가기록원장이 주관했으며, 국가보훈처 산하 독립기념관에서도 참석

9.27. 여성가족부 주최 일본군위안부 TF회의에 참석한 국가기록원 특수기록관리과장이 기록물 존재를 언급

11.15. 오후 6시경. 안동독립기념관 주최 학술회의 석상에서 토론 사회를 맡은 충북대 교수(국가기록원의 연구용역으로 해당 자료 정리 작업 수행)가 토론 마무리 인사말에서 다음 달 초에 국가기록원이 입수한 새로운 자료가 공개된다고 발언
저녁 7시경. 연합뉴스 기자가 강제동원위원회 조사2과장에게 전화로 자료 내용 문의. 안동에서 상경하는 중앙선 열차에서 이어진 여러 통의 전화 내용. "주일대사관에 중요한 역사자료가 발견되었다는데 아는가." "음..." "주일한국대사관에서는 별 거 아니라고 하던데. 혹시 무슨 자료인지 아느냐." "별 거 아닌 것은 아니다. 매우 중요한 자료로 알고 있다. 그러나 내용은 알려줄 수는 없다. 다만 자료 종류가 3종이라는 것은 말할 수 있다. 만약 보도한다면 특종이다" "조금만이라도 자료 내용을 알려 달라" "국가기록원에 문의하길 바란다."

11.17. 새벽 6시. 연합뉴스에 기사 2건. '주일대사관서 강제동원 명부 자료 무더기 발견' '무더기로 발견된 강제동원 명부 … 제대로 검증해야. 당시 연합뉴스는 자료 내용을 정확히 파악하지 못한 상태였으므로 기사 내용은 강제동원 명부의 일반적인 내용

이를 계기로 오전부터 종일 기자들의 연락이 쇄도. '국가기록원이
월요일에 보도하겠다고 했다가 대통령 국회 출석으로 기사 묻힌다
고 보도 시점을 연기했'거나 '당초 국가기록원은 금일 중 발표하려
고 했는데 관계 부처의 반대로 지연되고 있다'는 등 여러 미확인 소
식 답지

11.18. 조간에 보도되기 시작. 오전. 이명수 의원이 기자회견을 통해 명부
검증 필요성과 강제동원위원회 기간 연장 당위성 천명. 오후. 국가
기록원이 명부 3종 세트 발표

11.19. 오전. 강제동원위원회 조사2과장, '명부분석계획서' 기관장 보고, 외
교부에 자료 내용 자문

11.20. 강제동원위원회 담당 전문위원, 유선전화로 국가기록원에 자료 제
공 요청하자 '이달 안으로 할 생각'이라는 답변. 위원회 조사2과장,
안전행정부 요청으로 수정한 명부분석계획서 제출

11.21. 안전행정부, '해외 공관 대상으로 과거사 기록 전수 조사'와 '강제동
원위원회 연장은 명부 분석 이후에 판단'할 것 등 발표. 한겨레신문,
'일본 특파원 리포트 - 명부가 우리에게 남긴 것'에서 "일정시피징용
자명부는 이미 업그레이드본으로 추정되는 왜정시피징용자명부를
정부가 보유하고 있기 때문에 다른 두 문서에 견줘 그리 중요해 보
이지 않으며" "지원금 추가 접수도 많지 않을 것이다" 고 명부 가치
를 폄하하는 내용 보도

12.6. 국회 동북아역사왜곡특위 개최되어 명부 실물 공개, '자료 추가 발
굴, 관동지진 피해 유족에게 명단 공개 필요, 대일협상 방안, 기초자
료 발굴' 등 의원 질의

12.10. 국가기록원, 명부 사본 제공 공문 발송(특수기록과-1605/조사1과-879)하고,
명부 DVD 5매를 강제동원위원회에 제공

〈2014년〉

1.21. 강제동원위원회, 국가기록원이 보낸 명부 사본 제공 관련 공식 문서
접수

1.23. 강제동원위원회 조사1과, '일정시피징용자명부 분석 세부 추진 계획'
수립, 국무총리실 요청으로 분석 작업 개시

5.23. 강제동원위원회, 국가기록원으로부터 입력자료(엑셀) 이관(조사1과-245)

11.20. 강제동원위원회, 제1차 조사결과 보도자료 배포 : 총 분석 대상
228,724건 중 23,110건(9.9%) 조사 완료한 결과 신규 명부 16,920건 확
인하고 위원회 기한 도래로 인해 11,14일자 업무 중단

내가 작성한 3종 세트 공개 과정부터 강제동원위원회 분석 업무 중단까지 과정을 담은 일지日誌다. 일지 내용에서 보면, 국가기록원에 자료가 이관된 후 관련 회의 참석자나 연구용역수행자를 통해 이미 자료 존재는 알려졌다. 국가기록원에서도 외부 공개적인 자리(9월 27일 여성가족부 주최 회의에 참석한 특수기록관리과장의 발언)에서 자료 존재를 과시했다. 11월에 들어서는 자료에 대한 입소문이 더욱 널리 퍼졌다. 11월 15일 안동에서 충북대 교수가 국가기록원의 공개 시점을 12월 초라 밝혔을 때, '무슨 자료'냐는 질의는 없었다. 다들 다 안다는 듯 고개를 끄떡였을 뿐이다. 정확한 공개 시점은 결정되지 않았으나 자료 존재는 드러난 상황에서 언론에 노출된 것이다.

명부 3종 세트는 주일한국대사관 이전 과정에서 대사관 측이 강제동원위원회에 내용 조회를 요청해 중요성을 알게 되었다. 외교부는 신속히 국가기록원에 이관해 자료가 사라지지 않고 한국 사회가 공유할 수 있도록 조치했다. 그러나 자료 공개 이후 외교부는 국회와 한국 사회로부터 '자료를 방기한 주체'로 폄하되고, 외교부로부터 자료를 이관 받은 국가기록원이 '자료 발굴의 공'을 인정받는 넌센스도 있었다. 명부 3종 세트의 이관 후 가치 평가 및 정리과정을 보면 국가기록원도 당당할 입장은 아니다. 그저 보관했을 뿐이다. 제대로 된 관리도 아니었다. 공개 5개월 후 국가기록원이 완성한 엑셀파일은 숫자도 정확하지 않았고, 오기誤記 투성이였다. 그럼에도 곧 바로 이어진 정부 인사에서 국가기록원장은 안전행정부 차관으로 '파격적인 영전'의 주인공이 되었다.

그러면 3종 세트는 어떻게 만들어져 60년이 되도록 주일한국대사관에서 잠자고 있었는가. 그간 3종 세트의 존재에 대해서는 알려져 있었으나 실물은 베일에 가려져 있었다. 현재까지 생산 과정은 알 수 없다. '1953년 1월, 내무부가 수합'했다는 정도이다. 국가기록원은 제109회 국무회의 회의록을 근거로 1952년 12월 15일 대통령 지시로 생산했다고 설명했으나 당시 통신과 행정체계 수준으로 볼 때 한 달여 기간에 28만 건의 방대한 명부가 생산되는 것은 불가능하다. 이전부터 작업이 진행되었다고 보는 것이 적절하다. 제1차 한일회담을 마친 1952년 4월 이후로 판단한다.

명부 3종 세트가 주일한국대사관에 잠자고 있었던 이유는 무엇일까. 1953년 4월 15일에 시작된 제2차 한일회담도 7월 23일에 성과 없이 끝났다. 당시 대표단은 총 65권에 달하는 명부를 주일한국대표부에 두고 온 것으로 보이는데, 이후 명부 존재는 오리무중五里霧中이다. 관심 밖이었다는 표현이 적절할 것이다. 국교정상화 이후 주일한국대표부가 주일한국대사관이 되면서 명부는 추가로 입고되는 문서철에 밀려 계속 서고 구석으로 들어갔다. 2013년 주일한국대사관 이전 시 문서고를 부서별로 배치하는 과정에서 어느 부서에도 속하지 않은 문서 상자가 발견된 것이다.

이 같이 명부 3종 세트의 공개 과정은 매우 극적이었다. 그러나 더 중요한 것은 이 자료가 유일본이라는 점이다. 당시 문서 생산과정에서 볼 때 먹지를 대고 복본을 만들었을 가능성은 높으나 그간 국내에서 이 자료는 찾을 수 없었다. 또한 자료는 최소한 2단계의 정리 과정을 거친 것으로 보인다. 마을의 이장이 개인별 조사 양식에 기입한 후 이를 수합해 두 번째 양식에 옮겨 적어서 총괄표와 함께 내무부에 제출하는 과정이다. 그러므로 지역별 명부(군 단위)는 필체가 동일하다. 명부 3종은 각각 3종(개인조사표, 총괄표, 지역별 명부)의 문서 양식을 사용한 것으로 보인다. 명부 원본 속에서 흔적을 찾을 수 있다. 강원도와 같이 첫 번째 단계의 문서 양식을 그대로 내무부 제출본에 편철한 사례가 있다.

표지

개인별 조사표 양식

각도에서 내무부에 제출한 공문

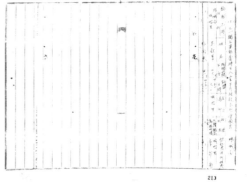

각도별로 작성해 공문에 수록한 현황표

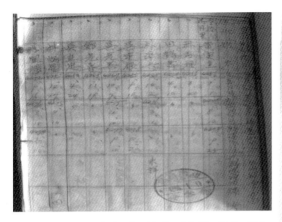

지역별로 정리해서 내무부에 제출한 명부 내부

일정시피징용징병자명부는 '징용 당시 주소(본적)'를 비롯해 7개 항목으로 구성되어 있는데, 경북지역이 총 48권으로 가장 많고, 전북 지역은 누락되어 있다. 공개 당시 국가기록원은 명부 3종 세트 수록 인원수를 각각 '일정시피징용징병자명부' 229,781명, '일본진재시 피살자명부' 290명, '3·1운동시 피살자명부' 630명으로 발표했다. 그러나 강제동원위원회가 검증 과정에서 확인한 수치는 일정시피징용징병자명부 228,724건, 일본진재시 피살자명부 286명이다('3·1운동시 피살자명부'는 국가보훈처가 업무 담당 기관으로 강제동원위원회 검증 대상에 포함하지 못해 미확인).

생산 시점을 알 수 없는 일정시피징용징병자명부와 달리 왜정시피징용자명부(285,711명 수록)는 제4차 한일회담에 사용하기 위해 1957-58년에 노동청이 조사한 명부이다. 일정시피징용징병자명부의 소재를 파악하기 못한 상황에서 다시 만든 것으로 추정된다. 생산 방법과 구성 내용은 일정시피징용자명부와 유사하다. 정부의 지시에 따라 전국 단위로 신고를 받아 정리하는 방식인데, 20권 규모이다. 신고명부이므로 검증이 필요하다는 점도 동일하다.

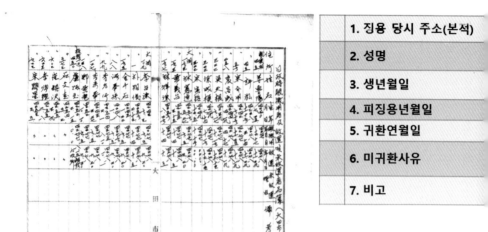

| 1. 징용 당시 주소(본적) |
| 2. 성명 |
| 3. 생년월일 |
| 4. 피징용년월일 |
| 5. 귀환연월일 |
| 6. 미귀환사유 |
| 7. 비고 |

그러나 정권 초기에 의욕적으로 신고를 받았던 일정시피징용징병자 명부와 달리 왜정시피징용자명부는 정권 말기에 행정 체계가 이완된 시기에 만들었으므로 정확성에서 아쉬움을 드러냈다. 구성 항목도 적었고, '동원 당시와 신고 당시가 혼재된 연령'이나 '법적 연령과 실제 연령 혼재' 등 문제점도 발견되었다. 강제동원위원회의 검증과정에서 신고 내용의 불분명성도 확인할 수 있었다. 이장이 실제 신고하지 않은 주민들을 임의로 포함해 신고 실적을 올린 경우도 있었다.

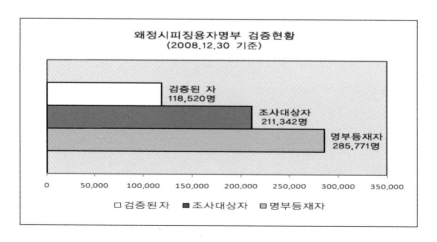

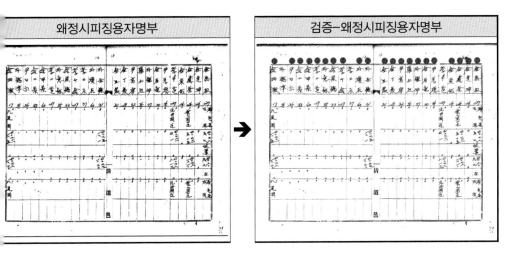

| 왜정시피징용자명부 | 검증-왜정시피징용자명부 |

　　이러한 한계를 보완하기 위해 강제동원위원회가 실시한 대대적인 검증 작업 결과물이 '검증-왜정시피징용자명부'이다. '06년 6월~'08년 12월(2년 6개월 간), 전국 시군구 소속 공무원 약 2천여 명이 검증이 가능한 211,342명에 대한 전수조사를 실시해, 최종 118,520명을 강제동원 피해자로 확인하고 강제동원위원회의 진상조사 및 지원금 지급 업무에 활용한 결과물이다. 이는 정부가 생산한 명부의 한계를 정부 스스로 파악하고 보완한 책임 있는 성과이다.

　　2004년 강제동원위원회 발족 후 피해조사와 2008년 이후 지원금 지급 과정에서 가장 중요한 역할을 한 것은 명부다. 피해자를 입증하는 데 가장 핵심 자료이기 때문이다. 그러므로 강제동원위원회 발족 후 주력 업무는 명부의 수집·정리였다.

　　일반적으로 강제동원 피해자 명부라고 하면, 일본정부 소장 명부를 떠올린다. 1990년 노태우대통령 방일을 계기로 이관한 '일본정부 소장 명부류'이다. 그러나 두 명부 사례에서 볼 수 있듯이 한국정부에서 생산한 명부도 엄연히 존재했고, 자료적 가치는 매우 높다. 그럼에도 학계의 관심과 평가는 전무했다. 또한 일본정부의 명부는 한인만을 별도로 수록한 자료가 아니라 전체 동원 명부에 포함되어 있었으므로 한국정부에 이관되는 과정에서 별도의 정리와 MF필름 촬영 작업을 거쳤다. 이 과정에서 많은 오류가 발생했다. 그러나 이관 당시는 물론 2004년 이후 강제동원위원회의 검증 작업 이전에는 오류와 문제점이 알려지지 않았다. 또한 국가기록원은 정리과정에서 문제점을 파악하지 못함은 물론 자료의 내용을 정확히 이해하지 못해 오히려 오해와 오류를 추가하는 결과를 낳았다. 정부 수립 이후 대일배상협상에 나서야 했던 신생국 대한민국정부 입장에서 명부의 필요성과 의미가 컸음은 분명하다.

　제1공화국 시기, 정부가 대일배상청구 대응을 위해 적극적으로 노력한 대표적인 사례는 두 종류의 명부 작성이다. 명부 두 종류는 검증이 필요한 자료이다. 그러나 '정부가 국가의 책무를 다하기 위해 노력한 사례'라는 점에서도 의미가 있다. 이 명부들은 전국의 피해자를 상대로 신고를 받아 수합한 자료이다. 이후 2004년에 강제동원위원회가 발족해 국내외를 대상으로 피해조사를 시작할 때까지 어느 정권도 하지 못한 작업이기도 하다. 특히 3종 세트를 만들 당시는 정부 수립 이후 6·25전쟁을 겪는 혼란한 시기이자 교통과 통신이 원활하지 못한 열악한 상황이었다. 전쟁의 와중에 전국 단위의 자료를 생산해낼 수 있었던 것은 해방 직후 한국사회의 핵심적인 의제에 식민지 청산이 포함되었다는 점과 자료를 중시하던 지적 분위기와 무관하지 않다.

□ 자료 가진 이들은 다 모이라

　2013년 10월, 서울역사박물관에서 열린 기획전시회 '조국으로 가는 길'은 동농東農 김가진金嘉鎭과 아들 김의환金毅煥, 며느리 정정화鄭靖和가 주인공이다. 안동김씨 가문의 구한말 대표적 관료를 지낸 김가진 집안은 김가진에서 김자동 임시정부기념사업회장에 이르는 독립운동가 집안이다. 김가진은 망명 당시 74세 노령이었고, 풍천노숙의 험난한 타국에서 생을 마쳤다. 김가진은 주일공사駐日公使를 역임하고 갑오개혁 때 군국기무처회의원軍國機務處會議員으로 참여했다. 독립협회 창설에 참여했고, 대한협회회장으로 일진회와 대립했다. 1919년 의친왕 이강李堈 상하이 망명기도사건에 관여했고, 자신 역시 탈출해 중국에서 비밀조직 대동단大同團을 결성했으며 대한민국임시정부에 참여하였다. 1910년 조선귀족령에 의해 남작 작위가 주어졌으나, 대외활동을 하지 않았다. 그러나 남작 작위를 일제에 공식적으로 반납하지 않았다는 이유로, 한국정부의 독립유공자 서훈을 받지 못했다. 부친과 같이 1919년 10월에 중국으로 탈출해 김구의 비서를 지낸 김의환도 대한민국임시정부와 광복군 총사령부에서 활동한 인물이다. '임시정부의 잔다르크'로 불린 정정화는 중국에서 한국혁명여성동맹을 이끌었고, 중국과 국내를 오가며 활동한 투사 중 투사였다.

그러나 해방된 조국은 이들을 그다지 반기지 않았다. 1946년 개인 자격으로 귀국해야 했고, 임시정부에서 함께 활동했던 김구는 암살되었다. 어려움은 그치지 않았다. 1951년, 김의환은 안재홍, 조소앙 등과 함께 납북되었으며, 남한에 남은 정정화는 부역죄로 투옥되는 등 고초를 치렀다.

전시장의 귀한 자료는 걸음을 잇기 어렵게 만들었다. 전시물 하나하나가 감동의 물결이었다. 그러나 내 발길을 멈추게 한 것은 김가진 집안의 나라사랑이나 독립운동이야기가 아니었다. 전시장 마지막 부분에 걸린 전시물 '독립운동의 역사를 쓰기 위한 작업' 코너였다.

김의환 정정화 부부가 고국에 돌아와서 가장 먼저, 가장 심혈을 기울인 일은 바로 '역사 쓰기'였다. 1947년 3월, 부부는 '독립운동사 자료수집위원회'를 만들고, 신문에 공고를 냈다. '독립운동 관련 자료를 가진 분들은 다 모이라'는 공고였다. 이들은 정부에 어떤 직책도 요구하지 않았다. 자료를 모으고 정리했다.

독립운동 관련 자료를 모은 이는 김의환 징징화 부부만이 아니었다. 의병장을 거쳐 임시정부에서 활동한 희산希山 김승학金承學은 독립운동 당시부터 사료를 정리했고, 해방 후인 1946년부터 곧바로 독립운동사 복간작업을 시작했다. 김승학의 손자인 역사학자 김병기는, '해방 후 독립운동가들이 이 땅에 들어와서 처음으로 한 일'을 두 가지로 정리했다. 하나는 나라를 위해서 목숨 바친 선열들(특히 무명용사들)의 추도식을 행하는 일이었고, 다른 하나는 독립운동사 편찬사업이었다는 것이다. 이 가운데에서 독립운동사 편찬사업의 목적은 독립운동가들에 대한 논공행상과 친일반역자에 대한 의법조치였다고 한다. 그러므로 이 작업은 이승만 정부의 탄압과 친일세력의 반대를 피할 수 없었다는 주장이다. 이렇게 모인 자료는 1953년부터 애국동지원호회 산하 독립운동사편찬위원회가 발간하기 시작해 1965년에 간행한 『독립운동사자료집』 탄생의 초석이 되었다. 김병기 박사의 주장대로 이승만은 독립운동사 편찬사업을 반대했다. 그러나 대일배상요구에 자료가 필수라는 인식은 제1공화국 시기 정부 인사들의 상식이었다고 볼 수 있다.

5. 14년 만에 체결한 한일청구권협정, 그러나 대일배상은

□ 과거청산이 사라지는 과정, 한일협정

이승만 정부의 붕괴로 중단된 한일회담은 장면 정부 수립 직후 예비회담을 재개했으나 1961년 5·16쿠데타로 다시 중단되었다. 그럼에도 1년간의 민주당 정권은 '이승만 정부의 반일주의'에서 '박정희 정권의 친일주의'로 전환이라는 커다란 역사의 흐름 속에서 전환기였다. 이제 한일국교정상화는 박정희 정권의 몫이 되었다. 현안이었던 독도와 청구권문제는 제6차 회담(1961.8.30-1964.11.5)에서 집중 논의해 한일협정 타결에 이르렀다. 그러나 '상호 이익과 공통 이익을 증진'한다는 체결 목적과 달리 이후 한일관계에서 역사 갈등의 원인이 되었다.

'대한민국과 일본국간의 기본관계에 관한 조약 및 부속협정문'(이하 한일협정)은 한일기본조약을 비롯해 5개 조약 및 협정(기본 관계에 관한 조약, 재일한국인의 법적 지위와 대우에 관한 협정, 어업협정, 재산 및 청구권에 관한 문제의 해결과 경제협력에 관한 협정, 문화재 및 문화협력에 관한 협정)으로 구성되었다. 5개 조약 및 협정에서 대표적인 역사 갈등 사례는 기본 관계에 관한 조약(이하 기본조약)과 재산 및 청구권에 관한 문제의 해결과 경제협력에 관한 협정(이하 청구권 협정)이다. 이 두 가지는 2012년 대법원 판결(2009다68620)의 원인이기도 하다.

기본조약 제2조 "1910년 8월 2일 및 그 이전에 대한제국과 대일본제국간에 체결된 모든 조약 및 협정이 이미 무효임을 확인한다"는 이후 양국이 각자 자기 입장에 유리하게 해석할 여지를 남겼다. 한국입장에서는 '과거의 조약들이 체결 당시부터 불법이고 무효'라고 해석할 수 있고, 일본입장에서는 '체결 당시에는 합법이었으나 국교정상화 시점에서는 무효'라고 해석할 수 있기 때문이다. 이 점은 청구권에 대한 해석은 물론, 강제성 문제 논의에서도 빠지지 않는 단골 메뉴다.

이 가운데 대일배상문제, 즉 청구권 문제로 제한해서 살펴보자. 청구권 문제는 한국이 샌프란시스코 대일평화조약 체결에 참여하지 못함으로써 빚어진 문제다. 일본으로부터 전쟁배상이나 식민지배에 대한 배상을 받기 어려운 상황에서 현실적으로 가능한 것은 36년간 하나였던 나라가 둘로 분리된 데 다른 재정적·민사적 채권 채무관계를 청산하는 일로 한정될 수밖에 없었다. 채권 채무관계는 한반도에 남아 있던 일본 및 일본국민의 재산과 일본 내에 있었던 한국과 한국민의 재산이 해당된다. 6차 회담에서 한국 측은 '대일 청구 8개 요강에 의한 청구 내용'을 제시했다.

1. 조선은행을 통하여 반출된 지금 및 지은의 반환
2. 1945.8.9. 현재 일본 정부에 대한 조선총독부 채권 변제
3. 1945.8.9. 이후 한국으로부터 진체振替 또는 송금된 금융의 반환 청구
4. 1945.8.9. 현재 한국에 본사, 본점, 지점 또는 주된 사무소가 있던 법인의 재일 재산의 반환 청구
5. 한국 법인 또는 한국 자연인의 일본국 또는 일본 국민에 대한 일본 국채, 공채, 일본은행권, 피징용한국인의 미수금, 보상금 및 기타 청구권의 반제 청구
6. 한국(자연인, 법인)의 일본정부 또는 일본인에 대한 개별적 권리행사
7. 전기前記 제재산 또는 청구권에서 발생한 제과실의 반환
8. 전기前記의 반환 및 결제의 개시 및 종료 시기에 관한 항목

이 가운데 제5항 (라) '전쟁에 의한 피징용자의 피해에 대한 보상'으로 제시한 금액은 3억 6,400만 불(생존자 1인당 200불×930,081명=186,000,000불/사망자

1인당 1,650불×77,603명=123,000,000불/부상자 1인당 2,000불×23,000명=50,000,000불)이었다.

1961년 12월 15일에 열린 6차 회담 일반청구권 소위원회 제7차 회의에서 김윤근 수석위원은 '일본 지역 피징용 한인 규모'를 징용 노무자 667,684명, 군인·군속 365,000명 등 총 1,032,684명으로 제시했다. 이 수치는 강제동원위원회의 추계(일본 지역 노무자 1,020,125명, 일본 지역 군무원 7,213명, 한반도 외 군인 157,331명 등 1,184,669명)보다 약간 적은 수치다. '대일청구 8개 요강'에는 피징용자 피해 보상 청구액 외에 재산권에 대한 청구금액도 제시되었다. 그러나 이 제안은 한국 측의 일방적인 주장으로 끝났다. 한일협정 관련 일본 측 공개 문서에 의하면, 1965년 5월 일본 측은 여러 차례에 걸쳐 '8개 항목에 대한 거부(있을 수 없다)' 의사를 명확히 밝혔다. 이에 대한 한국 측 발언은 현재 확인할 수 없다.

한일협정에서 최종 합의된 내용은 일본이 한국에 대해 무상공여 3억 달러 정부 차관(유상) 2억 달러, 민간상업차관 3억 달러 이상 제공이다. 이 가운데 '민간상업차관 3억 달러 이상'을 제외한 5억을 통상 청구권 자금이라 지칭한다. 물론 청구권 총액에 대해서도 논란이 있지만 중요한 것은 제2조 '완전히 그리고 최종적으로 해결된 것이 된다'는 규정이다. 이는 이후 개인 청구권 여부를 둘러싼 공방의 불씨가 되었다.

□ 한국이 스스로 포기한 한반도 내 피징용자 청구권 문제

한반도 내 동원 피해자의 배상 문제도 현재까지 한국정부의 책임 공방이 그치지 않는 주제이다. 이 문제는 개인청구권 문제와 연결된 논의 주제이기도 했다.

'당시 한반도는 일본제국주의의 식민지로서 조선총독부의 통치 아래에 있었을 뿐이므로, 국내외 개념은 논의에 대상이 되지 못한다. 또한 제국 일본의 영역이었던 한반도도 총동원체제 아래에서는 일본이나 사

할린 등 다른 지역과 마찬가지로 인적 물적 자금을 제공할 의무를 지고
있었다. 일본의 전시체제기는 피동원자에게 동원지역을 선택할 권리를
주지 않았다.' 일본의 전시체제기와 총동원 전쟁에 대한 이해가 있다면
논란이 필요 없는 문제이다. 그러나 이런 내용들이 '상식'이 되기까지는
오랜 기간이 걸렸다. 그 과정에서 정부는 또 다른 피해자를 양산했다.

한·일청구권 협정을 위한 회담 진행 과정에서, '한반도 내 피징용자
의 청구권 대상 포함 여부'에 대한 논의는 두 차례 있었다. 두 차례 회의
에서 한국 측 입장은 모두 '포함하지 않는다'였다.

[제5차 회담 일반청구권 소위원회 제13차 회의록 요지 : 1961년 5월 10일]
[일본] 피징용자 중에는 한국 내에서 징용된 자를 포함하는가
[한국] 포함하지 않는다

[제6차 회담 일반청구권 소위원회 제7차 회의록 요지 : 1961년 12월 15일]
[한국] 전번 회담 때에도 이야기했지만 이 피징용자에는 노무자 외 군인, 군속을 포함
　　　 한다. 보상금은 생존자에 대하여 1인당 200불, 사망자에 대하여 1인당 1,650불,
　　　 부상자에 대하여 1인당 2,000불로 하여 그 금액은 각각 생존자가 1억8천6백
　　　 만여 불, 사망자가 1억2천8백만여 불, 부상자가 5천만 불이다.
[일본] 피징용자에는 군인, 군속을 포함한다고 말했는데, 전호(앞)의 피징용자에서도
　　　 그런가.
[한국] 그렇다.
[일본] 조선 내에서 징용된 자도 포함하는가.
[한국] 포함되어 있지 않다.
[일본] 군인, 군속도 그런가.
[한국] 그렇다.
[일본] 조선에서 징용된 자를 포함하지 않은 것은 무슨 이유인가.
[한국] 한국 내에는 실제 그 수가 그리 많지 않았고, 또 자료도 불충분하여 포함하지
　　　 않았다.

1961년 12월 15일 회의에서 한국 측은 '한반도 내 피징용자의 청구권
대상'에 포함하지 않는 이유에 대해 '한국 내에는 실제 그 수가 그리 많
지 않았고, 자료도 불충분' 하다고 답했다. 거론되지 않은 개인청구권은

나중에 청구(재판)할 수 있도록 하자고 했다. 그러나 결과적으로 개인청구권을 포함하여 포괄적 정치적으로 협정이 타결되었다. 이 회의록은, 한국대표가 준비부족(자료부족)으로 회담에 임했으며, 준비(자료)부족 실태를 스스로 드러낸 사례이다.

이 같이 한일회담 논의 과정에서 한국정부는 스스로 '한반도 내 피징용자의 청구권 대상에 포함' 않았다. 그러나 '한반도 내 피징용자'의 배상 권리는 명확하다. 그렇다면 이후 한국정부는 이 문제 해결에 대해 어떠한 노력을 기울였는가. 1970년대에 시행된 보상 과정에서 배제하지 않았다. '동원지역'을 특정하지 않았으므로 법적으로 배제한 것은 아니었다. 40여 명의 보상금 지급 사례가 이를 증명한다. 그렇다고 정부가 나서서 적극적으로 홍보한 것은 아니었다.

2005년 한국정부는 한·일청구권회담 관련 자료를 공개하는 과정에서 협정 논의에 포함되지 않은 주제에 대해 공식 입장을 발표했다. 국무총리 소속 한·일수교회담 문서공개 등 대책기획단(이하 대책기획단)은 제3차 민관공동위원회(2005.8.26)와 제4차 민관공동위원회(2006.3.8)에서 "1965년 한·일청구권 협정에서 우리 정부가 요구한 8개 항목에 국내강제동원, 군위안부, 원폭, 사할린한인은 협의대상에 포함되지 않아 위로금 지원 대상에서 제외"된다고 밝혔다. 아울러 "한·일협정에서 제외된 사할린 한인 등 피해문제에 대해서는 일본정부의 법적 책임이 남아 있다"고 발표했다. 2006년 3월 22일 대책기획단 주최로 열린 공청회에서도 협정 당시 논의에 포함되지 않은 4개 주제(일본군 위안부, 사할린, 원자폭탄 피해, 한반도 내 동원)에 대해 "당시 논의대상이 아니었고, 한국 측이 제기하지도 않았으므로 협정대상에서 제외되었다고 보아야"한다고 밝혔다. 한일청구권협정 논의 대상 미포함 4개 주제에 대한 책임은 일본에게 있다는 점도 분명히 했다.

그러나 이 결정에 근거한 특별법(태평양전쟁 전후 국외 강제동원희생자 등 지원에 관한 법률. 2007.12.10 제정)에서는 다른 결과를 적용했다. 4개 주제 가운데 정부가 생활지원을 시행하고 있는 군위안부를 제외한 2개 주제(원폭피해 자, 사할린한인)는 위로금 지급 대상에 포함했다. 그러나 한반도 동원 피해 자는 제외했다. '동원피해자수가 많아서 재정에 부담이 된다'였다. 한일 회담에서 한국 측 답변 '실제 그 수가 많지 않고'와 모순되는 이유다. 2010년에 '태평양전쟁 전후 국외 강제동원희생자 등 지원에 관한 법률' 은 '대일항쟁기 강제동원 피해조사 및 국외강제동원 희생자 등 지원에 관한 특별법'(2010.5.30 시행)으로 승계되었으나 이 과정에서도 변화는 없었 다.

법정에서도 마찬가지였다. 2011년 2월 24일, 헌법재판소는 '한반도 내 동원' 지원 배제에 대한 헌법소원 심판청구 사건(선고 2009헌마94결정)에서 헌법재판소가 지원 배제에 대해 6:3 의견의 합헌 판결을 내렸다. 물론 판결의 요지는 '한반도 내 동원' 그 자체를 강제동원으로 인정하지 않는 것이 아니라, '현 상황에서는 한국정부의 예산상 지원 대상에서 제외하 는 것이 위헌이 아니'라는 의미이다. 헌법재판소는 "일제강점기 피해에 대한 지원 범위와 수준을 어떻게 정할 것인지는 국가의 재정부담 능력, 사회보장 수준 등에 따라 결정해야 한다"며, "일반적으로 정신적 고통이 더 크다고 볼 수 있는 국외 강제동원자를 우선적으로 처우하는 것을 자 의적 차별이라 볼 수 없다"고 밝혔다. 그러나 위헌 의견을 낸 재판관 3인의 의견을 보면, "국내동원 희생자에게도 지원법을 제정할 의무가 인정된다. 정부 수립 후 60여 년이 지났음에도 아무런 입법조치를 하지 않은 것은 입법 재량을 넘어 헌법에 어긋난다"며 한반도 내 동원 피해자 지원 입법 의무를 인정했다. 이후에도 헌법재판소 제소와 정부 상대 소 송은 계속되었으나 판결 내용은 달라지지 않았다.

1961년 한일회담 과정에서 한국정부가 피징용자의 범위를 '한국 내 징용자를 포함하지 않는다'고 밝힌 이후, 1965년 한일협정은 이를 전제

로 체결되었다. 따라서 한국정부가 별도로 법령에 근거해 보상과 도의
적·인도적 차원에서 지원 정책을 실시하는 것이 마땅하다. 그러나 정
부는 오히려 2007년에 지원 관련 법률을 제정하면서 피해자의 범위를
국외로 제한했다.

　한일청구권 협정 당시 한국정부의 대응은 시대상에 대한 몰이해와
피해 규모에 대한 자료 부족에 근거하고 있었다. 아울러 일본은 전쟁책
임 및 '경제협력자금' 액수를 축소하기 위해 동원피해자를 제한적으로
규정하고자 했다. 더구나 한일협정 당시는 물론이고 현재까지 일본정부
스스로가 강제동원의 피해 범위를 '한반도 밖(국외)으로 제한'한다고 천
명한 바 없다. 그러므로 1970년대 한국정부의 보상제도에서도 '한반도
밖(국외)'으로 제한하지 않고 보상금을 지급했던 것이다. 2007년의 제정
된 법은 1965년 당시 논의의 수준에서 벗어나지 못했음을 물론, 1970년
대 보상제도에도 미치지 못했다. 또한 이미 2004년부터 강제동원위원회
에서는 국내동원피해자도 피해자로 인정하고 있다. 피해자로 인정하면
서 지원 대상에서 제외하는 행정적 모순을 정부가 나서서 저지르는 셈
이다. 시대상이나 역사성에 비추어볼 때 형평성에 어긋나는 조치이다.

　나는 당시 법 제정 과정에 의견을 낼 기회가 있었다. 그러나 학술적
지식을 토대로 향후 지원 추계 예측을 제시한 내 의견은 번번이 묵살되
었고, 이후에는 의견 개진 기회마저 잃었다. 2007년의 법률을 통한 조치
가 행정적 모순이고 비인도적인 처사라는 점에서는 학계나 국회에서도
부정하지 않는다. 그러면서도 '국가의 재정부담 능력'이라는 현실 앞에
서 '이해'와 '수긍'으로 돌아섰다. 그러나 실제로 정부가 연구용역을 통
해 추계한 지급예상액은 '과도한 예산 부담'과 거리가 있었다. 국회 예
산정책처의 추계도 마찬가지였다. 결국 문제는 재정 부담이 아니라 의
지였다. 이 같이 1960년대 한일회담에서 논의하지 못한 '한반도 내 피징
용자의 청구권' 문제는 이후 한국에서도 '미해결'과제로 남았다.

□ "한국 사정이 어려워 도와달라는 것이 아니지 않는가"

한일협정문서(한국 측 문서)에 의하면, 당초 일본은 '청구권'이라는 용어 사용 자체에 대해 거부했다. 배상이 아닌 경제협력 차원의 자금 지원이라는 입장 때문이다. 1961년 5월 14일에 열린 제5차 회담 이후 양측의 논쟁은 지루하게 이어졌다.

[제5차 회담 제6차 회의록 요지 : 1961년 5월 14일]

[한국] 일본 측은 '청구권'을 누락하고 있는데, 반드시 포함하여 '청구권 및 경제협력'으로 해야 함

[일본] '한국의 경제개발을 위하여' 제공하는 것임. 우리는 한국에 대한 것이 **배상과는 다르고, 경제협력이라는 면이 강하다**는 생각임

[한국] 우리도 배상이 아니라 '특수한 것'이라고 생각하지만 그 표현은 '청구권 및 경제협력'으로 해야 함

[일본] **한국에 대한 것이 배상과 같지 않지만 일종의 정치적인 협력이라는 의미에서 제공하는 것으로 생각함. 일본의 일방적인 의무에 입각해서 제공하는 것으로 되면 곤란함**

[한국] **전혀 의무가 없다는 것은 말이 되지 않음.** 우리 국내의 일반 국민의 감정이 청구권을 받아들이는 생각으로 일관되어 있으므로 만일 청구권이라는 표현이 달라진다면, 이것은 중대한 문제가 야기될 것임

[일본] 문안 작성시 문제이므로 추후 논의하자

[한국] **배상은 아니나 그러나 청구권에 연유하는 것이라는 것은 인정해야함**

[일본] 일본 측의 생각은 어디까지나 경제협력이 주主라는 생각임

[한국] **이 문제의 시초가 청구권에서 시작된 것이지 한국의 사정이 어려워 도와 달라는 데서 시작한 것이 아니지 않는가.**

[일본] 알고 있다. 문안 작성시 논의하자

[한국] 결국 일본 측의 입장은 순수한 경제협력이라는 것인가

[일본] 순수한 상업 베이스에 의한 것은 물론 아니나 정치적인 성격을 가진 경제협력이라고 할 것임

[한국] 순수한 경제협력이라고는 볼 수 없고, 청구권 및 경제협력을 위한 것으로 해야 함

또한 제6차 회담에서는 개인청구권 소멸과 관련해 한국 측이 '한국인 개인의 청구권 여지'를 남겨두자는 입장인데 반해, 일본 측은 '완전 해결

된 것'으로 하자고 주장했다.

[제6차 회의 일반청구권 소위원회 8차 회의, 1961년 12월 21일]

[한국] 우리가 주장하는 내용은, 한국인(자연인, 법인)의 일본인 또는 일본정부에 대한 권리로서 한일회담 성립 후라 할지라도 이것을 개별적으로 행사할 수 있는 것으로 한다. 이 경우에 양국간 국교정상화할 때까지는 시효는 진행하지 않는 것으로 한다. 이것을 넣은 취지는 회담 진행 도중에 여러 가지 종류의 청구를 주장하여 온 것이 있는데 이것을 검토할 시간도 없거니와, 과연 그 주장이 근거가 있는 것인지 없는 것인지 알 수 없기 때문에, 이것은 별개 취급으로 하여 회담 성립 후라도 개인이(재판을 통해) 청구할 수 있는 길을 터놓기 위한 것이다.

[일본] 제1항목 내지 제5항목에 들어있는 개인청구권 관계는 어떻게 되는가.

[한국] 그것은 이 회담에서 일괄하여 결정하게 되는 것이므로 개인으로서는 주장할 수 없고 그 외의 것은 실제 있는지 없는지는 모르겠으나, 있을 경우에는 그 권리를 주장할 수 있게 하자는 것이다.

(중략)

[일본] 그렇게 되면 군령 33호 관계로 회담이 처음으로 돌아가게 되는 결과가 되지 않을까 우려된다. 모처럼 정부간에 결정을 보더라도 이런 것이 있으면 큰 loop hole이 남는 것이 아닌가.

[한국] 그것은 다시 정부 간에 회담하는 것이 아니고 개인적으로 청구하게 되는 것이기 때문에 loop hole 이라고 보지 않는다.

[일본] … 이 문제는 상당히 이론異論이 있을 것으로 생각한다.

[한국] 그러한 개인의 청구권이 있다 하더라도 이 회담에서 다시 토의하자는 것이 아니고 이 회담은 이것으로 끝내고 그러한 청구권은 개별적으로 청구할 수 있는 길을 터놓자는 의미이다.

[일본] 우리로서는 자연인이나 법인관계의 청구권 일체가 이 회담에서 해결되었으면 하는 희망이다. 또 일본에서는 개인 관계의 사유재산권은 보호한다는 입장을 취하므로 이러한 (개인 청구 여지를 남기는) 항목을 넣지 않더라도 그 권리는 남게 될 것이다.

[한국] 개인 재산이 존중되는 경우라도 정부간에 일단 협정이 되면 이 회담을 방패로 거부하게 되면 곤란하다.

[일본] 한국 측의 취지는 알겠으나 이것은 문제가 크다고 본다. 일단 검토한 후에 다시 우리 측 의견을 이야기하도록 하겠다.

청구권 논의에 관한 일본의 입장은 변화가 없었다. 1962년 7월 제2차 이케다 내각에서 외무대신이 된 오히라 마사요시大平正芳가 제시한 청구권 교섭의 네 가지 조건(일명 오히라 구상)에서도 '청구권을 한일 회담의 의제로 하는 것' 자체를 거부했다.

- 청구권은 정부 간 문제로 인정할 수 없고, 우편예금, 보험, 연금 등 개인에 대한 미지급분으로 약 7천만 달러를 계상한다.
- 경제협력의 명목으로 무상 원조금 약 1억 달러를 제공한다.
- 한국의 제1차 경제개발 5개년 계획을 위해 장기저리차관을 제공한다.
- 한국의 청구권이 적용되는 범위를 38도선 이남으로 한다. 또한 이에 대해서는 협정서에 기록하지 않는다.

오히라 구상이다. 이 내용은 제6차 한일회담에 반영되었다.

한일협정문서(한국 측)에 의하면, 1962년 8월 23일부터 열린 회의에서 일본 측은 '무상 공여를 받은 것으로 청구권이 해결되었다고 한국 국민을 설득해달라' 요구했고, 이에 대해 한국 측은 '청구권의 명목 사용은 절대 물러설 수 없다'고 고수했다. 그러자, 일본 측은 오히려 청구권의 명목을 고수하는 대신 청구권협정 조문에 '한일 양국 간 청구권 문제가 완전히 그리고 최종적으로 해결되었음을 확인한다'고 규정할 것을 역제안했다.

김종필-오히라 회담(1962년 10월 20일)과 주일한국대표부의 본국 보고(11월 12일 김 정보부장과 오히라 외상 회담에서 한일회담 청구권 문제 해결 목표에 관한 합의 내용)를 마친 직후에 논의는 다른 양상을 띠었다. 1962년 11월 22일 제16차 예비회담 석상에서 배의환 수석이 "한일 양국은 한일 양국간 청구권 문제가 완전히 그리고 최종적으로 해결되었음을 확인해야 한다"고 주장했다.

정치학자 장박진은 논문에서 북한과 관련 문제로 파악했다. 1963년에 나온 제2차 정치회담 예비절충 자료에, "금번의 청구권 문제 해결이 양국 간 청구권을 완전히 그리고 최종적으로 해결하는 것이어야 한다. 즉

금반의 청구권 문제 해결이 남한지역과 일본 간 뿐만 아니라 이북까지 포함한 전체 한일 간에 완전히 그리고 최종적으로 해결하는 것"이어야 한다는 한국정부의 인식이 담겨 있다는 점을 들었다.

1. 무상 3억 달러(청산감정채무를 포함)를 10년에 걸쳐 제공한다(단 6년에서 10년으로 조정 가능)
2. 유상(해외경제협력기금) 2억 달러, 연리 3.5%, 10년에 걸쳐 제공(단 6년에서 10년으로 조정 가능), 7년 거치 20년 상황
3. 유상(수출입은행) 1억 달러, (차관 집행에 의한) 프로젝트 실행에 따라 기간 조정 가능, 국교정상화 이전이라도 집행 가능
4. 이상 1,2,3,의 내용으로 해결하는 것으로 쌍방이 수뇌에게 건의해 그 결과를 오히라 외상이 김부장에게 11월 말까지 회답한다.

주일한국대표부가 본국 정부에 보고한 김종필-오히라 합의 내용이다. 합의는 이후 1965년 5월 31일 협정문안 조정과 과장급 전문가 회의(6.1-7)와 뉴오타니 회담(6.11-14), 힐튼 회담(6.15-21)에 영향을 미쳤다. 결국 개인 청구권 문제는 "… 1951년 9월 18일에 샌프란시스코에서 서명된 일본국과의 평화조약 제4조 a에 규정된 것을 포함하여 완전히 그리고 최종적으로 해결된 것이 된다는 것을 확인한다."로 결정되었다. 14년간에 걸친 양국 교섭도 마무리되었다.

장박진은 저서에서 한일협정이 '과거청산'이라는 과제를 도모하다가 실패한 것이 아니라 '당초부터 사라져가는 과정'이었다고 평가했다. '식민지 지배 자체에 대한 청산'이어야 하는 '과거청산' 본연의 방향을 잃은 채 추진되었다는 이유다. 물론 청구권 협정에 대한 평가는 청구권 자금을 어떻게 사용해 한국 국익에 얼마나 기여했는가 하는 결과까지 포함해 종합적으로 판단해야 한다는 견해도 있다. 그러나 14년간에 걸친 한일회담 진행과정에서 아쉬운 점은 한일 양국이 과거청산에 필요한 내용 조건을 거의 충족하지 않았다는 점이다. 특히 한국의 입장에서 보면, 해

방 후 한국이 놓인 구조적 어려움의 귀결체이기도 했다.

한일회담에서 '피징용자 등'에 대한 토의는 있었으나 군위안부 피해 여성의 인권유린 문제나 강제동원 사망자의 유골수습, 원폭희생자의 치료 조치, 사할린 억류 한국인의 귀국 문제 등 현안은 전혀 토의 요구 항목에 포함되지 않았다. '한반도 내 피징용자'는 한국 정부가 스스로 논의의 대상에서 제외했다. 군위안부와 관련된 논의는 일본 측 문서에서 찾을 수 있는데, 제2차 회담 자료(1953년 5월 19일, 청구권관계부회 제2회 회의 상황)에서 확인된 '남방 점령지역 위안부의 예금, 잔치殘置 재산'이라는 기재 정도이다. 단순한 채권 문제였다. 요구항목에 포함되지 않은 과제들은 2004년 한국정부가 한국 측 문서를 공개한 후 새로운 현안으로 떠올랐다.

한국과 일본의 뒤에 드리워진 미국의 영향력도 큰 변수 가운데 하나였다. 1950년대 후반부터 미국정부는 경기침체로 인해 동북아시아에 지역협력체제의 구축을 현실화시킬 필요성이 높아졌다. 1960년대 미국의 대외원조정책은 일본과 협력 체제를 통해 미국의 대 아시아 원조의 부담을 경감하는 방향을 추구했다. 미국이 전면에 나서지는 않았으나 한일관계 개선의 중재자로 역할을 수행한 이유이다. 미국정부는 청구권 문제 처리에 정치적 타협을 요구하며 적극적으로 개입했고, 일본의 한국에 대한 경제 원조를 한국의 대일청구권 해결과 연계하는 경제협력방식을 제기했다. 자국의 경제적 부담을 경감하려는 미국의 의도, 전후 급격히 성장한 독점자본의 진출을 갈망한 일본, 불안정한 정권기반을 경제성장으로 만회하고자 한 한국. 3자의 이해관계와 냉전시대 고착화라는 배경 아래 1965년 한일협정은 경제협력방식으로 귀결되었다.

1965년 6월 22일 조약에 조인하고, 12월 18일 비준서를 교환함으로써 한일협정은 정식 발효되었다. 1951년 최초 교섭 이후 14년이라는 긴 기간이 걸린 후 양국은 국교정상화에 이르렀다. 이제 남은 것은 한국민을 대상으로 한 한국정부의 보상 집행이었다.

□ 시혜적 성격의 보상? 대일청구권보상

한일협정 체결 후 규정에 대한 양국의 해석과 입장 차이 및 후속조치
는 피해자의 권리 회복에 부정적인 영향을 미쳤다. 이는 한일 양국에서
정책을 수행하는 과정에서 악화되었다. 한일협정 체결 이후 1966년 2월
에 제정된 '청구권 자금의 운영 및 관리에 관한 법률'에 의거해 실시한
1970년대 대일보상금 지급(1971년 5월부터 개인 청구 신청 접수, 1975년 7월 1일부터
1977년 6월 30일까지 지불)은 한국 측이 제공한 또 다른 역사 갈등의 원인이
다. 인적·물적 피해보상에서 인적피해에 대한 보상금 수령자는 8,552명
에 불과했다. 정책적 홍보도 부족했고, 지급대상자가 제한(현지 사망)되었
으며, 피해를 신고당사자가 스스로 증명해야 했으므로 소수에 그쳤다.
경제기획원이 발간한 『청구권자금백서』(1976)에 의하면, 정부는 청구
권자금 사용의 기본방향을 크게 네 가지로 설정했다. ① 모든 국민이
이익을 균등하게 받을 수 있어야 하고 ② 국민소득이 증가되는 용도에
쓰여야 하며 ③ 시설자재, 원자재 또는 기계류를 불문하고 한국의 주도
적인 의사에서 결정되어야 하며 ④ 후세에 넘겨주어서 두고두고 기념
될 수 있는 대단위사업에 투자되어야 한다는 것이다. 이를 위해 1965년
12월 18일자로 청구권이 발표하자 곧바로 경제기획원을 주무부서로 '청
구권자금의 운용 및 관리에 관한 법률'을 마련해 12월 24일에 국회에 제
출했고, 1966년 2월 19일에 제정·공포했다(법률 제1741호).
정부가 이 같이 단기간 안에 법률을 제정·공포한 이유는 1966년 2월
까지 청구권자금 제1차년도 사용계획서를 일본 측에 전달해야 했기 때
문이었다. 또한 정부는 국무총리 소속 '청구권자금관리위원회'를 설치하
고 의결사항을 통해 대부분의 청구권 자금을 경제발전 자금으로 사용할
것을 규정했다. 청구권 자금을 경제발전 자금으로 사용하도록 한 결정
은 피해자의 권리를 고려하지 않은 조치였다. 이러한 조치는 이미 예견

된 일이었다. 아직 과도정부였던 1948년 당시 조선은행은 배상문제와 관련해 일본으로부터 받게 될 자금을 '국가경제 재건을 위해 할당'할 필요성을 제시했다. '조선경제의 재건에 필요한 외국자재 수입을 위한 외화획득 방안으로 대일배상과 대미차관'이 유일하다고 강조한 것이다. 이러한 인식은 5·16쿠데타 이후 군사정부에도 이어졌다.

> 한일관계정상화는 현안 문제 중 특히 재산 청구권 해결을 전제로 하는 바, 이 경우 상당액의 변제금의 반환이 예측되는데, 동 금액은 한국의 국가경제재건에 도움이 될 것이다.
> 국교정상화 후에는 경제협조문제도 추진될 것이므로 국가경제재건에 필요한 외자도입의 길을 열어줄 수 있을 것이다.

1961년 9월 15일, 박정희 의장이 직접 참여한 협의에서 군사정부가 정리한 내용 중 일부이다. 제6차 한일회담 예비교섭 관련 문서에 편철된 자료이다. 이상 1948년과 1961년의 두 가지 사례에서, 각 개인이 입은 피해 등에 대한 개인청구권 보호라는 사고는 찾을 수 없었다.

'청구권자금의 운용 및 관리에 관한 법률' 제5조 제1항에는 "대한민국 국민이 가지고 있는 1945년 8월 이전까지의 일본국에 대한 민간청구권은 이 법에서 정하는 청구권 자금 중에서 보상하여야 한다"고 규정했고, 제2항에 "전항의 민간청구권의 보상에 관한 기준·종류·한도 등의 결정에 필요한 사항은 따로 법률로 정한다"고 했다. 이를 근거로 '대일민간청구권 신고에 관한 법률(1971년 1월 19일 제정)'과 '대일민간청구권 보상에 관한 법률(1974년 12월 21일 제정)'을 제정했다. '대일민간청구권 신고에 관한 법률'에 근거해 1971년 5월 21일-1972년 3월 20일까지 10개월간 신고를 받았다. 신고업무 취급 기관은 서울지역은 재무부 산하 '대일민간청구권신고관리사무국'이, 지방은 각 지역의 세무서가 담당했다. 신고한 물적·인적피해신고 대상은 9개 항목이다.

〈신고대상〉

① 구 군정법령 제57호 '일본은행권·대만은행권의 예입'규정에 의하여 지정된 금융기관에 예입한 예입금과 금융기관이 보유하고 있는 일본 은행권 및 일본국 정부의 보조 화폐

② 1945년 8월 15일 이전에 발행된 것으로 현물이 있는 유가증권(국채, 일본 저축권, 지방채 등)

③ 일본국에 본점을 둔 일본국에 소재한 일본국 금융기관에 예입된 세금

④ 일본국에 본점을 둔 일본국에 소재한 일본 금융기관에 일본국 이외로부터 송금되어 온 해외송금

⑤ 1945년 8월 15일부터 1947년 8월 14일까지 일본국으로부터 귀국한 대한민국 국민이 귀국할 때에 일본국 정부기관에 기탁한 기탁금

⑥ 일본에 본점을 둔 일본국의 생명보험회사에 대한민국 또는 일본국에서 납입한 보험료와 수취하게 된 보험금

⑦ 대한민국에 본점을 둔 법인의 일본국에 있던 지점의 재산정리로 인하여 생긴 잉여금 중 대한민국 국민인 주주의 지분

⑧ 일본국에서 예입 또는 납입한 일본국 정부에 대한 채권(우편저금, 진체振替 저금 및 우편위체爲替, 간이생명보험 및 우편연금의 납입금)

⑨ 일본국에 의하여 군인 군속 또는 노무자로 소집 또는 징용되어 1945년 8월 15일 이전에 사망한 자(이하 피징용사망자라 한다)

대일민간청구권 보상 결과

		총 신고	신고 수리	보상 제외	지급 결정	지급	청구권 소멸
계	건수/인원수	142,820건/ 109,540명	108,447건/ 103,324명	46건	103,278건	83,515건	19,743건
	보상액(천원)	-	-	-	9,519,645	9,182,551	334,615
재산	건수/인원수	131,033건/ 97,753명	99,537건/ 94,414명	46건	94,368건	74,963건	19,391건
	보상액(천원)	-	-	-	6,846,645	6,616,951	227,215
인명	건수/인원수	11,787건/명	8,910건/명		8,910건	8,552건	352건
	보상액(천원)	-	-		2,673,000	2,565,600	107,400

자료 : 최영호, 「한국정부의 대일 민간청구권 보상과정」, 『한일민족문제연구』 8, 2005.

이 법률에 의해 총 142,820건(109,540명)이 신고 접수되었으나 신고 거부 건수를 제외하자 신고 수리건수는 간신히 10만 건을 넘을 정도로 줄었다. 정부는 신고가 완료된 후, '대일민간청구권 보상에 관한 법률'을 제정 공포해 보상금을 지급했다.

정부는 『대일민간청구권보상 종결보고서』에서 보상금 지급의 성격을 법률적, 시혜적 성격으로 구분해 설명했다. 보상에 대한 정부 인식의 정도는 '시혜적 성격'이라는 용어에서 알 수 있다. '시혜적 성격'은 해방 직후부터 분출된 국민의 대일배상요구와 거리가 먼 설명이다.

> 법률적 성격 : 대일민간청구권은 청구권 자금의 운영 및 관리에 관한 법률에 의하여 국가가 국민에 대하여 보상의 의무를 규정함으로써 창설된 권리이며 대일민간청구권 신고에 관한 법률에 의거 실질적 청구권의 일부로 신고된 대일민간청구권을 대일민간청구권 보상에 관한 법률에 근거하여 실현시키는 것
>
> 시혜적 성격 : 일본의 지배하에 있던 동남아 각국이 일본으로부터 받은 배상 또는 경제협력자금을 받은 바 있으나 우리나라처럼 민간보상에 사용한 바는 전혀 없고 자국 경제발전에 긴요한 부분에만 사용

10개월에 불과한 신고 기간과 보상지급결과는 피해자들의 기대를 저버린 결과였다. 특히 인적보상에서 문제점은 터무니없이 적은 보상지급 대상자와 보상금을 일률적으로 1인당 30만원으로 지급한 점 등 두 가지다. 이 가운데 '터무니없이 적은 보상지급 대상자를 낳은 이유'는 신고 대상을 1945년 8월 15일 이전 사망자로 국한한 점, 홍보 부족과 짧은 신고접수기간, 입증책임의 문제, 미수금을 보상 대상에서 제외한 점 등 네 가지이다.

1970년대 대일민간청구권 보상지급은 잠재된 불만을 터트리고 결집하는 계기가 되었다. 해방 직후 귀환자들을 중심으로 '동지회'라는 단체

가 결성되어 미불임금을 요구하기도 했으나 엄혹한 독재체제 아래에서 '빨갱이'로 취급되어 수면 아래로 묻혔다. 그러나 8,552명에 대한 보상이 이루어지는 과정에서, 유족들은 자신들의 권리를 인식하기 시작했고, 보상의 미비점을 해결하기 위해 전국 단위의 단체를 조직했다. 이들은 일본정부를 상대로 소송을 제기했고, 일본의 시민단체가 이들을 지원하면서 조직 세를 키워나갔다. 그러나 정부의 입장은 여전히 '가만히 있으라!'였다.

보상을 하고 싶지 않은 박정희 정권이 한일협상 결과에 따라 보상을 해야 하는 상황에서 '억지로 춘 춤'은 당연히 한국사회에 숙제를 남겼다. 어쩔 수 없이 다시 숙제를 하겠노라 손을 댄 2000년대 '위로금 등 지급'은 또 다른 부작용을 낳았다. 미해결의 연속이다. 21세기에 들어서 '미해결'이나마 정부가 나서게 된 것은 피해자 사회의 결집과 민주정부 수립이다.

6. 김대중-오부치 평화선언도 넘지 못하는 바다

□ 역사교과서왜곡문제를 넘어 '한일신시대'로

　한일국교정상화 이후 박정희 정권 시기 한일관계는 김대중 납치사건과 문세광 사건으로 심각한 상황을 맞기도 했으나 대체적으로는 원만한 관계를 유지했다. 1979년 10 · 26사태(박정희대통령 사망) 후 신군부가 권력을 장악하면서 한일관계도 새로운 국면으로 접어들었다. 1979년 12 · 12쿠데타와 1980년 5월 광주민주화운동 무력 진압을 통해 출범한 신 정권은 국내 안정과 경제발전의 실적이 시급했다. 당시 국제 상황은 전두환 정권에 유리했다. 레이건 행정부 출범과 함께 미소 간 냉전적 대립이 첨예화되는 와중에 미국은 한미일 3국의 안보협력 강화를 요구했다. 이에 부응해 일본은 전두환 정권에게 40억 달러 규모의 공공차관을 제공했고, 서울올림픽 개최도 지원했다. 1982년 7월부터 역사교과서왜곡문제가 발생했으나 1983년 1월에 일본 총리 최초의 공식 방한도 성사되었다. 나카소네 야스히로中曾根康弘총리는 최초의 공식 방한 외에 '과거사에 대한 최초의 유감 표명'이라는 기록을 남겼다. 나카소네총리 공식 방한에 대한 전두환대통령의 답방(1984년 9월 6일)도 '최초의 공식 방문'이라는 기록이었다.

　1982년 6월 일본정부가 발표한 고등학교 역사교과서 검정 결과와 관련한 역사교과서왜곡문제는 7월 하순부터 한국과 중국 언론이 일제히 비판기사를 게재하면서 점화되었다. 한반도와 중국에 대한 '침략'을 '진출'로, 3·1운동을 '폭동'으로 표현을 수정하고, 3·1운동으로 인한 조선 인 사망자 7천여 명이리는 부분도 삭제하는 등 교과서 내용 축소와 왜곡은 피해당사국에게 충격을 주었다. 이에 대한 일본정부의 안이한 대처로 상황은 더욱 악화되었다. "역사교과서 검정은 객관적으로 공정하게 이루어졌으며 검정결과가 다른 나라와 우호관계를 해칠 것으로 생각하지 않는다"는 공식 발표는 한국민의 공분을 낳았다. 더구나 "한국을 비롯한 다른 나라가 일본 교과서 기술 내용에 대해 시비를 거는 것은 내정간섭"이라는 7월 23일자 마쓰노 유키야스松野幸泰국토청대신의 발언은 화약고에 불을 당겼다. 당시 공공차관 40억 달러 경제협력 문제에 최대 관심을 기울이던 한국정부에게도 이 발언은 감당하기 어려운 수준이었다. '망언규탄궐기대회' 등 항의시위는 범국민적인 반대투쟁으로 확산되었다. 일본계 은행에 근무하는 한국인 직원까지 규탄궐기대회를 개최할 정도였다. 역사문제를 둘러싸고 전국적으로 반일감정이 분출된 사례는 처음으로 알려져 있다.

7월 26일, 중국 외교부가 일본정부에 역사교과서왜곡 문제를 공식 항의하고 수정을 요구하자 한국정부도 가만히 있을 수 없었다. 27일에 '내정간섭발언의 진의 설명'을 요청하는 정도로 '차분'했다. 그러나 27일에 오가와 헤이지小川平二문부대신이 '내정간섭 운운'하고 일본정부도 검정 결과 수정은 곤란하다는 강경 입장을 표명하자 더 이상 '차분히' 있을 수 없게 되었다. 8월 9일 여당인 민정당은 독립기념관 건립을 위한 조사 설계비를 1983년 예산에 반영하기로 결정했다.

중국의 대응은 더욱 강경했다. 8월이나 9월로 예정되었던 스즈키 젠코鈴木善幸총리의 중국방문계획을 연기할 수 있다는 단호한 입장이 나왔다. 8월 23일 스즈키총리는 기자회견을 통해 '교과서 내용 수정 검토'라는 입장을 표명하며 진화에 나섰다. 26일에는 미야자와 기이치宮澤喜一관방장관이 수정방침을 밝히고 한국에 공식 문서를 보내 '문제되는 부분을 시정하겠다'고 회답했다. 물론 1985년에나 수정이 이루어진다는 미흡한 조치이기는 했으나 수정방침을 표명한 것이다. 한일관계의 악화를 원치 않았던 한국정부는 9월 27일 즉각 시정요구 13개 사항과 조기 시정요구 19개 사항을 일본정부에 전달했다. 이 가운데 상당부분을 일본 측이 수용하면서 진정 국면에 접어들었다. 일본정부는 11월 24일 새로운 교과서검정기준을 발표하고 '근린제국조항' 조건을 추가했다. "인근 아시아 제국과 관계에 관한 근현대의 역사적 사실에 대해서는 국제 이해와 국제 협조의 견지에서 배려할 필요가 있다"는 조항이다.

역사교과서왜곡문제는 일본에게 최초로 거센 주변국의 반발에 직면한 경험을, 한국에게 독립기념관 건립을 남겼다. 정부는 8월 28일에 각계 대표들로 '독립기념관 건립준비위원회'를 구성하고 국민모금운동을 전개해 1987년 8월 15일 충남 천안시에 독립기념관을 건립했다. 이 같이 전두환 정부는 한일관계의 큰 걸림돌이 되었던 역사교과서왜곡문제 와중에 자칭 '한일신시대'를 유지했다. 그러나 역사교과서왜곡문제는 개선되지 않고, 1986년에 다시 파란을 일으켰다. 일본의 보수우파단체인 '일본을 지키는 국민회의'가 제작한 고등학교 교과서가 검정을 통과했고, 후지오 마사유키藤尾正行문부대신의 "강제병합은 양국 합의에 의해 이루어졌으므로 한국에도 책임이 있다"는 망언은 정권 말기에 들어선 정부를 난처하게 했다. 또한 국민회의가 '새로운 역사교과서를 만드는 모임'으로 확대 발전하면서 한일 간 역사 갈등의 골은 더욱 깊어졌다.

□ 조용했으나 중요한 것은 챙겼다

1988년에 출범한 노태우 정부는 민주정부는 아니었으나 '군사독재체제'에서는 벗어난 정부였다. 1987년 6월 민주항쟁의 산물인 직접 선거를 통해 당선되었기 때문이다. 전두환의 장기집권 기도를 무너트렸으나 민주

정부를 수립하지 못한 한국사회에서 노태우 정부에 대한 시선은 곱지 않
았다. '무색무취'나 '물태우'라는 평가가 나올 정도로 정권 초기부터 색깔
을 드러내지 않았다. 또한 노태우 정부의 출범 시기는 국제적으로 냉전
이 종식되는 시기였다. 1989년 1월 히로히토 사망으로 일본의 쇼와시대
가 막을 내리기도 했다. 그러므로 정부는 당연히 냉전 종식과 민주화라
는 두 가지 큰 시대적 흐름에 영향을 받으며 대일외교정책도 추진했다.

노태우 정부의 대표적인 성과는 북방정책이다. 한소수교와 이로 인한
사할린 한인의 영주귀국은 당시로서는 획기적인 성과였다. 못지않게 관
심을 기울인 대외 현안은 대일역사문제였다. 군사독재시절 내내 사회를
장악했던 '가만히 있으라!'는 힘을 잃었다. 그간 충분히 배려 받지 못했
던 피해자사회의 개인보상문제와 한국사회의 대일과거역사 청산 요구
도 커졌다. 재일한인 법적 지위문제와 원폭피해 및 사할린한인, 군위안
부 문제 등 한일협정에서 다루지 못한 현안이 제기되었다. 직선제로 당
선된 대통령은 대일역사문제에서도 국민의 목소리를 적극적으로 대변
해야 했다. 차분한 외교를 펼치던 정부가 방일에 앞서 '천황 사과 표명'
을 요구한 배경이다.

노대통령의 방일은 '성과'로 기록된다. 1990년 5월 24일 방일 당일까지
힘겨운 외교교섭의 결과 "통석痛惜의 염念"이라는 아키히토明仁천황의 '사
과'를 받아냈고, 한국거주 원폭 피해자 지원을 위해 일본정부의 40억 엔
기금 제공과 사할린 한인 모국 방문에 대한 지원 확대도 합의했다. 강
제동원 노무자와 군인군속 관련 명부 입수는 대일강제동원 분야에서 획
기적인 성과이다. '일제강제연행자명부(나라기록포털http://contents.archives.go.kr)'
콜렉션 자료 13건 중에서 '피징용사망자연명부被徵用死亡者連名簿'를 제외
한 12건의 자료(본서 부록 참조)는 노대통령 방일 당시 합의에 따라 한국정
부 요청에 의해 외무부를 통해 인수한 자료이다. 이 자료를 토대로 피
해자사회의 보상 요구가 본격적으로 시작될 수 있었고, 2004년 이후 한

국정부의 진상조사가 가능해졌다.

군위안부 문제는 노태우 정부 말기에 제기된 대표적인 대일역사문제이다. 비록 한일회담 과정에서 논의 선상에 오르지는 못했으나 이미 한국사회에 널리 알려진 피해였다. 그저 차마 '입에 담지 못할' 뿐이었다. 일본 사회에서도 군위안부가 낯선 이름은 아니었다. 전선戰線을 경험한 일본인은 여전히 많았고, 그들의 기억 속에 군위안부는 생생했다.

1991년 8월 14일, 김학순 할머니는 40년 만에 침묵을 깼다. 김학순 공개 고백이다. 그리고 12월 6일 한국인 피해자들의 일본정부 상대 소송 제기 움직임이 활발해지자, 12월 12일 가토 고이치加藤紘一관방장관은 해당 부처에 사실관계조사를 지시했다. 군위안부 문제가 한일 간 민감한 외교 현안이자 대일역사문제의 핵으로 자리 잡게 된 시발점이다.

□ '정신대'로 세상에 나온 '일본군위안부 문제'

군위안부 최초의 한국인 고백자는 오키나와沖繩에 살고 있었던 배봉기 할머니다. 1975년에 세상으로 나왔다. 1975년은 오키나와가 일본 땅으로 복귀(5월 15일, 시정권 반환, 오키나와현 발족)한 1972년을 기점으로 오키나와현 거주 한인의 특별체류허가 신고기간(3년으로 제한) 종료 시기였다. 배봉기는 불법체류자로 강제퇴거를 피하기 위해 특별체류허가를 신청해야 했다. 이 과정에서 출입국관리사무소 담당관에게 자신이 군위안부였다는 사실을 밝혔다.

1944년 가을, 도카시키渡嘉敷島섬으로 동원된 후 전쟁은 끝났으나 갈 곳이 없었다. 가스도 수도도 없는 두 세평 정도의 헛간을 안식처로 삼았다. 이미 우리말은 잊었고, 일본글도 읽을 줄 몰랐다. 무더운 오키나와에서 여름에도 덧문까지 닫은 채 전화도 없이 사람을 피해 살아왔다. 유일한 창구는 한 두 명의 총련(재일조선인총연합회)소속 여성 동포였다.

1975년에 스스로 밝힌 '사실'은 교도통신 등 언론을 통해 세상에 알려졌다. 이에 주목한 이는 작가 가와다 후미코川田文子였다. 1977년 12월에 찾아간 가와다 후미코를 통해 비로소 '과장도 꾸밈도 없는 솔직한 최초의 목소리'를 냈다. 70여 시간의 '호소'는 1987년『빨간 기와집』으로 출판되었으나 일본사회는 크게 주목하지 않았다. 1970년대 후반부터 일본사회에서 군위안부는 사어死語가 되어 가고 있었기 때문이다. 어렵게 토해낸 호소는 1991년 10월 영면할 때까지 조용한 '은둔자의 독백'으로 남았다.

'위안부'는 한국사회에서도 입에 오르내리지 않던 금기어였다. 훗날 김종필이 사석에서 한일회담에 논의하지 않은 이유에 대해 했다는 발언, '다들 결혼해서 잘 살고 있는데 들춰서 뭐 하냐'는 한국사회가 스스로 채운 자물쇠였다. 그러나 1990년부터 자물쇠를 열려는 움직임이 시작됐다. 1990년 1월 4일자 윤정옥尹貞玉 교수의 한겨레신문 취재기 '정신대의 발자취' 연재를 시작으로 1991년 8월 14일 김학순의 '자기 고백'에 이르는 일련의 과정이 군위안부 문제를 세상으로 끌어냈다. '정신대'라는 이름으로 세상에 나왔다.

군위안부라는 금기가 풀리기 시작한 배경에는 한국사회의 민주화 성장이 큰 역할을 했다. 윤정옥 교수의 한겨레신문 취재기는 1980년대 후반부터 지속적으로 제기된 국가권력과 여성인권문제에 토대를 두고 있었다. 1980년대부터 여성들은 여성인권회복에 관심을 기울이기 시작했고, '한국여성의 전화'나 '여성평우회' 등 여성단체 결성으로 이어졌다. 1987년 '부천서 성고문 사건'은 국가권력에 의해 피해당한 여성인권에 대한 사회적 여론 환기에 계기가 되었다. 군위안부피해자들과 같은 연배인 윤정옥은 1980년 오키나와에서 배봉기 할머니를 만난 후 일본과 타이, 파푸아뉴기니 등으로 네 차례에 걸쳐 답사한 결과를 한겨레신문 취재기로 발표했다. 특히 한국교회여성연합회 활동가들과 함께 한 1988년 일본 답사는 조직적 대응의 계기가 되었다.

1990년 5월, 한국 여성단체(한국교회여성연합회, 여대생대표자협의회, 한국여성단
체연합)가 연명으로 '노태우대통령 방일 및 여자정신대 문제에 대한 여성
계의 입장'이라는 성명서를 발표했다. 일본사회에 군위안부 문제를 제
기한 계기가 된 성명서다. 같은 해 7월 윤정옥이 중심이 된 연구모임(한
국정신대연구소의 모체)이 연구 조사활동을 시작했고, 11월에 37개 여성단체
는 '한국정신대문제대책협의회(이하 정대협)'를 결성했다.

김학순의 공개 고백이 나온 계기는 일본정부의 부인(민간업자가 관여한
일일 뿐 정부나 군과 무관)과 일본 군부의 관여 사실을 입증하는 일본정부관
계자료의 부재, 피해자의 부재였다. 할머니의 용기에 힘입어 문서가 공
개되기 시작했다. 1992년 1월 11일자 아사히신문에 보도된 일본 주오中
央대 요시미 요시아키吉見義明교수의 문서자료 6건(일본 방위청 방위연구소 소
장 공문서)은 부인으로 일관하던 일본정부의 대응 방향을 한 순간에 바꾸
게 했다. 1월 16일 한국 방문을 준비하던 미야자와 기이치총리가 난처
한 입장에 처하게 되었기 때문이다.

국가기록원 소장 '실무대책반' 회의
자료 중 일부 (신희석 열람)

12일 가토관방장관의 일본군 관여
사실 인정, 13일 가토관방장관의 사과
담화문 발표, 15일 한국정부의 실태조
사위원회 설치 방침 발표라는 상황 속
에서 한국에서 한일정상회담이 열렸
다. 노태우대통령의 '일본군위안부 문
제에 대한 적극적인 진상 규명과 응분
의 조치 요구'에 대해 미야자와총리는
'모집과 위안소 경영에 구 일본군이 관
여했다는 것은 움직일 수 없는 사실'이
라고 인정했다. 75분간 정상회담 가운
데 22분을 할애할 정도로 군위안부 문

제는 뜨거운 현안이었다.

그러나 보상 등 구체적인 후속조치에 대해서는 진전이 없었다. 미야자와총리의 발언도 '적절한 조치를 취하겠다'는 원론적 입장이었고, 1992년 7월 6일 가토관방장관의 '군위안부관련자료조사결과' 발표에서 '모집 과정의 강제성'이나 '속여서 데려간 일'을 입증할만한 자료는 발견되지 못했다고 언급했다. 보상 문제에 대해서도 '한일청구권협정으로 이미 해결되었으므로 사죄의 마음을 어떤 형태로 표현하는 것이 좋을지 각계의 의견을 들어 성의를 갖고 대처'하겠다는 입장이었다. 그 결과 탄생한 것이 '여성을 위한 아시아평화국민기금'이었다.

한국정부는 신고접수를 통한 자체 조사에 들어갔다. 이미 발족 직후부터 시작한 정대협 등 민간 차원의 피해신고접수는 정부 차원 신고접수에 토대가 되었다. 1992년 1월 24일 17개 부처 실무진이 참여하는 '정신대 문제 실무 대책반' 설치, 2월의 한국정부의 '피해 신고 접수', 7월 31일 한국정부 최초의 보고서(일제하 군대위안부 실태조사 보고서) 발간으로 이어졌다.

□ '군위안부 문제'를 돌파하라

1991년 12월부터 군위안부 문제는 외교 문제가 되었고, 1992년 1월 일본정부의 관여를 보여주는 자료가 발굴됨으로써 본격적인 대일역사문제의 핵으로 떠올랐다. 한국사회의 민주화가 성장하면서 국민 여론의 영향력이 커진 상황에서 군위안부 문제는 국민적 관심사로 떠올랐고, 1992년 내내 한일관계에서 민감하고도 어려운 과제가 되었다. 노태우대통령 임기 중 제기된 군위안부 문제는 일본정부의 '군 관여 인정'이라는 성과를 낳았다. 그러나 강제성 인정과 성의 있는 후속 조치는 진전을 보지 못한 채 공은 김영삼 정부로 넘어갔다.

1993년 2월 김영삼 정부는 '문민정부 출범'이라는 한국현대사의 의미 속에서 막을 열었다. 87년 민주항쟁의 성과를 거두었다는 국민들의 성취감과 호응은 김대통령에게 자신감을 부여했다. '역사 바로 세우기'를 통해 군부독재의 부정적 유산 청산과 과거 잘못을 바로잡는다는 방향을 밝혔다. 자신감은 대외정책에서도 나타났다. 특히 정부 출범 직전에 한일 간 본격적인 외교 현안으로 대두한 군위안부 문제는 정부의 부담이자 대내외적으로 정체성을 천명하는 기회이기도 했다.

김영삼 정부가 택한 돌파구는 정부 출범 직후인 1993년 3월 13일에 나왔다. 대통령이 '일본에 금전적 보상을 요구하지 않고 피해자들에 대한 지원 조치를 한국정부가 실시하겠다'는 입장을 밝힌 것이다. 이 발표는 커다란 방향 전환이자 신선한 충격이었다. 그때까지 일본정부를 상대로 군위안부에 대한 강제성 인정과 성의 있는 조치를 요구하며 힘겨운 줄다리기를 벌이던 상황을 돌파한 결정이었다. 또한 일본에 대해서는 진상규명과 젊은 세대에 대한 교육을 촉구했다. 한국정부의 방향 전환에 대해 일본정부는 8월 고노 요헤이河野洋平관방장관의 '일명 고노담화'로 답했다. 고노담화가 발표되자 한국정부는 '더 이상 외교현안으로 제기하지 않겠다'는 입장을 밝혔다.

[고노 담화 : 1993.8.4 고노 요헤이 관방장관이 발표한 위안부 관계 조사 결과를 담은 담화]

이른바 일본군 위안부 문제에 대해 정부는 재작년 12월부터 조사를 진행해 왔으나, 이번에 그 결과가 정리되었으므로 발표하기로 했다.

이번 조사 결과, 장기간에, 또한 광범한 지역에 걸쳐 위안소가 설치되어 수많은 위안부가 존재했다는 것이 인정되었다. 위안소는 당시의 군 당국의 요청에 의해 설영設營된 것이며, 위안소의 설치, 관리 및 위안부의 이송에 관해서는 구 일본군이 직접 혹은 간접적으로 이에 관여했다. 위안부의 모집에 대해서는, 군의 요청을 받은 업자가 주로 이를 맡았으나, 그 경우에도 감언, 강압에 의하는 등, 본인들의 의사에 반하여 모집된 사례가 많이 있으며, 더욱이 관헌 등이 직접 이에 가담했다는 것이 명확하게 되었다. 또한 위안소에서 생활은 강제적인 상태 하에서 참혹한 것이었다. 또한, 전장에 이송된 위안부의 출신지는, 일본을 제외하면 조선반도가 큰 비중을 차지하고 있었으나, 당시 조선반도는 일본의 통치 하에 있어, 그 모집, 이송, 관리 등도 감언과 강압에 의하는 등, 대체로 본인들의 의사에 반해 행하여졌다.

결국, 본 건은 당시 군의 관여 하에서 다수 여성의 명예와 존엄에 깊은 상처를 준 문제이다. 정부는 이 기회에, 다시금 그 출신지의 여하를 묻지 않고 이른바 종군위안부로서 허다한 고통을 경험당하고 심신에 걸쳐 씻기 어려운 상처를 입은 모든 분들께 사과와 반성의 마음을 올린다. 또한, 그런 마음을 우리나라로서 어떻게 나타낼 것인가에 대해서는, 유식자有識者의 의견 등도 구하면서 앞으로도 진지하게 검토해야 할 것으로 생각한다.

우리는 이런 역사의 사실을 회피하지 않고 오히려 이것을 역사의 교훈으로서 직시해 가고 싶다. 우리는 역사 연구, 역사 교육을 통해 이런 문제를 오랫동안 기억에 남기며, 같은 과오를 결코 반복하지 않겠다는 굳은 결의를 다시금 표현한다.

또한, 본 문제에 대해서는, 본국에서 소송이 제기되어 있으며, 또한 국제적으로도 관심이 모여 있으며, 정부로서도 앞으로도 민간의 연구를 포함해 충분히 관심을 기울여 가고 싶다.

이후 1993년 출범한 호소가와 모리히로細川護熙총리의 연립정권과 1994년 6월 진보정당인 사회당 무라야마 도미이치村山富市총리 취임 시기 일본은 군위안부 대응에서 가장 진전된 자세를 보였다. 호소카와총리는 1993년 11월 방한시 '일제강점기 창씨개명과 한국어 사용 금지'를 언급하며 반성과 사과를 표명했고, 무라야마총리도 1995년 과거사에 대한 명확한 반성과 사과를 담은 '종전 50주년 기념일 총리 담화', 일명 무라야마 담화를 발표했다.

우리나라는 머지않은 과거의 한 시기에 국책國策을 그르쳐 전쟁의 길로 들어서 국민을 존망의 위기에 빠뜨리고 식민지 지배와 침략에 의해 많은 나라, 특히 아시아 각국의 국민들에게 다대한 손해와 고통을 안겨주었습니다. 나는 의심할 바 없는 역사의 사실을 겸허히 인식하고 거듭 통절한 반성의 뜻을 표하며 마음으로부터 사과의 심정을 표명합니다.

무라야마 담화 가운데 과거사에 대한 내용이다. 무라야마 담화는 호소가와총리에 이어 '일본이 일으킨 전쟁을 침략전쟁이라 명확히 규정'하고 솔직한 반성과 사과를 표명했다는 점에서 역사적 의미가 있다. 그러나 무라야마 담화의 역사적 의미는 내용에 그치지 않는다. 개인 자격의 담화가 아니라 정식으로 내각회의(국무회의) 결정을 통해 확정했다는 점이다.

이 같이 김대통령의 군위안부 입장 발표와 고노 담화 이후 일본정부의 대응으로 양국 간 군위안부 문제는 '아름다운 모습으로 수습'된 듯 보였다. 그러나 밀월관계는 오래가지 못했다. 일본정부의 공식 입장과 달리 정치인들의 망언이 쏟아져 나오면서 한일관계 경색의 원인이 되었다. 일본 정치인의 망언과 보수 우파의 퇴행적 역사인식은 민주화와 더불어 영향력이 증대한 한국사회를 자극했고, 강경한 국민 여론은 정부에 단호한 대일정책을 주문했다. 한일 국교정상화 30주년을 맞아 합의한 여러 교류협력행사는 줄줄이 취소되었다. 게다가 10월 5일 무라야마총리의 일본 국회 답변, "한일 강제병합조약이 당시에는 법적으로 유효하게 체결되었다"는 한국 여론에 화약고 역할을 했다. 한국정부는 '강제병합조약이 원천적으로 무효'라는 입장을 재확인함과 동시에 10월 22일로 예정된 한일정상회담을 취소했다. 한일관계가 1982년 역사교과서 왜곡 파동 이후 최악의 상태에 빠졌다는 평가까지 나왔다. 11월 8일 에토 다카미江藤隆美 총무처장관의 식민 지배 미화 발언으로 한국 반일 감정은 걷잡을 수 없이 확산되었다. 일본정부는 수습에 나섰다. 13일 에토장관이 스스로 사임한 후 무라야마총리가 김영삼대통령에게 친서를 보내 과거사에 대한 반성과 사과를 거듭 표명했다. 그 결과 11월 18일 오사카에서 열린 APEC정상회의를 계기로 한일정상회담을 개최했고, 한일역사공동연구협의회 설치에 합의함으로써 수습국면에 접어들었다.

그러나 한국사회가 일본의 정권 교체와 무라야마를 통해 진전된 자세에 대한 기대감을 갖고 있었던 만큼 실망감도 컸다. 게다가 김영삼대통령의 군위안부 조치에 대해 한국사회가 전면 동의한 것은 아니었다. 김영삼 정부의 자신감과 결단은 호응을 얻었으나 정부가 나서서 일본을 상대로 한 피해자의 보상 권리를 막았다는 지적도 없지 않았다. 김대통령이 입장 표명을 준비하는 과정에서 피해자의 목소리를 듣는 기회도 없었다. 당시는 피해자의 목소리가 본격적으로 떠오르지 않았던 시기였기 때문이다. 결국 김대통령의 군위안부 조치는 '피해자를 외면하는 외교 정책'이자 '개인보다 국가 우선주의'의 대표적인 사례로 남았다.

김대통령의 돌파력을 보여 준 '가부장적 조치'는 해결책이 될 수 없었다. 숨 고르기에 들어간 군위안부 문제는 2006년 '헌법재판소 제소'로 다시 점화되었기 때문이다. 2011년 8월 헌법재판소의 위헌 결정에 따라 한일 간 외교 현안으로 전면에 부상하게 되었다.

1996년 1월 일본 사회당 정권이 무너지고 자민당 하시모토 류타로橋本龍太郎 총리가 취임하면서 한일관계는 다시 경색되었다. 일본정부가 독도 영유권 문제를 주장했기 때문이다. 2월 6일 한국이 독도에 접안시설 공사를 추진한다는 보도가 나오면서 일본정부의 독도 영유권 주장이 시작되었다. 3월 태국 방콕에서 열린 제1회 아시아유럽정상회의ASEM에 참석해 한일정상회담을 가진 자리에서 하시모토총리는 1994년 11월 16일 발효한 유엔 해양법조약을 거론하며 "새로운 해양법에 의해 기선으로부터 200해리의 경제수역이 적용되어, 그 가운데 다케시마竹島가 들어가고 따라서 한일 간에 영유권 문제 등이 생길 우려가 있다"고 언급했다. 당시 하시모토총리는 이미 '배타적 경제수역 및 대륙붕에 관한 법률' 제정(6월 14일 제정)을 결심하고 있었다. 이 와중에 독도 접안시설은 1997년 11월에 완공했다. 한국이 금융 위기로 절박한 시기였다. 그 후 양국 정부가 독도영유권 문제와 무관하게 배타적 경제수역 문제(EEZ : Exclusive Economic Zone) 교섭에 합의하고, '2002년 한일월드컵 공동 개최지' 결정(5월 31일)으로 한일관계는 수습된 듯 보였다.

그러나 1997년에 군위안부 문제는 다시 한일관계를 긴장시켰다. 한국 정부의 반대에도 불구하고 1월에 일본의 '여성을 위한 아시아평화국민기금'이 한국의 피해자 일부에게 위로금 지급을 강행한 것이다. 물론 1월 25일 일본에서 한일정상회담이 개최되어 전면적 경색으로 이어지지는 않았으나 군위안부 문제는 김영삼 정부 마지막까지 한일관계의 발목을 잡았다.

1993년 3월 13일 군위안부 조치에 대해 당시 김대통령은 '도덕적 우위에 입각한 자구 조치'라고 표현했다. 일본에 대해 군위안부 문제에서 강제성을 인정해야 한다는 기본 원칙만을 강조하고 진상규명에 대한 발표 내용은 '외교 교섭의 대상이 아니라 일본의 자주적인 판단에 맡긴다'는 입장을 취했다. 그러나 일본의 '자주적인 판단'은 일본 국내 정세와 정권의 향배에 따라 부침을 피할 수 없었다. 일본 보수우파들은 1997년 1월 '새로운 역사교과서를 만드는 모임(이하 새역모)'을 결성해 조직적으로 대응하기 시작했다. 정치적 입지가 취약했던 일본 진보세력은 구석으로 몰렸다. 또한 일본정부는 군위안부 문제도 청구권 협정으로 법적인 문제가 종결되었다는 입장에서 벗어나지 않았다. 김영삼대통령이 기대한 '자주적인 판단'과 거리가 있는 입장이다. 일본정부와 사회의 일관된 인식은 김대통령과 한국 사회의 기대치를 충족할 수 없었다.

□ 역사와 지정학 문제에 흠집 난 김대중-오부치 공동평화선언

'김대중-오부치 공동평화선언', 김대중 정부의 대일 외교를 상징하는 성과이다. 일본은 한국에 대해 과거사에 대한 반성과 사죄를 처음으로 공식 문서로 명문화했고, 한국은 이에 호응해 1945년 이후 일본의 민주주의와 평화를 위한 노력을 적극 평가했다. 그러나 김대중 정부 출범 당시 한일관계는 양호하지 않았다. 김영삼 정부에서 시작된 한일어업협정 개정을 둘러싸고 심각하게 경색된 상태였다. 김대중대통령 또한 한일협력관계를 중시하는 자세를 보이면서도 과거사 청산과 인권문제를 강조하는 입장을 보였다. 일본 측에서도 김대통령 자신이 1973년 납치사건의 피해당사자였으므로 진상규명문제 제기 가능성에 대해 우려하는 분위기도 있었다. 그러나 김대통령은 1997년에 한국이 맞은 금융위기 극복과 북한 핵문제 해결을 통한 한반도 평화 토대 마련의 필요성을 깊이 인식하고 한일관계 회복을 적극적으로 고민했다. 그 산물이 1998년 '김대중-오부치 공동평화선언'이다.

공동평화선언 이후 민간 차원의 문화교류, 한일월드컵 공동 개최를 통해 양국 국민들 사이에서는 한일 관계가 새로운 차원으로 도약할 수 있으리라는 기대가 자리잡아가는 듯 했다. 2002년 6월과 7월 일본 전국을 답사하며 만난 시민들은 전과 달랐다. 시즈오카靜岡의 작은 식당 주인은 수줍게 직접 만든 김치를 내 놓았다. 일부러 한국인에게 배웠다며…. 1990년부터 매년 한 두 차례 일본을 다녔지만 일본 시민들에게 그토록 친밀감을 느껴보기는 처음이었다. 그러나 한일관계의 갈등 요인은 뿌리 깊은 것이었다. 복병은 역시 대일역사문제와 영유권 문제였다.

2001년 3월 일본 보수우파의 시각을 대변하는 '새역모' 교과서의 일본정부 검정 통과를 시발점으로 4월 26일 고이즈미 준이치로小泉純一郎총리 취임은 미래로 향하던 한일관계의 시계를 과거로 되돌려놓았다. 아시아태평양전쟁 A급 전범이 합사된 야스쿠니靖國 신사 참배를 소신으로 밝히고 취임한 고이즈미총리는 한국정부의 거듭된 우려 표명에도 8월 13일 야스쿠니 신사 참배를 강행했다. 군위안부 문제에 대한 일본 보수 우파들의 대응 방향은 7월 31일 나카가와 쇼이치中川昭一농림수산상의 기자회견 발언을 통해 명확해졌다. 나카가와농림수산상은 "군 위안부 문제가 교과서에 실리는 것은 바람직하지 않다"며 강제성 부정 발언을 쏟아냈다. 그는 곧 바로 발언을 철회했다. 그러나 일본정부각료의 이 발언은 김대중-오부치 공동평화선언 정신의 훼손이었다.

당시 한일 양국 정상은 '공동선언을 존중해 더 이상 양국 간 역사에 관해 잘못된 발언이 나오지 않도록' 한다는 입장을 여러 차례에 걸쳐 공식 표명했다. 양국의 입장은 공동선언에서 일본정부가 분명한 형태로 반성과 사죄를 했으므로 한국정부도 더는 반성과 사죄를 요구하지 않겠지만 일본 측에서 공동선언과 어긋나는 망언이나 행동을 해서는 안 되며, 공동 선언의 정신을 흔들림 없이 지켜나가는 것이 중요하다는 공동인식을 의미했다. 이러한 점에서 나카가와 농림수산상의 발언은 공동평화선언에 낸 흠집이었다.

군위안부 문제에 대해 김대중대통령은 돌파력과 결단력을 보이지는 않았으나 '일본에게 금전적인 배상을 요구하지 않는다'는 김영삼 정부의 입장을 계승했다. 취임 직후 국내적 지원 조치를 추가로 실시하며 일본의 아시아여성기금 위로금 지급에 대응했다. 일본 잡지 세카이世界와 회견에서 '위안부 문제는 일본정부의 책임이지 일본 국민의 책임이 아니'라고 하면서 청구권 협정으로 해결되었다는 일본정부 자세에 대해 '법률의 해석만으로 끝나는 문제가 아니라'는 점도 강조했다. 그러나 10월 일본에서 열린 정상회담에서 공식적으로 군위안부 문제를 제기하지 않았다. 친분 있는 인사들과 만난 자리에서 '세계의 양심이 승복할 수 있는 방향의 해결'을 촉구했을 뿐이다. 이러한 대응은 일본의 아시아여성기금 위로금 지급이 낳은 후유증과 갈등을 대처하기에 미흡했다.

'새역모'의 교과서 파동도 한일 파트너쉽 공동 선언 이후 지속된 양국 밀월관계의 급속한 냉각을 보여준 대표적 사례이다. 일본정부의 대응 모습은 1980년대와 달랐다. 일본정부는 주일대사 일시 귀국 조치에 이은 한국정부의 33개 항목 수정 요구를 받아들이지 않았다. 이미 일본사회의 역사교과서 문제에 대한 대응력은 변화하고 있었다. '새역모'의 교과서 파동은 2001년 양국의 한일역사공동연구위원회 설치 합의로 수습

국면에 접어들었다. 2002년 5월에 설치된 한일역사공동연구위원회는 3년간 활동을 마치고 2005년 6월 연구결과를 공개했다. 그러나 역사교육과 역사교과서 분야는 포함하지 못했다. 일본의 달라진 현실을 반영한 결과다. 이후 한국정부는 동북아역사재단이라는 정부 기관과 일본교과서운동본부라는 시민단체 발족을 통해 대응하는 방식을 취했다.

'새로운 어업협정' 체결로 한국사회는 다시금 '독도'의 소용돌이에 빠졌다. 1998년 1월 일본의 일방적인 어업협정 파기로 김대중 정부 출범 전부터 어려운 과제였다. 하시모토 총리가 어업협정을 파기한 배경에는 1994년 11월 16일 발효한 유엔 해양법조약이 자리하고 있었다. 200해리의 배타적 경제수역을 인정하는 이 조약은 1965년 한일어업협정한 것과 차원이 다른 새로운 법률적 환경을 만들어냈다. 이제 독도는 단순한 영토의 문제가 아니라 자원이용권에 관한 문제로 영역이 확대됐다. 한중일 3국은 1996년에 이 조약에 비준했으나 양국 간 입장 차이는 컸다. 한국도 어업협정 개정 협상 시작에는 동의했으나 입장 차이로 협상은 진전되지 않았다. 특히 1996년 초에 한일 양국이 각각 200해리 EEZ를 선포하면서 그간 잠잠했던 독도 문제가 표면화되었다. 계기는 한국정부의 독도접안시설공사 추진이었고, 상황을 악화시킨 것은 일본이었다. 1996년에 탄생한 하시모토 정권은 6월에 '배타적 경제수역 및 대륙붕에 관한 법률'을 제정했다. 그 후 1997년 12월 30일 한일어업교섭이 결렬되자 1998년 1월 23일에 한일어업협정 파기를 일방적으로 선언했다.

당선자 신분이었던 김대중대통령까지 나서서 어업협정을 파기하지 말고 신정부 출범 이후 외교교섭을 통해 해결하자고 제안했으나 일본정부는 수용하지 않았다. 당시 김대중 당선자가 일본 언론과 인터뷰에서 '매우 모욕적인 일'이라며 불쾌감을 표현할 정도로 일본 태도는 강경했다. 당시 한국은 외환위기로 인해 경제적 어려움에 처해 있었다. 그러므로 어려움에 처한 상황을 이용한 일본의 강공이라는 점에서 한국사회의

비판은 더욱 거셌다. 연일 대규모 반일시위가 개최되고 반일감정은 급
속히 고조되었다. 이러한 상황에서 풀어낸 것이 김대중-오부치 공동평
화선언이고, 1999년 1월에 맺은 '대한민국과 일본국 간의 어업에 관한
협정(이하 신한일어업협정)'이다.

'신한일어업협정'에 의한 수역은 유엔 해양법 조약에 근거했다. 그러
나 200해리 EEZ는 설정하지 않았다. 당시 한일 양국 협의 과정에서 EEZ
를 설정하는 문제는 합의를 도출할 수 없는 문제였기 때문이다. 동해는
폭이 400해리가 되지 않아 양국의 200해리 EEZ가 겹치는 지역이다. 이런
경우에 중간선으로 합의하는 방법이 있지만 독도 때문에 중간선 합의는
불가능하다. 양국이 EEZ 설정은 일단 별도로 다루기로 하고 어업문제부
터 해결하기로 한 결과가 '신한일어업협정'이다. "배타적 경제수역의 조
속한 경계확정을 위해 성의를 가지고 계속 교섭한다." 부속서1 제1항이
다.

'신한일어업협정'의 주요 내용은 12해리를 영해로 삼고 그 바깥쪽 수
역은 EEZ처럼 연안국이 조업을 관리 단속한다는 것이다. 그리고 독도를
둘러싼 수역에 '중간 수역'을 설정해 공해와 같이 자유롭게 조업하는 한
편, 단속권은 기국주의에 따르기로 했다. 또한 협정문에 '어업협정에 관
한 내용이 영유권 문제에 영향을 주지 않는다'는 내용(제15조 "어업에 관한
사항 외에 국제법상 문제에 관한 각 체약국의 입장을 해하는 것으로 간주되어서는 아니 된다")
을 명시했다.

그러나 국내에서는 '독도가 중간 수역에 들어갔다는 점과 독도를 EEZ
의 기점으로 사용하지 않은 점'을 들어 비판이 거셌다. 당시 한국정부는
'독도 주변 12해리는 한국 영해이므로 중간 수역과 성격이 다르고 독도
가 중간 수역 안에 위치해 있기는 하지만 중간 수역에 포함된 것은 아
니'라는 입장을 강조했다. 그러나 논쟁은 계속되었다. '울릉도를 기점으
로 EEZ를 설정해 독도에 대한 실효 지배를 강고히 해야 한다'는 주장도

강하게 제기되었다. 이 같이 김대중-오부치 공동평화선언으로 어렵게 조성된 난기류는 역사문제와 영유권 문제로 다시 표류하기 시작했다.

□ 대일배상문제, 한국 사회가 걸어온 길 – 피해자 권리 찾기

대일배상은 해방 후 한국사회의 화두 가운데 하나였다. 대한민국 정부 수립 이전부터 한반도 내 노동자들의 보상요구 움직임은 주한미군정을 긴장시켰다. 임금을 받지 못하고 귀국선에 오른 강제동원 피해자들이 속속 고향으로 돌아오면서 대일배상 요구는 강해졌다. 그러므로 정부 수립 이후 이승만 정부도 '대일배상요구자료조서'를 작성하는 등 신속하고도 적극적으로 대응했다. 1950년대초와 1957~1958년 등 두 차례에 걸쳐 전국단위로 실시한 피해신고도 대일배상을 위한 협상용 자료 생산 목적이었다. 피해신고의 결과는 일정시피징용자명부(1953년 수합)와 왜정시피징용자명부(1957~1958년)라는 명부를 낳았다. 그러나 일정시피징용자명부는 한일회담 후 주일 한국대표부(이후 주일대사관) 서고에 들어갔다가 2013년에야 세상에 나올 수 있었고, 왜정시피징용자명부는 제1공화국의 붕괴로 총무처 문서고에 갇혀, 오랫동안 동면에 들어갔다.

그러나 이러한 정부의 움직임은 점차 한국사회 및 피해자의 열망과 다른 길을 갔다. 응징사원호회나 태평양동지회를 비롯한 초기의 대일과거청산운동 단체의 활동은 6·25전쟁을 거치면서 수면 아래에 가라앉았다. 태평양동지회의 활동은 1949년 이후로 확인되지 않고 다른 단체도 상황은 비슷했다. 6·25전쟁이 끝난 이후에도 단체들의 활동은 재개되기 어려웠다. 엄혹한 독재체제 아래에서 권리를 찾으려는 움직임은 그 자체로 불순한 세력이나 '빨갱이'로 취급되던 시기였기 때문이다. 1970년대 '대일민간청구권자금'에 의한 보상이 이루어지기 전까지 활동한 단체는 1967년에 결성한 '한국원폭자협회'가 유일했다. 그러나 역시 개점휴업상태였다. 1968년에 미쓰비시三菱중공업을 상대로 미불임금 반환 청구 활동을 벌인 경우도 있었으나 활발하지는 않았다.

　피해자들이 자신들의 권리를 각성하게 된 계기는 1965년 한일협정 체결과 관련한 대일보상금청구였다. 정부는 '대일민간청구권 자금'에 의한 인적·물적 보상을 통해 8,552명(25억 6,560만원)에 대해 인적 피해 보상을, 74,967건(66억 2,209만원)의 물적 보상을 지급하는 데 그쳤다. 정부 스스로 대일협상 자리에서 제시한 피해자 수에 훨씬 미치지 못하는 보상으로 마무리한 것이다.

　그러나 인적피해보상은 피해자 사회에 자극이 되었다. 유족들은 자신들의 권리를 인식하기 시작했고, 전국 단위의 단체를 조직했다. 1973년 4월 친목단체 수준으로 탄생한 '태평양전쟁희생자유족회'는 전주와 대전·광주·순천·대구·부산 등지에 지부를 두고 전국 규모의 단체로 성장했다. 1인당 30만원의 보상금이 지급되자 피해자와 유족의 반발은 강해졌고 보상의 미비점과 유골송환의 문제 등을 해결하기 위한 활동도 활발해졌다. 특히 일본에서 진행된 소송(원폭피해자 손진두孫振斗 수첩 재판)도 이들의 활동에 영향을 미쳤다. 이들은 한국정부가 아닌 일본정부를 상대로 소송을 제기했고, 일본 시민단체의 지원을 받으면서 조직 세를 키워나갔다.

　소송은 재일동포를 중심으로 시작되었다. 최초의 대일과거청산소송은 1952년 6월 14일 당시 스가모巢鴨형무소에 수감 중이던 한인 B·C급 전범 29명이 타이완인 전범 1명과 함께 일본국을 상대로 제기한 소송이었다. 이 소송은 기각 판결을 받았다. 이 소송에 관한 기록은 현재 찾을 수 없다. 본격적으로 주목되는 재판은 1972년 원폭피해자였던 손진두가 건강수첩을 교부받기 위해 벌였던 '손진두수첩재판'이다.

　그러나 군사정권 아래에서 국내 관련 단체들의 설 자리는 여전히 불안했다. 손진두 재판 이후 일본에서 몇 건의 재판이 있었으나 1990년까지는 국내 피해자와 무관한 재판이었다. 1975년에 도쿄에서 사할린잔류자귀환청구소송이 시작되어 1989년까지 긴 투쟁을 계속했지만 관련자는 한반도의 피해자 사회가 아니었다. 해외 거주 한인 관련 소송이었다. 1990년부터 한국에 거주하던 피해자단체가 제소한 소송이 시작되었다. 소송을 계기로 '태평양전쟁희생자유족회' 독점 체제는 막을 내리고 지역별로 여러 단체가 각각 소송에 나섰다. 그러나 이들이 전개한 수많은 소송은 대부분 '기각'으로 결론이 났다. 한일협정과 그로 인한 국내법을 근거로 한 일본법정의 '기각'의 벽은 완강했다. 강제동원위원회가 작성한 '일본지역 대일과거청산 소송현황표'(부록)를 보면, 승소(인용)나 '화해'로 확정판결 받은 소송은 원폭 관련 소송을 제외하면 2건이다. 2건 모두 춘천의 태평양전쟁유족회(김경석金景錫 회장)가 거둔 성과였다.

2000년대에 들어서는 미국 캘리포니아와 한국에서도 미쓰비시 등 기업을 상대로 소송을 제기했다. 일본이라는 벽에 한계를 느꼈기에 새로운 방법을 찾고자 한 시도였다. 그러나 미국은 물론 한국에서도 기각판결은 그칠 줄 몰랐다. 미국에서 소송이 가능했던 것은 전쟁 중 일본기업에서 강제 노역했던 미군포로들이 일본 기업을 상대로 소송을 제기했기 때문이다. 캘리포니아주에서는 나치정권과 그 동맹국에 대하여 2010년까지 시효를 연장한다는 징용배상특별법(일명 '헤이든 법')을 제정해 소송의 길을 터주었다. 이를 주목한 미국의 시민권을 갖고 있는 재미한국인·중국인 변호사들은 재미한국인이나 중국인뿐만 아니라 본국의 한국인을 대표하여 미쓰비시, 미쓰이, 신일본제철, 오노다시멘트 등 일본의 기업을 상대로 미국의 캘리포니아주법정과 연방법정에 제소했다. 그러나 미국법정이라 해도 진상규명이 없이 시작한 소송이 승소하기는 어려웠다. 재미한인사회가 홀로코스트 소송을 승리로 이끈 변호사를 섭외했으나 결과는 참담했다. 이스라엘정부 차원의 진상규명이 선행되었던 홀로코스트소송과 비교할 수 없었다. 기본적인 자료도 제시하지 못하는 궁색한 상황이었다. 일본과 미국, 한국에서 제기한 오랜 소송에 지친 피해당사자와 유족들은 점차 법정을 떠나 방향을 돌렸다. 한국사회에 자신들의 경험을 이야기하고, 자기편을 찾기 시작했다.

이들이 의지할 한국사회에서는 1990년대부터 대일과거청산운동에 대한 관심이 일어났다. 가장 큰 배경은 독재정권 종식과 한국사회의 민주화이다. 일방적인 '가만히 있으라!'가 먹히지 않는 시대가 온 것이다. 한국사회가 대일과거청산운동 관심에 갖게 된 직접적인 계기는 군위안부와 역사교과서문제였다. 한국사회의 관심은 피해자 단체에 자극이 되었고, 일본 지원 단체에도 힘을 주는 선순환구조를 가져왔다. 더구나 국내에서 군위안부 문제에 대한 관심이 폭발적으로 늘어나자 일본에서도 지원 세력이 성장했고, 관심 범위도 넓어졌다. 그러나 한일협정과 법정 투쟁이라는 벽에 막힌 채 대일과거청산은 가시적인 성과를 거두지 못한 채 20세기의 막을 내렸다.

제2부

최초로 막을 연 진상규명의 장정長征, 터널의 끝을 향한 길

7. 광복 60년 만에 시작된 진상규명
– 강제동원위원회 11년의 성과

□ 21세기를 연 목소리, 히로히토는 전범이다!

2000년 12월 8-12일, 일본 도쿄에서 '일본군 성노예 전범 국제법정(이하 2000년 국제법정)'이 열렸다. 일본군의 전쟁범죄, 특히 군위안부를 조직한 행위를 비판·검증할 목적으로 세워진 민간 재판 이벤트다. 한국을 비롯한 피해국과 VAWW-NET JAPAN 등 일본 시민 단체가 공동 주최하고 세계 인권·평화·여성 단체들이 참여했다. 아시아태평양 지역의 총 9개국에서 온 64명의 희생자, 전 세계에서 천 명 이상의 방청객과 3백 명이 넘는 기자들도 참석했다.

판사와 검사, 법률 조언, 증인(전문가, 일본인 재향군인)은 있었으나 변호인은 없었고, 피고인도 없는 결석재판이었다. 판사는 가브리엘 커크 맥도널드Gabrielle Kirk McDonald 전 유고슬라비아 전범 재판소(Yugoslavia War Crimes Tribunal) 재판장을 비롯해, 미국, 아르헨티나, 영국, 케냐 국적의 법조인이 맡았다. 첫 3일 간은 역사, 국제법, 심리학 분야의 학자들과 피해자들의 증언을 들었다. 9개국의 검사팀은 방대한 분량의 증거를 제출했다. 4일째, 법정은 재판 결정을 내리기 위해 휴정했고 일반인들을 위한 공청회가 열렸다. 5일째, 법정은 임시적으로 히로히토 천황과 일본정부에 유죄판결을 내렸다. 최종결정은 1년 후 2001년 12월 4일 네덜란드 헤이그에서 내렸다. 판결문은 총 200페이지에 달했다. 법정은 인류에 대한 범죄(crimes against humanity) 항목에 대해 총 10명의 피고 전원에게 유죄판결을 내렸고, 필리핀 마을에서 발생한 대량 강간에 대해서도 히로히토 천황을 상급자로서 책임이 있다고 판결했다.

> 이 생존자들에게 저질러진 범죄는 2차 세계대전 때 저질러진 범죄 중 가장 알려지지 않고 보상받지 못한 범죄로 남아있다. 우리는 희생자들을 위한 박물관도, 알려지지 않은 위안부 여성들을 위한 무덤도, 미래 세대를 위한 교육도, 일본군 성노예와 심각한 성범죄와 잔혹행위에 대한 판결도 없다.
> 따라서 본 재판정은 이 판결을 통해 일본군 성노예 제도 아래 희생당한 여성들을 기리려고 한다. 본 재판정은 살아남고, 산산이 부서진 삶을 재건하고, 공포와 수치를 이기고 세계를 향해 그들의 이야기를 들려준 생존자들의 강건함과 위엄을 인지한다. 정의를 위해 앞으로 나선 많은 여성들은 이름 없는 영웅이다. 역사의 한 페이지에 기록된 것은 고통 받은 여성들보다는 범죄를 저지르거나 그들을 기소한 남성이지만, 이 판결문은 자신들의 이야기를 들려주고 최소한 4일간은 잘못된 일을 단두대에 올리고 진실을 왕좌에 올린 이 여성들의 이름을 기린다.

판결문의 마지막 두 문단이다. 2000년 국제법정은 히로히토를 전범으로 기소해 유죄판결을 내렸다. 민간 법정이므로 법적 구속력은 없었으나 상징적 의미는 컸다. 상징천황이기는 하지만 엄연히 천황제가 존재하는 일본에 근본적인 문제제기를 했기 때문이다. 개최 목적이 여론 환기였다는 점을 감안하면 대성공이었다.

2000년 국제법정 개최에 즈음해 실행위원회가 밝힌 개최 배경은, 일본정부의 여성에 대한 전쟁 범죄 부정이다. 당시 일본정부는 2차 대전 이전과 대전 중에 범한 여성에 대한 전쟁 범죄, 인도에 대한 죄에 대해 법적 책임을 부정하고 일본 법정도 관련국 피해자들이 제기한 손해배상 청구소송을 인정하지 않았다. 피해자 여성들에게 정의를 부여할 기회가 필요하다고 인식한 일본 시민단체는 1998년 4월 유엔인권위원회에 참가해 제안하면서 개최 준비를 시작했다.

제안한 일본 시민단체 회원은 일본 여성운동가인 마쓰이 야요리松井耶依(やより)다. 아사히 신문기자였던 마쓰이 야요리는 1995년 정년 후 아시아시민운동에 본격적으로 나서 국제적 연대 구축에 중심적 역할을 했다. 마쓰이 야요리는 1997년 도쿄에서 열린 '전쟁과 여성에 대한 폭력' 국제회의에서 법정 개최 필요성을 인식했다. 이 회의는 아시아여성 뿐만 아니라 옛 유고나 르완다, 동티모르, 캄보디아 등 내전이나 무력 분쟁 아래 여성에 대한 폭력에 관여해 온 세계 각국의 여성들이 '전시와 성폭력'이라는 주제로 모인 자리였다. 이 자리에서 참석자들은 전시 성폭력은 피해자에게 침묵을 강요하고 단죄되지 않는다는 점 때문에 범죄가 반복된다는 점을 지적했다. 더구나 일본은 전후 도쿄재판에서 천황의 전쟁책임이 면책되고 야스쿠니신사에 A급 전쟁범죄를 합사하는 등 전쟁책임과 거리를 두었다. 일본사회에서 전쟁처벌은 오히려 타부시되어 왔다. 두 가지 문제를 해결하기 위한 시도가 2000년 국제법정이었다.

마쓰이 야요리는 1998년 6월 VAWW-NET Japan(Violence Against Women in War Research Action Center. 2011년 9월 VAWW RAC로 개칭. http://vawwrac.org)을 만든 후 2000년 국제 법정을 기획하고 조직했다. 1999년 4월 서울에서 열린 아시아여성연대회의에서 국제민간법정 개최를 제안하고 준비에 나섰다. 2000년 국제법정 개최를 위해 조사연구와 학습활동, 1만명 캠페인 등을 벌이고 1999년 12월에 중국 난징南京에서 국제 심포지엄을 개최한 후 2000년 2월 서울에서 국제실행위원회를 발족했다. 마쓰이 야요리의 제안이 실현되기까지 윤정옥의 역할은 매우 컸다. 이 같은 한일 여성운동가의 연대에 의해 2000년 국제법정은 막을 열었다.

2000년 국제법정은 새로운 21세기가 새롭게 열리는 시점에서 세계시민사회에 인간의 보편적 가치를 제기한 이벤트였다. '전시 여성 성폭력'라는 주제로 모였으나 군위안부 문제를 포함한 강제노동과 일본의 전쟁책임 문제 해결의 가능성을 확인한 기회가 되었다. 참가국 시민들은 한일 양국의 문제를 넘어서 세계 시민사회가 함께 지속적·조직적으로 대응할 문제라는 점을 인식했다.

2000년 국제법정은 단일 행사로 마쳤으나, '일본의 과거청산을 요구하는 국제연대협의회'를 비롯한 국제연대활동으로 이어진 방향타 역할을 했다. 2000년 국제법정 개최를 계기로 국제연대활동은 여러 방면으로 추진되었다. 대표적인 주제는 일본역사교과서이다. 일본교과서문제가 다시 발생한 2001년부터 한국과 일본, 중국 등지에서 여러 국제학술회의가 열렸다. 2002년 5월에는 평양에서 '일본의 과거청산을 요구하는 아시아대토론회'가 열렸다. 2000년 국제법정 개최 후 조성된 국제연대활동의 백미는 '일본의 과거청산을 요구하는 국제연대협의회'다. 2003년 9월 중국 상하이 제1회 대회 개최 후 2004년 5월 제2회 대회(서울), 2005년 9월(평양) 등 정례 행사로 이어갔다.

2000년 국제법정 개최는 특히 여러 참가국 가운데 일본과 한국의 시민단체에 큰 자극이 되었다. 그간 일본의 진보세력은 정부 내 진상조사 조사기구 설치를 위한 입법 활동에 나섰으나 성과를 거두지 못했다. 소송지원활동도 성과가 없기는 마찬가지였다. 성과라고 한다면, 사회적 여론 환기였다. 국제법정 개최는 전후청산운동의 방향성을 다지고 추동력을 발휘하는 데 도움이 되었다. 일본 시민단체는 국제연대활동에서 중심 역할을 했고, 도쿄 한 복판에 여성 전쟁범죄 관련 자료관도 마련했다. 마쓰이 야요리는 2000년 국제법정의 판결을 통해 기록을 역사에 남기고 이를 통해 '전시 성폭력 불처벌'이라는 고리를 끊고자 했다. 이를 위해 단일 이벤트인 2000년 국제법정에서 모인 자료를 시민 사회가 공유하고자 했다. 2000년 국제법정을 마친 후 여성자료관을 마련한 이유다. 여성자료관은 2005년 8월에 '여성을 위한 전쟁과 평화자료관'(Women's Active Museum on war and peace · WAM)으로 개관했고, 현재 일본 유일의 '군위안부와 전시 여성폭력 아카이브'로 운영되고 있다. 한국도 2000년 국제

법정 개최 이후 대일과거청산에 관해 각계각층의 문제의식을 결집하고
확산해 나갔다. 특히 국제연대활동 필요성을 인식하고 운동에 반영했
다.

□ 국제법정의 경험을 토대로 본격화한 한국 사회의 진상규명 특별법 제정

'국경을 넘어 여성의 힘을 법정에서 결집'하고자 했던 2000년 국제법
정 실행위원회는 비록 법정 판결을 강제할 권한은 없지만, 민중과 여성
의 이니셔티브를 통한 변화를 희망했다. 변화란, 국제사회와 시민사회
가 판결을 받아들여 실천하고 각 정부가 법 개정의 길을 여는 것이었다.
의미를 적극적으로 실천한 관련 국가는 한국이었다.

한국사회에서 강제동원 진상규명 법제화 움직임은 2000년 국제법정
개최 이전부터 시작되었다. 그러나 본격적으로 나선 것은 국제법정의
경험을 공유한 직후다. 3년간에 걸친 법제화 과정은 순탄치 않았다. 험
로의 전 과정은 법제화 과정에 참여했던 김광열이 논문으로 남겼다.

2000년 9월. 피해자와 연구 단체, 시민단체 대표들이 모여 대일역사청
산을 위해 한층 발전한 방안의 필요성을 공감했다. 이들은 1999년 11월
미국 민주당 다이앤 화인스타인Dianne Feinstein의원이 '일본제국정부의 정
보공개법' 발의 소식과 2000년 6월 독일미래재단 설립 발표에 고무되었
다. '일본제국정부의 정보공개법'은 '만주침략 이후 일본이 자행한 인체
실험과 각종 박해 사실에 관한 기록을 수집·공개'하는 내용의 법안이
었다. 정기적인 모임을 통해 진상규명 특별법 제정의 필요성을 인식하
고 법제화를 위한 모임(일제강점기 강제동원진상규명모임, 이하 진상규명모임)을
발족했다. 2000년 국제법정 폐회 후 진상규명모임은 2001년 4월 24일,
국회 '나라와 문화를 생각하는 의원모임'과 법제화를 협의했고 5월에는

한국노동조합총연맹과 민주화사회를 위한 변호사모임이 합류했다. 5월
6일 건국대학교에서 열린 제44회 전국 역사학대회에 패널을 구성해 학
술토론회(끝나지 않은 일제와의 전쟁)를 개최했다. 학술토론회 종료 후 참가자
일동은 한국정부와 국회에 대해 2건의 성명서('일제에 의한 강제동원의 진상을
규명하기 위한 국가기구 설치' '한일기본조약 및 청구권 협정에 관한 일체의 자료 공개')를
발표했다. 9월 26일에는 워크숍을 열고 '일제강점하 강제동원피해 진상
규명 등에 관한 특별법 제정 추진위원회(이하 법추진위)'로 확대 개편해 법
제화를 위한 구체적인 운동을 벌이기로 했다.

10월 12일, 국회에서 법안을 발의(김원웅 외 69명 공동 발의)했다. 대표발의
자는 기자회견을 통해 법안의 역사적 의의를 '건국 이후 최초로 한국정
부가 일제의 전쟁에 동원당한 자국민의 피해를 조사하고 진상을 밝히는
법'이라 밝혔다. 발의를 위해 준비한 초안에는 진상규명과 생활지원 조
항(제14조 의료지원금 및 생활지원금)이 포함되어 있었다. 그러나 발의 법안에
는 제외되었다. 법안 발의 후 12월 11일, 정식으로 법추진위가 발족하고
조직을 정비했다. 2002년부터는 '특별법추진속보'를 발간하고 국회를 상
대로 법 제정운동에 나섰다.

> 공동대표 : 강만길(상지대 총장), 곽동협(대구 곽병원장), 송두환(민주화를
>   위한 변호사모임 대표), 이남순(한국노동조합총연맹 위원장)
> 공동 집행위원장 : 이정식(한국노동조합총연맹 대외협력본부장),
>   최봉태(변호사)
> 집행단체 : 연구단체(민족문제연구소, 역사문제연구소, 한국독립운동사연
>   구소, 한국정신대연구소, 한일민족문제학회), 피해자단체(나눔
>   의 집, 태평양전쟁피해자보상추진협의회, 태평양전쟁한국인희
>   생자유족회, 한국원폭피해자협회, 한국정신대문제대책협의회,
>   우키시마폭침진상규명회), 시민단체(3·1여성동지회, 민주화를
>   위한 변호사모임, 정신대할머니와 함께 하는 시민모임, 한국노
>   동조합총연맹)

사무국 : 민족문제연구소(2002년 9월까지), 정신대할머니와 함께 하는 시
　　　　민모임(2003년 2월부터)
상설기구 : 조사연구실(한일민족문제학회 정혜경)
비상설 기구 : 대외협력실(한국정신대문제대책협의회), 법률실(민주화 사
　　　　　　 회를 위한 변호사모임)

법추진위는 심포지엄(구술자료로 복원하는 강제연행의 역사, 2001년 12월 19일)과
한미일 연대 국회 공청회(일제강점하 강제동원피해 진상규명 어디까지 왔나, 2002년
2월 4일)를 개최했다. 법제정을 위해 주요 사회 인사 서명과 국회의원 전
원 서명운동도 전개했다. 2002년 여름에 실시한 '평화지킴이들의 전국
순례'라는 전국 방문투어는 지방 거주 피해자들에게 법제정에 대한 지
지 여론을 조성하고 구술기록을 수집할 목적으로 마련한 행사였다. 7월
27-8월 3일까지 한 여름 더위 속에 천안·대전·전주·광주·해남·완
도·고흥·부산·대구·춘천 등 각 지역을 순회했다. 법추진위 일원으
로 조사연구실을 담당했던 한일민족문제학회도 2002년 3월 8일과 2003
년 2월 8일에 각각 심포지엄('전후보상과 한일관계' '일제말기 강제연행의 송출 구조
와 관련자료')을 열고 학술적으로 지원했다. 이 가운데 2003년에 군산에서
열린 심포지엄 '일제말기 강제연행의 송출 구조와 관련자료'는 국내 최
초로 강제동원 노동력 송출 구조를 규명한 학술의 장이었다.

2002년 9월 17일 일본 고이즈미총리는 전격적으로 북한을 방문해 김
정일 국방위원장과 정상회담을 갖고 조일국교정상화를 논의했다. 이 사
건은 법추진위를 비롯한 전후청산 관련 한일 시민단체에 큰 자극이 되
었다. 법추진위가 발간하는 뉴스레터 '속보'는 일본인 자원봉사자가 일
본어로 번역 배포했고, 다양한 형태의 지원과 연대 활동이 이어졌다.

그러나 법제화 과정은 쉽지 않았다. 법안은 2002년 2월 6일 국회 행정
자치위원회에 상정되었으나 심의 단계로 가지 못했다. 국회 해당 상임
위 수석전문위원이 작성한 검토보고서에는 '피해 사실 및 피해자 확인

의 어려움' '외교관계 지장 초래 우려' 등 문제점이 적시되어 있었다. 검토보고서는 관련 부처의 의견을 반영해 작성하는 것이므로, 당시 한국 정부 당국이 강제동원 진상규명에 대해 갖는 인식을 알 수 있었다. 2002년 12월 대선에서 진보인사로 평가받던 노무현 후보가 당선되자 법추진위를 비롯한 역사청산 추진 세력들은 새 정부에 큰 기대를 걸었다. 법추진위는 여러 단체와 연명으로 대통령직 인수위원회에 정책제안서('올바른 한일관계 모색을 위한 현 단계 문제점과 향후 방향 - 역사인식과 과거사 청산을 중심으로')를 제출했다. 그러나 대선 후에도 상황은 달라지지 않았다. 정책제안서에 대해 어떠한 반응도 없었다. 법안 발의 후 2년이 지나도록 지지부진한 상태에서 적극적인 돌파력이 필요했다.

2003년 2월 28일, 법추진위는 국회에서 강제동원 41만 명부를 일반에 공개했다. 이 명부는 일본의 전국 단위 시민단체인 '조선인강제연행진상조사단'이 수집한 자료로써 일부(10만 명 정도)는 국가기록원 소장 명부와 중복되지만 신규 자료가 다수였다. 명부 공개는 피해자 사회는 물론 한국사회에 크게 알려졌다. 언론의 관심도 높았고, 특별법 제정 필요성에 대한 여론도 확산되었다. 그러나 법안 심의의 전망은 여전히 어두웠다. 돌파구를 찾기 위해 법추진위 집행부가 내 놓은 방법은 '국적포기운동'이었다. 연로한 피해자와 유족들이 '자신들의 피해를 규명해주지 않는 국가에 실망해 더 이상 국적을 유지하지 않겠다'고 선언하는 운동이다. 한국 실정법에 따르면 국적 포기는 불가능하므로 선언적 운동이다. 절박함을 타개하는 방법에 대해 피해자 사회의 호응도 없지 않았고, 언론의 관심도 높았으며 정부 기관에서도 반응을 보이기 시작했다.

물론 정부 반응은 법제정 반대였다. 8월 12일자 연합뉴스가 보도한 외교통상부 아시아태평양국장의 의견은, "1965년 한일청구권 협정의 결과, 우리 정부는 1975-1977년간 보상을 끝냈"고, "국내 법률적으로도 끝난 사안이라는 것이 정부의 입장"이었다. '정부가 할 만큼 다 했음에도 새삼스럽게 진상규명법 제정을 추진하며 국적 포기까지 선언하는 것은 이해할 수 없다'는 견해도 표명했다. 일본정부와 샴쌍둥이 같은 정부의 공식 입장이었다. 법제화 과정에서 외교부의 반대는 거셌다. 그러나 막상 강제동원위원회 발족 이후에는 존속 필요성에 대해 강력하게 입장을 표명하며 협조한 유일한 정부 부처였다. 진상규명의 성과가 한일외교에 미치는 순기능을 실감했기 때문이다.

당시 정부 여당의 싸늘한 반응 속에서도 국적포기운동은 확산되었다. 피해자와 유족들은 KBS TV 생방송 시사프로그램 '시민프로젝트 나와 주세요'에 출연해 진상규명 법 제정을 촉구했다. 이 프로그램은 시민의 상대역이 출연하는 포맷이었다. 주제와 관련되어 '시민'의 상대역인 국회에서 한나라당은 제1정책조정위원장이 출연했으나 여당인 새천년민주당에서는 아무도 나오지 않았다. 대선 승리 이후 오만해진 집권 여당에게 역사 문제는 하잘 것 없었다. 16대 정기국회 회기 종료는 다가오는데 여전히 피해자와 유족들의 호소에 관심이 없어 보였다.

그러나 터널의 끝은 보이기 시작했다. 2003년 10월 24일에 국회 운영위원회는 '과거사진상규명에 관한 특별위원회 구성 결의안'을 채택했다. 강제동원특별법 이후에 발의된 일제강점하친일반민족행위진상규명에 관한 특별법(이하 친일진상규명특별법) 등 7개의 역사 관련 법안을 함께 심의하기 위한 조치였다. 그나마 '심의'가 가능해진 것이다. 그러나 일본을 상대로 해야 하는 강제동원특별법과 국내 역사문제 진상규명 법안을 '과거사'로 뭉뚱그린 편법은 이후 강제동원 진상규명 작업이 정치적 외풍을 타는 원인이 되기도 했다.

법안 발의 후 3년이 다 되도록 지지부진했던 강제동원특별법 심의는 과거사진상규명에 관한 특별위원회 설치로 속도감을 냈다. 11월 20일에 공청회를 개최한 후 12월 10일부터 개회한 임시국회에서 법안 심의가 계속되었다. 2개 법안(강제동원특별법과 친일진상규명특별법)에 대한 공청회는 국회가 반대 진술자를 구하지 못하는 어려움 속에서 열렸다. 강제동원 특별법 찬성 진술자(정혜경, 최봉태)와 진일신상규명특별법 찬성 진술자(한상범, 김삼웅, 김익한)에 반대할 진술자는 김완섭 작가 한 사람이었는데, 진술 내용도 친일진상규명특별법에 대한 반대 의견에 그쳤다. 반대 진술인의 주장은, 공청회 참석 의원들이 진술인에게 '질문할 가치를 느끼지 못한다'거나 '이 자리에 있는 것 자체가 불쾌하다'고 표현할 정도로 궤변이었다. 나는 지금도 책상에 고개를 처박고 혼자 말처럼 진술하던, 반대 진술인의 특이한 눈빛이 기억난다.

2004년 2월 2일, 법안 수정안이 과거사진상규명에 관한 특별위원회를 통과해 간신히 2004년 2월 9일 본회의 상정을 앞두었다. 그러나 본회의 상정 직전에 법안은 보류되었다. 법추진위에 참여하지 않았던 태평양전쟁희생자유족회가 한나라당 당직자들을 찾아가 법안 상정 철회를 강력하게 요청했기 때문이다. 당시 태평양전쟁희생자유족회가 추진하던 '태평양전쟁희생자에 대한 생활안정지원법안' 무산을 우려한 행동이었다. 뒤집혀진 솥단지를 다시 뒤집었다. 법추진위 소속 피해자와 유족들의 노력으로 법안은 2월 13일 오후 국회 본회의를 통과했다. 출석 의원 175명 중 찬성 169명, 반대 1명, 기권 5명의 압도적 찬성으로 진상규명의 길이 열렸다. 2001년 12월, 피해자를 포함한 시민사회가 법추진위를 발족해 법 제정에 나선 후 3년 만에 거둔 성과였다.

법안 통과에 대한 아쉬움이 없을 수 없었다. 심의 과정에서 기능이 약화된 형태로 법안이 수정되었기 때문이다. 권한의 약화(대통령 소속 → 국무총리 소속), 조사권한 일부 삭제(그간 한국 정부가 행했던 조치에 관한 조사 권한 삭제), 조직력 약화(위원장 등 전원 비상임), 짧은 존속 기한(2년)은 방대한 진상규명 작업 수행에 걸림돌이었다. 다른 '과거사 관련 위원회'가 대통령 소속으로 예산과 인사를 독자적으로 운용할 수 있었던 것과 달리, 국무총리 소속이어서 예산과 인사권을 행정자치부가 주관하게 되었다는 점도 큰 한계였다. 법이 규정한 업무와 역할은 방대한데 턱없이 부족한 연한과 조직 규모는 처음부터 무리한 조합이었다. 힘들게 법안을 통과시켰으나, 단명한 형식상 조직으로 그칠 것이라는 우려는 컸다. 그럼에도 정부가 아닌 시민의 힘으로 한국 역사상 처음 진상규명의 길을 열었다는 점은 한국사회의 소중한 역사 경험이자 자산이다.

□ 진상규명의 다른 한 축, '한일수교회의기록 공개요구 소송'

강제동원특별법이 통과된 2004년 2월 13일은 '한일수교회의기록 공개요구 소송'(이하 한일기록공개소송) 1심의 승소일이기도 했다. 한일수교회의기록은 그간 30년의 연한이 지정된 비공개 문서여서 일반인의 열람이 불가능했다. 일부 자료가 도쿄대에 보관되어 연구자들이 활용하기도 했으나 어느 시기부터 비공개가 되어 한일회담의 전모에 대해서는 추측과 설이 무성했다.

한일수교회의기록 공개는 진상규명과 피해권리구제를 위해 필요한 또 다른 과정이었다. 강제동원특별법이 피해를 대상으로 한 진상규명 방법이라면, 한일수교회의기록은 해방 후 양국이 수행한 사후 처리 과정을 파악하는 데 필요한 자료이기 때문이다. 관련 기록 공개는 중요한 과제이자 공개된 후 파장도 예상할 수 있는 사안이었다.

법추진위는 강제동원특별법 제정 추진 과정에서 한일기록공개소송을 추진했다. 시기적으로 보면, 법제정운동이 추동성을 발휘하지 못하는 시점에서 제기되었다. 당시 피해자사회는 강제동원특별법에 대해 전폭적인 호응을 보내지 않았다. 피해보상이나 생활지원이 포함되지 않았기 때문이다. 대부분의 피해자와 유족들이 현실적으로 시급하다고 여긴 것은 진상규명이 아니라 보상이나 지원이었다. 이미 일본기업과 정부를 상대로 한 소송이 기각과 패소를 거듭하고 있는 상황에서 기댈 곳은 한국정부와 법정이었다. 그러나 한국정부와 법정의 반응도 일본과 크게 다르지 않았다. 기각판결이 거듭되어 한일회담 당시 개인 청구권에 대한 합의 과정을 확인하지 못하는 상황에서 한국정부를 상대로 한 피해자 권리 요구는 성과를 기대하기 어렵다는 점을 확인했다. 피해자사회의 열망을 담기 위해서는 근본적인 대응이 필요했고, 첫 번째가 한일기록공개소송이었다. 법추진위는 기록 확보를 향후 소송이나 법제화 등 후속 조치로 갈 수 있는 첫 단계로 판단했고, 이에 대한 피해자사회의 호응도 컸다. 법추진위 내 법조인들의 존재도 피해자사회의 호응에 영향을 미쳤다.

법추진위는 2002년 6월 17일, 외교통상부를 상대로 기록 공개를 요구했으나 '한일관계에 영향을 미친다'는 이유로 거부당했다. 다시 7월 11일자로 공문을 보내 이의신청했으나 결과는 마찬가지였다. " '공공기관의 정보 공개에 관한 법률' 제7조에 의거해 공개할 수 없다"는 답변이었다. 9월 5일에 피해자 및 유족 100명을 청구인으로 보낸 정보공개청구 문서에 대한 답변도 동일했다. 법추진위는 10월 10일, 외교통상부를 상대로 '한일협정 관련의 외교문서 정보공개거부처분 취소청구' 소장을 서울 행정법원 제3행정부에 제출했다.

2004년 2월 13일, 서울행정법원은 1952년 제1차 한일회담 본회의록 등 총 57건 가운데 5건 문서 공개를 판결했다. 공개를 결정한 문서는 순번 36번(제6차 한일회담 청구권 관계자료' 중 1963년 3월 5일자 외무부의 한일회담 일반 청구권 문제), 순번 48번(속개 제6차 한일회담 : 청구권위원회 회의록 및 경제협력 문제), 순번 55번과 56번(제7차 한일회담 청구권관계회의 보고 및 훈령), 순번 57번(제7차 한일회담 청구권 및 경제협력에 관한 협정 내용 설명 자료) 등이다. 법원은 한국정부가 제시한 청구항목과 일본 측 반응, 개인 청구권 해결에 대한 양국 인식 등이 기록된 문서이므로 문서 공개가 향후 원고들의 대일보상요구 소송에 도움 된다고 판단했다.

공개를 요구한 57건 가운데 5건 공개라는 일부 승소판결이지만, 그간 외교통상부가 완강히 거부했던 중요문서의 공개라는 점에서 전면 승소와 다름없는 성과였다. 1심 판결 직후 정부는 비공개 방침을 유지할 명분이 부족하다고 판단해 전면 공개를 결정했다. 노무현대통령의 결단이 빛난 순간이었다.

정부는 2005년 1월 17일에 청구권 관련 문서를 먼저 공개하고 8월 26일에는 나머지 관련 문서 전체를 공개했다. 문서 공개에 앞서 정리하는 과정에서 일부 학자들이 사전에 내용을 검토할 기회를 얻었다. 나도 당시 언론사 요청으로 문서 공개 며칠 전에 내용을 일별할 수 있었다. 생각보다 소략해서 막후 대응 과정을 파악하기에 충분치 않았다. 한편으로는 자료의 한계 속에서 치열한 외교전을 벌여야 했던 당시 한국 협상팀의 상황이 느껴지기도 했다. 당시 국민들의 반응은 '한국정부의 굴욕외교'에 대한 비난과 '피해자 개인이 보상받을 권리가 소홀히 취급되었다'는 부정적 평가가 많았다. 중앙일보 여론조사(2005년 1월 17일자) 결과, 부정적 평가가 55%, 긍정적 평가가 43%로 나타났다. 한국정부의 책임론과 한일청구권 협정 재협상 요구도 비등했다.

문서 공개는 한국정부의 보상 논의로 이어졌다. 2005년 노대통령의 삼일절 기념사는 보상 논의에 대한 전면 돌파이자 일본 정부를 향한 한국정부의 의지 표명이었다. 피해보상 문제뿐만 아니라 진상규명과 유해봉환 등 미해결 과제를 병행 추진한다는 모범답안이었다.

한일협정과 피해보상 문제에 관해서는 정부도 부족함이 있었다고 봅니다. 국교정상화 자체는 부득이한 일이었다고 생각합니다. 언제까지 국교를 단절하고 지낼 수도 없고, 우리의 요구를 모두 관철시킬 수 없었던 사정도 있었을 것입니다. 그러나 피해자들로서는 국가가 국민 개개인의 청구권을 일방적으로 처분한 것을 납득학기 어려울 것입니다. 늦었지만 지금부터라도 정부는 이 문제를 해결하는 데 적극 노력할 것입니다. 국민 여러분의 의견을 모으고 국회와 협의해서 합당한 해결책을 모색해나갈 것입니다. 이미 총리실에 민관공동위원회를 구성해서 여러 방안을 검토하고 있고, 좀 더 포괄적인 해결을 위해서 국민자문위원회 구성을 준비하고 있습니다. 아울러 청구권 문제 외에도 아직 묻혀있는 진실을 밝혀내고 유해를 봉환하는 일 등에 적극 나설 것입니다. 일본도 법적인 문제 이전에 인류 사회의 보편적 윤리, 그리고 이웃 간의 신뢰의 문제라는 인식을 가지고 적극적인 자세를 보여주어야 할 것입니다.

이러한 대통령의 문제의식을 정부와 청와대 참모진이 공유하고 있었을까. 이후 추진 방향과 과정을 보면, 정답은 'NO'에 가깝다. 진행 과정을 지켜 본 내 입장에서는 확실히 '그렇지 않았다.'

한일회담 문서 중 한국 측 문서 공개는 일본 시민단체의 일본 측 문서 공개 운동으로 이어졌다. 한국정부의 문서 공개에 용기를 얻은 일본 시민 활동가와 학자들은 적극적인 공개운동에 나섰다. 공개운동은 일본 정부(외무성)를 상대로 하는 공개 요구와 소송 등 두 가지다. 2005년 12월, '일한회담문서·전면공개를 구하는 모임(학자 등 300여 명과 53개 단체로 구성. 이하 일한회담문서모임)'을 결성하고, 2006년 4월 외무성을 방문해 '행정기관의 보유하는 정보 공개에 관한 법률' 절차에 따라 '일한회담 관련 모든 공문서 개시開示'를 청구했다. 외무성은 5월에 '2008년 5월까지 모든 문서에 대해 개시를 결정하겠다'고 회답했으나 2007년 11월까지 7천 장에 대해서만 개시 결정을 내렸다. 그런데 2007년 12월, 도쿄지방재판소가 '청구로부터 1년 7개월이 지나도 결론내지 않은 것은 나라의 불성실(부작위)'라는 판결을 내렸다. 이 결정에 외무성은 개시 결정을 서둘러 2008년 4월과 5월에 약 5만 2천장 개시 결정을 내렸다. 그러나 개시 결정된 문서 중 약 28.5%는 개시 불가 판정을 받아 공개대상에서 제외되었다. 공개 자료 가운데에서도 중복이 있거나 제목만 있고 원본은 찾을 수 없는 문서도 포함되어 있어서 연구 자료로 불완전한 상태였다.

이 같은 아쉬움은 있으나 일본 측 문서는 한국 측 문서의 서너 배에 달할 정도로 방대한 규모와 상세한 내용을 담고 있다. 공개 문서의 작성 시기는 1946년 10월-1971년 11월까지이고, 주제는 기본관계, 재산청구권, 재일한인 법적 지위, 어업, 문화재, 독도, 재일한인 귀국(북송), 경제협력, 선박 문제 등이다. 문서 구성을 보면, 일본정부의 정책안과 의사록은 물론이고 과거 회담 경위에 대한 정리 및 문제점·과제를 정리한 문서, 각종 보고(회의 상황, 출장보고), 서간류 및 내외 동정 자료, 연표, 일지, 목록, 보도자료(한국 잡지와 신문기사 포함) 등 다양하다. 공개 자료의 일부는 동북아역사재단이 외부 연구용역을 통해 목록을 정리했으나 활용도는 매우 낮다.

일한회담문서모임은 외무성이 공개를 거부한 문서 공개를 위해 2006년 12월부터 소송을 제기하고, 공개 문서에 대한 분석 작업을 병행해 결과를 뉴스레터와 출판물을 통해 공개했다. 2008년 10월부터 홈페이지(http://www.f8.wx301.smilestart.ne.jp/)를 개설해 2007년 3월부터 2016년 3월까지 총 16차례 공개한 문서 전체를 공개했다. 일한회담문서모임은 2016년 12월 23일 해산 총회를 거쳐 해산했으나 홈페이지는 유지하고 자료 업데이트도 정기적으로 하고 있다.

□ 광복 60년 만에 진상규명의 닻을 올려라

2004년 11월 10일, 제1차 위원회 회의와 현판식을 함으로써 법에 규정된 목적을 수행하기 위한 강제동원위원회가 발족했다. 행정자치부는 준비기획단을 구성하고 2004년 4월부터 대통령령(시행령, 대통령령 제 18544호, 2004년 9월 11일 제정 시행) 및 각종 운영규정 제정, 위원과 조직 구성, 공간 마련 등 준비 작업을 했다. 이 과정에서 '강제동원진상규명시민연대'(법추진위 후속 단체, 이하 시민연대)는 적극적으로 의견을 제시해 대통령령과 위원

구성에 일부 반영했다. 발족 이후 곧바로 진상규명 업무가 시작된 것은
아니었다. 십여 명 정도의 정부 파견 공무원만으로는 할 수 없는 일이
었기 때문이다. 2005년 2월 최소한의 전문 인력(별정직 공무원과 조사관)을
충원한 후 4월 15일 제7차 위원회 진상조사 개시 결정을 기준으로 공식
업무가 개시되었다. 발족 후 공식 업무 개시일까지 5개월의 차이가 발
생한 것은 법 제16조(제1항 '위원회는 최초 진상조사 개시결정일 이후 2년 이내에 일제
강점하강제동원 피해에 대한 조사를 완료하여야 한다') 조항 때문이다. 11년간에 걸
친 나의 공무원 생활도 2005년 2월부터 시작되었다.

　법에 명시된 강제동원위원회 업무(제3조)는 크게 여섯 가지이다. 이 업
무는 2010년 통합법 제정으로 '위로금 등 지원업무'가 추가할 때 까지 큰
변화가 없었다.

- 강제동원 피해 진상조사
- 피해관련 국내외 자료수집·분석, 진상조사보고서 작성
- 유해 발굴 및 수습
- 희생자 및 유족의 심사 결정
- 사료관 및 추도공간(제정법에는 위령공간) 조성
- 호적 등재 사항

　그 후 '태평양전쟁 전후 국외 강제동원희생자 등 지원에 관한 법률'
(법률 제8669호, 2007년 12월 10일 제정) 제정으로 설립된 '태평양전쟁 전후 국외
강제동원희생자 등 지원위원회(이하 태평양위원회)'에 의해 지원 업무가 시
작되고 '대일항쟁기 강제동원 피해조사 및 국외강제동원 희생자 등 지
원에 관한 특별법'(2010년 3월 22일 제정)에 의해 통합 위원회(이하 강제동원위원
회)가 출범하면서 '위로금 등 지원업무'가 추가되었다.

　강제동원특별법에 명시된 진상규명의 목적은 '역사의 진실을 밝히는
것'(제1조)이다. 이후 2010년 제정된 '대일항쟁기 강제동원 피해조사 및 국
외강제동원 희생자 등 지원에 관한 특별법' 제1조에 명시된 목적은 '역

사의 진실을 밝히고' '1965년에 체결된 대한민국과 일본국간의 재산 및 청구권에 관한 문제의 해결과 경제협력에 관한 협정과 관련해 국가가 태평양전쟁 전후 국외 강제동원 희생자와 그 유족 등에게 인도적 차원에서 위로금 등을 지원함으로써 이들의 고통을 치유하고 국민화합에 기여'이다. 2건의 법률에서 명시한 목적의 핵심은 역사의 진실규명 → 희생자와 유족의 고통 치유, 국민화합으로 이어지는 단계이다.

'위로금 등 지원업무'가 추가한 일곱 가지 업무 가운데 첫 번째 과정인 '진실규명'의 핵심 업무는 '피해·진상조사' '국내외 자료수집·분석' '유해 발굴 및 수습'이다. 첫 발은 2005년 4월 15일 진상조사 개시 이전에 내 딛기 시작했다.

□ 진상규명의 첫 발, 한일유골협의체 구성

2004년 12월 17일, 일본 규슈 가고시마鹿児島현 이부스키指宿에서 노무현대통령과 고이즈미총리 간 한일정상회담이 개최되었다. 이부스키는 아시아태평양전쟁 말기 자살특공대 발진기지가 있었던 곳이므로 회담 장소로 적절하지 않다는 지적도 많았으나 예정대로 열렸다. 이 정상회담은 노무현대통령의 대일역사인식을 변화시킨 계기로 평가되었다.

2003년 2월 취임 후 2004년 말까지 노대통령의 대일외교방향은 김대중 정부와 기조가 같았다. 국내 비판을 무릅쓰고 취임 3개월 후인 6월 6일 현충일에 방일해 '1998년 한일파트너쉽 공동선언 정신에 따라 양국이 과거를 직시하고 이를 토대로 21세기 미래지향적 관계발전을 위해 함께 전진해야 한다는 점'에 대해 양국이 합의했다. 2004년 7월 21일 제주도 한일정상회담에서도 이러한 기조는 유지되었다. 공동 기자회견에서 노대통령은 '양국 국민정서가 다른 만큼 양국정부도 역사문제에 대해 합의를 이루기 어렵기 때문에 임기동안에는 과거사 문제를 공식 의

제나 쟁점으로 제기하지 않겠다'고 발언하기도 했다. 과거사 문제를 쟁점으로 제기하지 않는 대신 일본의 자발적 노력을 강조한 접근법은 국내에서 많은 비판을 불러일으켰다. 2004년 12월 정상회담 이후 일본은 노대통령이 기대한 '자발적 노력'이 낙관적인 기대에 불과했음을 여실히 보여주었다. 고이즈미총리의 거듭되는 야스쿠니 신사 참배, 역사교과서, 독도 등은 '정면충돌'로 이어졌다.

노대통령의 대일외교방향이 강경노선으로 전환되기 직전에 열린 이부스키 정상회담은 비판의 대상이 된 회담 가운데 하나였다. 그러나 강제동원 진상규명의 역사에서는 매우 중요한 성과를 거둔 회담이다. 노대통령이 제기한 강제동원 피해사망자 유골봉환 문제에 대해 고이즈미총리가 '협조 검토'로 화답했기 때문이다. 유골봉환문제를 회담 의제에 포함시키기 위해 강제동원위원회 사무국과 강제동원 시민연대가 꾸준히 문제 제기하고 관계기관과 협의를 거친 성과였다.

강제동원 피해사망자 유골봉환 문제는 노대통령의 2005년 3.1절 기념사에도 포함되면서 대일역사문제의 주요 과제가 되었다. 이부스키 정상회담 이후 2005년 2월, 방일한 강제동원위원회 전기호 위원장은 외무성과 후생성 등 일본정부 고위급을 대상으로 강제동원 피해사망자 유골봉환 문제 추진을 위한 협의체 구성을 제안했다. 이에 대해 일본이 동의하면서 5월부터 국장급 '한일유골협의체'가 출범했다. 한일유골협의체는 한인 피해사망자 유골봉환에 관련해서 '인도주의, 현실주의, 미래 지향주의' 3대 기본 원칙하에 긴밀하게 추진하기로 합의했다.

강제동원위원회는 '한일유골봉환협의체' 구성 후 '피해자와 유족의 의사를 존중하고, 일본정부의 책임·사죄·성의 표시를 분명'하게 하자는 2대 원칙을 세우고 준수했다. 강제동원 한인 유해봉환 등을 위해 양국 정부가 참가한 국장급 및 실무자급 협의회는 한국과 일본에서 번갈아 개최하였는데, 한국 측에서는 강제동원위원회를 대표로 외교통상부, 주일한국대사관, 보건복지부 등이 참석하였으며, 일본 측에서는 외무성을 대표로 사회보험청, 내각관방, 후생노동성, 법무성, 문화청 등이 참석했다. 2011년 상반기 협의체 한국 측 대표가 위원회에서 외교부 동북아시아국으로 바뀔 때까지 국장급 협의(총 7차례)와 실무자급 회의(총 9차례)가 열렸다.

강제동원위원회는 처음부터 한일유골협의체를 유골 문제에만 국한하지 않고 자료 입수 및 각종 현안 토의 등 강제동원 진상규명과 관련한 모든 문제를 협의하는 창구로 설정했다. 첫 단계로 도쿄에서 열린 제1차 한일유골협의체 국장급 회담에서 일본정부에 공탁금 및 후생연금명부 요청을 정식 안건으로 제안했다. 처음부터 쉽지 않았다. 일본 측이 한일유골협의체 논의 대상이 확대되는 것을 환영할 리 없었기 때문이다. 2년짜리 강제동원위원회 요구에 선뜻 응하려 하지도 않았다. 그러나 '유골봉환을 위해서는 조사와 관련 자료 공유가 선행되어야 한다'는 논리를 내세우고 전문성으로 무장한 노력은 결국 일본 측을 거부할 수 없게 만들었다. 강제동원위원회 설립으로 이미 도덕적 우위를 점한 한국이 가해국 일본을 진상규명의 길에 동행하게 만든 것이다.

□ 진실규명을 위해 우리 나름의 무기를 만들겠다!

> 지금 우리의 자료 상황을 보면, 마치 진상규명에 필수적인 자료는 일본의 윗도리 주머니에 들어 있는 듯 우리가 쉽게 얻을 수 없다. 일본이 내놓지 않으면 방법이 없어 보인다. 그러나 나는 자료를 얻기 위해 일본에게 그저 '주세요!' 하지 않겠다. 일본이 자료를 내 놓을 수 있도록 우리 나름의 무기를 만들겠다. 처음에는 돌칼 정도 밖에 안 되겠지만 계속 다듬는다면 정교한 무기가 될 것이다.

2005년 11월 서울 외교부 청사에서 열렸던 제3차 한일유골협의체 국장급 회담을 참관한 후, 실무자들과 가진 비공식 간담회 자리에서 한 나의 발언이다. 2005년 1년 동안 총 3차에 걸쳐 한일유골협의체 국장급 회담이 열렸으나 지료 입수와 관련해서는 여전히 성과가 없었다. 국장급 회담이 진행되는 동안에 두 차례 자료요청공문도 발송했으나 일본의 반응은 기대 이하였다. 2년의 한정된 기간은 협상이라는 방법에만 의지하기에는 너무 촉박했고 다급했다. 돌파구가 필요했다. 동석자들에게 허튼 소리로 들렸을 '무기 만들기'는 이미 실천 중이었다.

무기는 두 단계로 만들었다. 첫 번째 무기 만들기는 기존 자료에 대한 철저한 분석이다. 두 번째 단계는 피해조사 결과를 통한 다듬기이다. 첫 단계는 어려운 일이 아니었다. 국내 소장 자료에 대해서는 이미 파악해 연구서(『일제말기 조선인 강제연행의 역사 -사료연구』)를 출간했고, 기록학적 방법에 의한 활용방안도 구상하고 있었기 때문이다. 국내 소장 자료 가운데 가장 규모가 크고 진상규명 업무에 바로 활용할 수 있는 자료는 국가기록원이 '일제강제연행자명부'라 명명한 일명 '48만 명부'(중복 인원 포함)이다. 그러나 현재 대부분의 자료가 인수 이전에 '원질서'가 파괴되어 생산배경과 과정에 대한 정보를 파악할 수 없는 상태다. 유수명부와 부로명표 등 인수 과정에서 선별과 편집을 거친 자료도 있다. 한국정부 인수 이후에 발생한 오류도 적지 않다. 일명 '48만 명부(중복 인원 포함)'로 알려져 있다. 그러나 국가기록원이 공개한 수록 인원수에서 오류가 상당 부분 발견되었으나 검증 집계가 이루어지지 않아 정확한 수록인원수는 파악할 수 없다. 해군군속자명부와 공원명표 등 국가기록원이 임의로 편철한 자료도 있다.

1991년과 1993년에 어렵게 인수한 자료는 정부기록보존소에 이관 후 오랜 기간 방치상태에 놓였다. 방대한 규모의 자료는 인수했으나 사회적 관심은 지속되지 않았기 때문이다. 1991년에 인수한 2건과 1993년에 인수한 1건은 인수 당시 국회도서관과 피해자단체도 소장하고 있었으므로 이후 오용되거나 부적절하게 활용되는 일도 있었다. 김대중 정부에 들어서 경제 활성화를 위해 대대적으로 전산화사업을 시작할 때, DB 작업의 대상이 되었다. 그러나 이 과정에서 전산화의 기본인 '대상 자료에 대한 분석' 과정이 부실해 기존의 오류를 수정할 기회를 갖지 못했고, 오히려 오류를 추가하는 결과를 낳았다. 정부가 취업문제 미봉책으로 실시한 공공근로사업의 한계도 있었다. 공공근로사업은 건수가 사업비 정산으로 연결되는 구조였으므로 대부분의 기관은 대규모 자료의 전산화를 속도전으로 마무리했다. 당연히 전문 인력이 아닌 단순 입력자 의존도가 높았다. 국내외 학계의 검증 기회도 부족했다. 국회도서관과 피해자단체가 소장한 자료 외에는 비공개 자료였고, 국회도서관과 피해자단체 소장 자료도 접근이 어렵기는 마찬가지였다. 그러므로 당시 학계도 오류를 파악할 기회를 갖기 어려웠다.

강제동원위원회는 2005년초에 48만 명부 DB 사용권을 국가기록원으로부터 받아 위원회 전산시스템에 연동하고 분석에 들어갔다. 자료 분석에 도움을 준 것은 226,583건의 피해신청서와 위원회가 자체적으로 수집한 명부와 사진 등 다양한 자료, 그리고 자체 수립한 명부분석시스템이었다. 명부 분석 시스템에 의한 '명부 검증 프로세스'는 기록팀과 조사과의 연동 업무로 이루어졌다.

발굴·수집한 명부 분석은 1차 검토(기록팀)과 2차 검토(명부 분석자, 또는 명부분석T/F)를 거쳐 위원회 의결 과정을 거쳤다. 위원회 의결을 통해 객관적인 자료(위원회가 인정하는 명부)로 확정되면 검색이 가능한 형태로 DB 작업을 진행하고 시스템에 업로드해 피해조사 등에 활용했다. 필요할 경우에는 일본 등 국내외 전문가에게 분석을 의뢰하기도 했다.

이 같은 분석 프로세스와 조사관들의 PC에서 모든 명부를 검색할 수 있는 전산 시스템은 탑재된 여러 자료(명부, 사진, 피해조사서)와 교차 분석을 쉽게 해주었고, 이 과정에서 48만 명부 오류는 속속 발견되었다. 강제동원위원회는 발견한 오류를 일본의 관련 전문가 자문을 거쳐 최종 확인한

명부 검증 프로세스

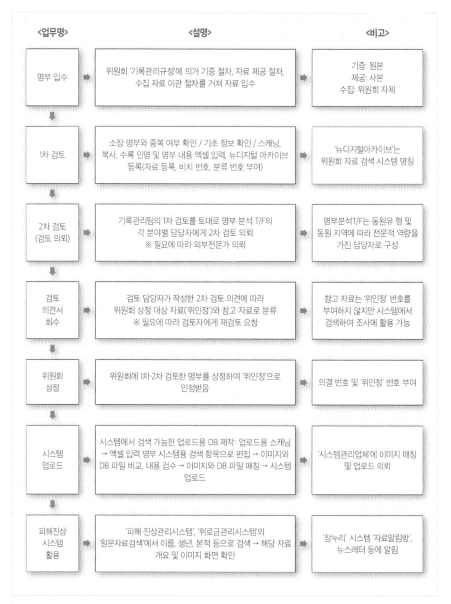

<업무명>	<설명>	<비고>
명부 입수	위원회 '기록관리규정'에 의거 기증 절차, 자료 제공 절차, 수집 자료 이관 절차를 거쳐 자료 입수	기증: 원본 제공: 사본 수집: 위원회 자체
1차 검토	소장 명부와 중복 여부 확인 / 기초 정보 확인 / 스캐닝, 복사, 수록 인명 및 명부 내용 엑셀 입력, 뉴디지털 아카이브 등록(자료 등록, 비치 번호, 분류 번호 부여)	'뉴디지털아카이브'는 위원회 자료 검색 시스템 명칭
2차 검토 (검토 의뢰)	기록관리팀의 1차 검토를 토대로 명부 분석 T/F의 각 분야별 담당자에게 2차 검토 의뢰 ※ 필요에 따라 외부전문가 의뢰	명부분석T/F는 동원유 형 및 동원 지역에 따라 전문적 역량을 가진 담당자로 구성
검토 의견서 회수	검토 담당자가 작성한 2차 검토 의견에 따라 위원회 상정 대상 자료('위인정')와 참고 자료로 분류 ※ 필요에 따라 검토자에게 재검토 요청	참고 자료는 '위인정' 번호를 부여하지 않지만 시스템에서 검색하여 조사에 활용 가능
위원회 상정	위원회에 1차·2차 검토한 명부를 상정하여 '위인정'으로 인정받음	의결 번호 및 '위인정' 번호 부여
시스템 업로드	시스템에서 검색 가능한 업로드용 DB 제작: 업로드용 스캐닝 → 엑셀 입력 명부 시스템용 검색 항목으로 편집 → 이미지와 DB 파일 비교, 내용 검수 → 이미지와 DB 파일 매칭 → 시스템 업로드	'시스템관리업체'에 이미지 매칭 및 업로드 의뢰
피해진상 시스템 활용	'피해·진상관리시스템', '위로금관리시스템'의 '원문자료검색'에서 이름, 생년, 본적 등으로 검색 → 해당 자료 개요 및 이미지 화면 확인	'참누리' 시스템 '자료알림방', 뉴스레터 등에 알림

『위원회 활동결과보고서』, 2016, 국무총리 소속 대일항쟁기 강제동원피해조사 및 국외강제동원희생자 등 지원위원회

후 구체적인 수정 사항을 국가기록원에 전달하고 DB 수정에 반영하도록 했다. 국가기록원의 반응은 관료적이었다. 오류 수정보다는 오류 확인 자체에 대한 불쾌감도 숨기지 않았다. 나는 향후 연구 활용을 위해서는 국내외 학계가 오류 사실 자체를 파악할 필요가 있다고 판단해 일본에서 논문을 발표했다(「日帝强占下强制動員被害眞相糾明委員會調査を通してみる勞務動員」).

　피해신청 서류와 위원회가 자체적으로 수집한 명부와 사진 등 다양한 자료는 두 번째 무기 다듬기 단계에서 필수 자료가 되었다. 11년간 위원회가 수집한 자료는 5,377건이고, 유형별로 문헌류, 박물류, 시청각류로 구분할 수 있다. 이 가운데 피해 사실 입증에 가장 큰 도움이 되는 명부류는 총 339종(429건)·총 180만 건이 수록되어 있다. 강제동원위원회 발족 당시 국가기록원으로부터 사용권을 제공받은 48만 명부 외에 130만 건을 추가로 수집·발굴한 것이다.

　수집 발굴 방법은 첫째, 피해신고 증빙 자료 수집이다. 강제동원위원회는 피해신고 과정에서 신고인들에게 신고서 양식 외에 피해사실을 입증할 수 있는 증빙자료를 제출하도록 했다. 그 결과 일본정부와 기업·공공기관 발행 기록 2,868건, 사진 8,662건, 박물자료 81건, 개인 작성 자료 305건 등 총 11,916건의 자료가 수합되었다. 이들 자료는 가치를 따질 수 없을 정도로 소중한 자료이고, 진상규명에 미친 영향은 매우 컸다. 이 자료를 토대로 외교협상에 나설 수 있었고, 정부 정책 수립에도 반영했다. 일본의 역사왜곡을 바로잡는 역할도 계속하고 있고, 향후 시민 평화교육에 큰 역할을 할 수 있는 자료이기도 하다. 2015년부터 시민단체가 이 자료를 대상으로 한 유네스코기록유산 등재 운동을 시작한 이유도 세계시민 평화교육에 기여할 수 있다는 확신 때문이다.

수집 자료 현황

(2015년 12월 31일 기준)

구분	종류	건수
문헌 자료	원본 명부	52건
	사본 명부(이미지 포함)	377건
	원본 문서	346건
	사본 문서	2,882건
	소계	3,657건
박물 자료	의복 및 신발, 명찰, 집기, 기타	81건
시청각 자료	동영상	410건
	사진 및 필름	1,229건
	소계	1,639건
계		5,377건

『위원회 활동결과보고서』

피해자 개인이 생산한 자료에는 시조나 서간문 등 개인 기록도 있지만 귀국 과정에서 생산한 명부나 방명록 등 다양하다. 박노학의 유족 박창규가 기증한 '화태억류동포귀환희망자명부' 2권은 이후 국내 유관기관 소장 자료 입수를 촉발했고, 사할린 한인 대상 한일 정부 간 협의와 방향 정립에 도움이 되었다. 사진류의 대부분은 인물 사진이지만 현장성을 담고 있어서 당시 상황을 이해하는 데 큰 도움이 되는 자료이다. 사진 뒷면에 남긴 메모는 정보적 가치가 매우 높다. 일본정부와 기업·공공기관 발행 기록은 피해당사자가 오랫동안 보관해 온 동원주체 관련 자료로써 역사적 의미도 높은 자료이다. 강제동원위원회는 신고인이 허용하는 자료를 대상으로 기증과 보상절차를 거쳐 입수했다.

둘째, 한일유골협의체 등 외교협상을 통한 수집이다. 강제동원위원회가 만든 무기가 필요한 현장이다. 이 과정에서 '무기'는 큰 힘을 발휘했다. 수집 대상 지역은 일본과 러시아, 중국, 동남아시아, 태평양 등 제국 일본 영역 전체였으나 가장 중요한 지역은 일본이었다. 2005년 5월 도쿄에서 출범한 '한일유골봉환협의체' 제1차 국장급 회의에서 일본정부

에 공탁금 및 후생연금명부 요청을 정식 안건으로 제안한 후 한일정상
회담 개최에 즈음한 6월 16일과 9월 16일에 '자료제공협조요청' 공문을
보냈다. 요청 자료는 노무자(미불임금공탁기록, 우편저금 관련 기록, 후생연금 관련
기록, 종전終戰연락국 자료, 1946년에 토목과가 생산한 관련 자료, 1946년 일본정부가 생산
한 조선인 노동자에 관한 조사 결과 중 미 공개 자료), 군인군무원(군사우편저금 관련 자료,
야스쿠니신사 제신명표), 위안부 관련 탁무성·내무성·경찰자료 등이었다.
이에 대한 일본 측의 반응은 '확인하고 있다' '정확한 내용을 알 수 없다'
였다. 자료 내용이 포괄적이었고, 법무성과 후생노동성, 외무성 등 여러
기관이 관련되어 있었으므로 쉽지 않은 일이었다. 전후 세대로 이루어
진 일본 관료사회에서 전시기戰時期 자료를 이해하는 공무원은 드물었
다. 무작정 재촉한다고 해결되기 어려운 상황이었다. 상대의 물꼬를 터
줄 필요도 있었다.

　강제동원위원회는 우선순위를 정해 집중과 선택을 하기로 하고, 필요
한 자료 가운데 미불공탁금 자료와 후생연금자료 입수에 주력했다. 미
불금관련 자료이므로 개인청구권 문제와도 관련이 있지만 기업이나 부
대 등 동원 주체가 명확히 확인되므로 진상규명 작업에서 중요도가 매
우 높은 자료였다. 학계에서도 존재 정도만 파악할 뿐 자료 전체에 대
한 이해는 시도할 수 없었던 자료였다. 한일유골협의체를 통한 입수 투
쟁은 수 년 간에 걸쳐 조용히, 그러나 질기게 진행되었다.

　자료 입수를 위해 철저히 전문성을 토대로 협상에 임했다. 서울 강제
동원위원회에서 열린 한일유골협의회 국장급 회담이 열리기 직전에는
일본 측 대표단을 상대로 강제동원위원회 진상조사전산시스템 시연회
를 열어 압박 수단으로 활용했다. 이름 중의 한 글자만 입력해도 관련
인물 자료가 수백 건씩 검색되고, 동일 인물에 대해 여러 자료를 동시에
교차 분석할 수 있는 시스템을 보고 일본 측 실무자는 탄성을 자아냈다.
명부와 사진, 구술기록, 박물류 등 모든 자료를 동시에 검색할 수 있는

자료관리시스템의 시연회는 일본 측에게 자료 관리의 전문성과 최상의 활용도를 보여준 기회였다. 또한 일본정부가 사료 부재와 개인 정보 등을 이유로 소극적인 협상 태도를 보일 때마다 미리 파악해 두었던 조사 내용을 근거로 해결책을 제시하며 지속적인 협상을 진행했다.

이 같은 입수 노력은 결실을 맺었고, 피해당사자들에게 큰 도움과 위로가 되었다. 군인·군속공탁금 명부(2007년 12월 인수. 115,073건 수록)와 노무자공탁금명부(2010년 4월 5일 인수. 64,279건 수록)를 비롯해 매화장인허가증, 유골 실지 조사 보고서 등 일본 정부 단위의 강제동원 관련 문서를 입수했기 때문이다. 이 가운데 2종의 공탁금 문서는 2008년부터 시작된 강제동원위원회의 '위로금 등 지원' 업무 중 미수금 지급에 필수자료였으므로 곧바로 활용되었다.

후생연금명부는 일본의 보험 담당 기구 민영화 과정에서 관리문제가 드러났고, 자료 정리도 제대로 되어 있지 않아 일괄 인수가 어려웠다. 2006년 6월 30일, 우리 측이 DB화와 기본조회 요건 4개 항목 방안을 제시했을 때 일본 측도 공감은 표했지만 반응은 2년 후에 나왔다. 2008년 10월에 '일본정부를 통한 조회' 원칙에 합의하고 2009년 10월부터 2011년까지 조회와 후생연금피보험자대장 사본 인수 등을 진행했다.

셋째, 유관기관과 피해자단체 소장 자료 수집이다. 국가기록원을 비롯해 국사편찬위원회, 독립기념관, 한국학중앙연구원, 대한적십자사, 한국방송공사(KBS) 등 국내 유관 기관과 중소이산가족회 등 피해자단체 소장 자료의 수집이다. 자료교류협정을 체결하거나 기관 및 단체의 협조를 요청하는 방식으로 수집했다. 국사편찬위원회가 수집한 '남양군도승선자명부'와 한국방송공사와 중소이산가족회 소장 '박노학 자료' 입수는 자료 부족에 갈급하던 중부태평양지역과 사할린 지역 진상조사와 피해조사는 물론 위로금 지원과 유골봉환 업무에 결정적인 도움을 주었다.

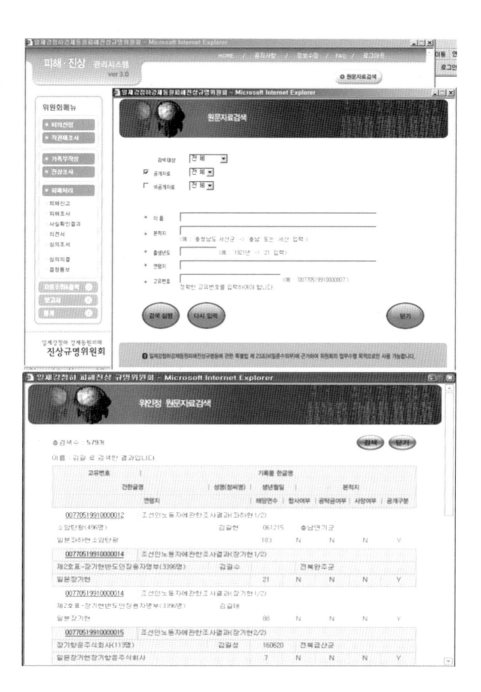

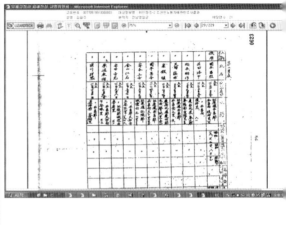

　넷째, 국외 인적 네트워크를 통한 수집이다. 1970년대부터 일본 전역에서 활동한 시민단체와 학자들을 통해 다양한 자료를 수집할 수 있었다. '강제동원진상규명 전국네트워크'와 '강제연행·강제노동 희생자를 생각하는 홋카이도 포럼(이하 홋카이도 포럼)' 등 일본지역 민간단체와 학자들을 통해 매화장인허증을 비롯한 다양한 자료(문서, 사진 등)를 입수했다. 그 외 국내외 출장 조사 등 강제동원위원회 차원의 자체 수집 방법을 통해 해외 기관 소장 자료를 입수하고 동영상과 사진자료를 남겼다.

　이 같은 방법으로 수집한 자료는 단지 피해조사와 진상조사, 위로금 등 지원 업무에만 중요한 것이 아니다. 법 제3조에 규정된 '국내외 관련 자료 수집 분석 업무'는 역사의 진실규명 → 고통 치유, 국민화합의 진상규명 과정의 첫 단계이다. 자료는 진상을 파악하는 열쇠이기 때문이다. 또한 진상규명은 대일역사문제 해결의 출발점이기도 하다. 사실을 알게 되면, 피해 상황을 이해하게 되고, 반성과 용서의 과정이 가능하다. 이 과정은 화해의 길이자 대일역사문제 해결의 길이다. 결국 자료 활용의 최종 단계는 대일역사문제 해결이다.

〈수집자료 활용 흐름도〉

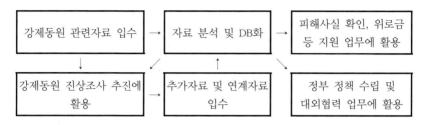

□ 유골조사 및 봉환을 통해 거둔 성과 – 인간의 보편적 가치와 신뢰

아시아태평양전쟁 기간 중 현지 사망과 행방불명으로 돌아오지 못한 약 23만위(강제동원위원회 추산)의 유골봉환은 진상규명의 마지막 단계이기도 하다. 귀환의 한 종류이기 때문이다. 한일국교정상화 이후 양국 정부는 유골봉환에 합의하기도 했다. 그간 역사는 2006년에 강제동원위원회가 발간한 『한·일유골정책자료집』에 잘 정리되어 있다.

〈한·일 국교정상화 이후〉

○ 1969년 제3차 한·일정기각료회담에서 양국 정부는 '현재 일본 정부가 보관하고 있는 제2차 세계대전 중 전몰한 한국인 유해의 인도가 조속히 이루어지기를 희망하여 이를 위해 먼저 확인할 수 있는 **유족 및 연고자에게 해당 유해를 전달한다**'에 합의

○ 일본정부는 한국의 정세 등을 이유로 「전몰자」유족에 대한 개별적인 사망통보를 실시하지 않았는데, 1971년 한국 정부의 요청에 따라 21,919명이 등재된 「구일본군재적조선출신사망자연명부」를 송부함. 그러나 한국정부도 이 명부를 근거로 유족에게 개별적인 사망통지는 하지 않았음.

○ 제3차 한·일 정기각료 회담에 따른 「전몰자」유골 송환을 보면,
한국정부가 유골수령을 희망하는 유족을 파악해 그 명단과 신청자의 신상을 증명하는 자료를 일본정부에 전달하고, 그 후 일본 후생성은 유골수령 신청자의 호적등본(초본)으로 「전몰자」와 신분관계를 조사하고 또 신청자의 현 거주

지를 확인하여 인도가 적당하다고 인정한 유해를 한국정부에 송환하여 유족에게 전달하는 깃으로 협의.

〈1974년 주일 한국대사관은〉

○ 일본 후생성이 보관 중이던 조선인 유해 중, 한국 출신자는 전부, 북한 출신자는 그 유족이 한국에 거주하는 경우에 한하여 유해를 3월10일까지 한국에 송환하도록 일본 외무성에 신청하였으나, 일본 측은 1969년 제3차 한·일 정기 각료회담의 양해사항에 따라 송환해야 한다는 이유로 한국 측의 요구를 거부.

○ 한국정부는 유골 인도 후에 파생하는 여러 문제에 대해서는 한국 정부가 책임지고 처리하기로 하고 같은 해 9월 5일 주일한국대사관을 통해 한국 보건사회부가 작성한 「제2차세계대전중 전몰한 한국인 유가족신고자명부」를 첨부, 이 명부에 수록된 「전몰자」의 유골 인도를 신청, 1974년 12월 20일 911위의 유골 송환.

〈1984년 이후에는〉

○ 유족 판명이 곤란해져, 개별 송환이 진척되지 않는 실정을 고려해 본적지가 한국인 유골을 **일괄 송환하는 방향**으로 협상이 이루어짐.

〈1989년에는〉

○ 한·일 정부의 사무레벨에서 일괄송환에 대해 기본적인 합의가 이루어졌고, 동년 12월 이후 송환방법 등에 관해 교섭을 거듭했지만 양국 정부 간 정식 합의에 이르지 못함.

〈1990년대 접어들어서는〉

○ 아시아태평양전쟁 희생자 관련 유족단체가 일본의 사죄와 보상 없는 유골의 일괄송환에 반대함에 따라 유골 송환 문제는 더욱 복잡한 양상을 띠게 됨.

◆ 일본후생성 주도로 1951년부터 해외격전지 유골수습사업 실시

• 후생노동성이 92~93년 작성 한국 측에 제출한 조선인 징용자 등에 관한 명부에 근거하여 조사

• 명부조사 관련회사는 당초 431개였으나 통·폐업으로 현재 108개 회사를 대상으로 외무성 주관 실태조사 실시(참여회사 48개)

◆ 유족이 확인되면 유족에게 전달하고, 유족의 신원이 불가능하면 치도리카 후치에 납골

이 내용에 따르면, 강제동원 피해사망자 유골봉환은 1945년 일본 패전 직후부터 있었다. 총 20회에 걸쳐 유골과 위패가 봉환되었다(부록 참조). 주로 재일한국인거류민단이나 단체 차원의 봉환이지만 총 19회 가운데 9회는 정부 차원의 봉환이었다.

그러나 정부 차원의 봉환이라 해도 강제동원위원회가 유골봉환 업무를 시작하기 이전에는 '전달'이었다. 김해나 김포공항에서 일본정부 담당자와 한국정부 담당자간 '인수·인도'였다. 유족에게 알리지도 않았고, 추도식도 없었다. 한인 여부를 검증하지 못한 경우도 있었고 유족을 확인할 수 없는 유골이 다수였다. 유골 실태파악은 생각할 수도 없었다.

한일유골협의체 협의에서 가장 먼저 합의에 이른 것은 일본 지역 내 실태조사와 실지조사였다. 2005년 5월 25일 도쿄에서 열린 제1회 국장급 회담에서 실태조사 원칙과 방법에 합의했다. 실지조사는 제2차 국장급 회담(2005년 9월 28일, 도쿄) 합의 사항이다. 실지조사를 위한 실시요령안('조선반도 출신 구 민간징용자 등의 유골실지조사 실시 요령안)도 제5차 국장급 회담(2006년 11월 9일, 도쿄)에서 확정했다. 노무동원사망자 유골봉환을 위한 첫 단계 작업이었다. 이 합의를 통해 일본정부가 지방자치단체와 사찰 등 한인 유골이 있을 것으로 예상되는 단체와 기관을 대상으로 실태조사를 실시하고, 이 가운데 유골의 인적 정보가 있는 유골 보관 시설을 대상으로 직접 현장조사를 실시(실지조사)하게 되었다. 실태조사는 안치 시설의 '협조'에 의지한다는 점에서 제한적이었다. 일본 시민단체가 파악한 시설이 누락된 경우도 있었다. 혼골混骨 상태여서 개체성을 확보하지 못하거나 신원 확인이 어려운 유골도 포함되어 있었다. 그러나 전후 최초로 이루어진 일본정부 차원의 조사라는 의미를 가졌다. 일본 불교 최대 종파인 조동종曹洞宗에서도 자체 조사를 실시해 조사결과를 강제동원위원회에 제공하는 등 적극 지원에 나섰다.

일본정부는 2005년 6월부터 시작한 실태조사 결과를 2005년 9월부터

2015년 4월까지 지속적으로 강제동원위원회에 제공했다. 실태조사는 주로 2005-2006년에 집중적으로 실시되었으나 이후에도 수합되는 자료는 계속 제공했다. 총 339개소 대상 시설에 2,798위가 안치된 것으로 파악했다. 이를 대상으로 한 실지조사는 2006년 8월부터 시작해 2015년 2월 한일공동 실지조사까지 총 234회(23회는 한일 공동조사)에 걸쳐 총 234개 시설(69%)에서 1,014위를 조사했다. 현재는 일본정부 단독 실지조사가 진행 중이다.

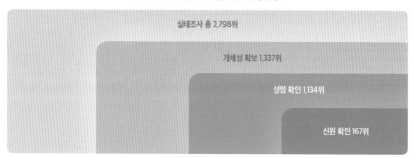

실태·실지 조사를 통한 봉환대상자 선별 현황

실태조사 총 2,798위

개체성 확보 1,337위

성명 확인 1,134위

신원 확인 167위

　실태조사와 실지조사는 노무동원사망자 유골봉환의 전 단계이다. 이를 대상으로 유골의 신원을 확인한 후 유족을 찾고 봉환의사를 확인해 정부 차원의 예를 갖추어 봉환하는 것이 가장 바람직한 절차이다. 이를 위해 2005년 5월 제1차 국장급회의에서 3대 방침(인도주의, 현실주의, 미래지향주의)에 합의하고 첫 단계로 도쿄 유텐사祐天寺 유골을 봉환하기 위한 작업에 들어갔다. 유텐사는 1718년에 건립한 정토종淨土宗 사찰인데, 일본정부가 위탁한 동남아시아와 태평양 지역에서 사망한 군인·군무원 유골과 우키시마호 사망자 유골이 안치되어 있었다. 2006년과 2007년에 걸친 논의 끝에 한일유골협의체는 3대 방침에 근거해 유텐사 유골봉환 기본방침을 마련했다. 이 방침은 유텐사 안치 유골 봉환을 위해 마련한

기본 방침이다. 그러나 이후 노무자유골봉환 협의 과정과 사할린 지역
유골봉환 절차 수립에도 영향을 미쳤다.

- 한일 양국간 유해 협의 및 합의에 의거한다.
- 유족이 방일하여 추도식을 거행하고 유골을 봉안해 귀국한다.
- 유족의 방일과 유텐사 추도식, 한국공항까지 유족 및 유해봉환에 소요
  되는 경비는 일본정부가 부담하고 한국 내 관련 경비는 한국 정부가 부
  담한다.
- 귀국 직후 '국립 망향의 동산'에서 추도식을 거행하고 유골은 유족의 의
  사에 따라 국립 망향의 동산에 안치하거나 개별 안치한다.

강제동원위원회 발족 이후 유골봉환이 이전 시기와 다른 점은 '정부
가 정부 차원의 조사를 통해 검증한 유골을 유족의 의사에 따라 봉환한
다'는 점이다. 유족이 봉환을 결정하기 위해서는 가족의 사망원인을 알
아야 하고 유골의 안치 과정도 알아야 한다. 이는 당연한 유족의 권리
이다. 이를 위해 유전자 감식 결과를 비롯한 사망 정보를 유족에게 제
공하기로 합의했다. 그러나 대검찰청 유전자 감식 전문가의 협조를 받
아 유전자 감식을 시도했으나 시료 상태 불량으로 감식이 곤란했다. 유
족들의 양해를 얻어 유전자 감식 절차는 생략했다. 양국 합의에 근거해
강제동원위원회는 일본정부와 협의하면서 동시에 유골봉환 준비를 진
행했다.

유골봉환 기본 계획 수립 → 전문가 워크숍 개최, 관련단체 및 인사로 유
골봉환 자문위원회 구성·운영 → 유골 신원 정보 확인 → 유족 찾기 →
유족 설명회(전국을 순회하며 해당 유족들에게 사망 원인, 유골 안치 과
정, 유골 상황, 봉환 절차 등 설명) → 유족의 봉환 의사 확인 → 세부 계획
수립(방일행사 및 국내 추도회 개최 준비) → 방일 희망 유족 안내 및 유
족 방일 준비(여권 준비 등) → 국립 망향의 동산을 비롯한 관계 부처 협
의 → 행사 준비 완료 → 방일 전 기자회견 → 방일단 출발 → 일본 도쿄
유텐사 추도식 거행(일본 정부 당국자가 사망 원인 및 유골 안치 경과를

설명하고, 외무성 또는 후생노동성 장관급 정무직 인사가 참석해 무라야
마 수상 담화에 준하는 사과 표명의 추도사 낭독)→ 국립 망향의 동산 추
도식 및 안치식 거행(주한일본대사가 참석해 무라야마 담화에 준하는 사
과 표명의 추도사 낭독, 국방부 조총병 및 군악대 협조)

기본 방침에 따른 철저한 준비 결과 2008년 1월 23일부터 2010년 5월
19일까지 총 4회에 걸쳐 일본 도쿄 유텐사 안치 한인 유골 중 우키시마
호 사망 유골(유골봉환 이전에 자료공개 및 보상을 요구한 유족 의사에 따라 봉환 보류)
을 제외한 군인·군무원 유골 총423위를 봉환했다.

모든 과정은 유족의 의사에 따라 투명하게 진행되었고, 참여 유족의
만족도는 컸다. 해당 유족은 추도식을 마친 후 행사 전과 달리 "이제는
여한이 없다. 유족으로서 도리를 다한 것 같아 마음이 홀가분하다" "내 가
족을 끌고 가 목숨을 잃게 한 것은 괘씸하지만 그래도 유골이라도 모셔
두고 있었으니 다행스럽게 생각한다. 이제는 일본을 용서하게 되었다"
"내 나라가 있으니 유골이라도 모셔올 수 있게 되었다"는 반응이 대부분
이었다. 추도식에 참석한 참배 유족들도 감동과 부러움을 함께 느끼는
기회였다. 유골 소재를 파악하지 못한 유족이 대부분이기 때문이다.

□ 일본이 처음 경험한 봉인 해제

유텐사 안치 유골 봉환은 일본정부가 처음으로 경험한 '봉인 해제'였
다. 이 경험은 이후 한일유골협의체 운영 과정에서 매우 긍정적인 결과
를 낳았다. 물론 첫 경험이 순조로웠던 것은 아니다. 2008년 1월 21-23일
간 제1차 봉환 당시 일본 측의 대응은 '격리와 차단'이었다. 유족은 물론
이고 일본 종교계와 시민단체도 불쾌감과 당혹감을 감추지 못했다. 방
일단의 숙소를 오타구大田區 오타大田 시장 주변의 후미진 곳으로 잡아
유족들에게 불편을 주었고, 유텐사 추도식에 언론과 일본 시민단체와

종교계 참석을 허용하지 않는 등 폐쇄적이고 경직된 대응으로 일관했다. 행여 유족들이 과격한 돌출행동을 할 것을 지나치게 우려한 때문이었다. 일본 측의 경직성은 그 해 11월에 열린 2차 봉환 행사 때부터 조금씩 풀렸다. 숙소 문제도 개선했고, 비록 참가인원은 제한되었으나 양국이 합의한 동일한 인원수를 인터넷 신청방식으로 결정해 추도식에 일반 참례가 가능하도록 했다. 이런 변화는 어떻게 가능했는가. 1차 봉환 당시 일본 측이 보인 경직성과 폐쇄성은 '사실의 무게'를 알지 못하는데서 오는 무지와 두려움이었던 것이다.

유골봉환행사는 추도식 외에 일본 네트워크 관계자들과 간담회를 비롯해 일본정부는 물론 시민사회와 다양한 의견을 나누는 장이기도 했다. 일본 외무성 담당자들과 한일유골협의체 회의에서 충분히 논의하지 못한 현안을 다루는 중요한 회의 기회이기도 했다. 제2차 유골 봉환에 즈음해 도쿄에서 만난 외무성 담당자의 발언은 뜻밖이었다. 첫 마디가 "유텐사 유골 봉환은 외교관 생활 30년 만에 가장 의미 있는 경험이었"다. "유텐사에서 상복을 입은 유족들이 통곡하는 모습은 충격적이었다. 그러나 얼마 지나지 않아 통곡이 바로 그들의 슬픔을 그들 방식으로 풀어낸다고 느꼈다. 그들에게 중요한 것은 일본에 대한 항의가 아니라 애도였음을 알았다. 우리의 오해였다. 우리는 유족들의 슬픔보다 '항의'를 걱정했다." 유족의 아픔과 슬픔을 현장에서 느끼면서, 전쟁을 생각하게 되었다고 했다. 유골봉환 외에 유족을 위로하고 이해할 수 있는 프로그램을 운영하고 싶다는 제안도 했다. 조금이나마 '사실의 무게'를 느낀 결과이다.

국립 망향의 동산에서 열린 추도식 및 안치식은 유족이 '유골과 대면'하는 자리이자 '완전한 귀향' 절차이다. 일본 유텐사에서 창씨명으로 추도식을 지내고 고국으로 돌아온 유골은 국립 망향의 동산에서 일본 유골함과 상자, 보자기를 벗고 한국 유골함으로 옮겨 담긴다. 본명을 새긴

일본 유텐사 추도식(2009.7. 일본정부 주관)   국립 망향의동산 추도식(2009.7. 한국정부 주관)

유골함이다. 60년이 넘게 제 이름을 잃고 창씨명이 적힌 채 일본에서
귀향을 기다렸던 주인공이 비로소 고국에 돌아와 제 이름을 찾는 순간
이다. 사회자석에서 나는 매회 감격적인 경험의 기회를 가졌다.

유골봉환은 피해자의 슬픔을 통해 한국과 일본사회가 사실의 무게를
느끼고, 진실에 다가서는 과정이다. 그 중심에는 순수한 피해자의 아픔
이 있다. 남편 없이 아비 없이 살아오며 겪어야 했던 신산辛酸함을 담은
통곡소리는 더욱 주변 사람의 마음을 움직였다.

2차 유텐사 유골봉환 당시 유텐사 추도식장에서 직접 목도한 유족들
의 '애도' 모습은 조금의 꾸밈이 없었다. 종교 신앙을 이유로 상복을 입
지 않거나 절을 하지 않는 모습도 자연스러움이다. 추도식장에 들어가
기 전까지 '실감나지 않는다'며 담담하던 유족들이 버스가 유텐사 경내
에 들어서니 갑자기 훌쩍이기 시작했다. 검은색과 흰색으로 꾸민 경건
한 추도식장도 유족들이 마음껏 슬퍼할 수 있는 여건을 만들어주었다.
유골과 대면해 통곡하다가 그 자리에서 피를 토한 유족은 다음날까지
충격에서 헤어나지 못했다. 단 한 번도 본 적이 없는 시아버지였으나
자신도 모르게 피를 토하게 되었다고 했다. 유족들의 순수한 애도의 표

현은 일본정부 담당자가 처음 목격한 모습이었다. 일본 전후 세대가 전쟁 피해를 생각하게 하는 현장이었다.

우리들은 매일매일 찾아오는 부재자의 가족들에게 당신의 아드님은, 남편은 사망했다. 죽었다. 죽었다고 전해주는 괴로운 일을 하고 있었다. 부재자 가족 중 많은 사람들은 대부분이 여위고 쇠약하고 누더기 복장을 한 이가 많았다. 〈중략〉 어느 날 소학교 2학년에 다니는 한 소녀가 식량난으로 병이 난 조부모를 대신해서 부친의 소식을 물으러 왔다. 〈중략〉
내가 장부를 들춰보니 필리핀의 루손 바기오에서 전사했다고 쓰여 있었다. "너희 아버지는…" 라고 말을 건네면서 나는 소녀의 얼굴을 보았다. 여위고 새까만 얼굴, 늘어진 단발머리 아래로 긴 눈을 날카롭게 크게 뜨고 내 입술을 쳐다보고 있었다. 대답하지 않으면 안 된다. 대답하지 않으면 안된다고 몸 안에 세차게 흐르는 전율을 힘껏 억누르면서 어떤 음성으로 대답했는지 모른다. "너희 아버지는 전사하였단다"라고 말하고는 더는 목소리를 낼 수가 없었다. 순간 소녀는 큰 눈을 더욱 크게 뜨고, '으앙!' 하면서 울상이 되었다. 그러나 소녀는 "저, 할아버지가 가라고 해서 왔는데요. 아빠가 전사했다면 담당 아저씨에게 전사한 장소와 상황, 상황 말이죠. 그것을 받아 적어오라고 하셨어요." 나는 잠자코 끄덕이면서 … 간신히 다 쓰고 봉투에 넣어 소녀에게 건네줬더니, 작은 손으로 그것을 주머니에 소중하게 챙기고 팔로 가리면서 힘없이 고개를 떨구었다. 눈물 한 방울 떨어트리지 않고 한 마디도 소리를 내지 않았다. 소녀의 어깨에 손을 올리고 무언가 말을 하려고 생각하면서 얼굴을 들여다보니 아랫입술을 피가 나도록 깨물면서 눈을 번쩍 뜨고 어깨로 숨을 쉬고 있었다. 〈중략〉
소녀는 말했다. "저 여동생이 두 명 있어요. 엄마도 돌아가셨어요. 그래서 제가 착실히 하지 않으면 안 된다고 하셨어요. 제가 울면 안된다고요" 소녀가 한 말이 내 머릿속을 빙글빙글 돌았다. 어떻게 되는 것일까? 나는 도대체 무엇인가? 무엇을 할 수 있는 것인가?

패전 직후 복원사무실에 근무했던 스기야마 다츠마루杉山龍丸(작가 유메노 규사쿠夢野久作의 장남)의 회상이다. "모처의 전투에서 몇 만 명이 죽었다는 식으로 간단하게 보도된 숫자의 배후에는 많은 슬픔과 마음의 상처가 있"고, "사망자 한 사람 한 사람 뒤에는 마음에 큰 상처를 입은 유족들이 많이 있었다." 이 회상을 소개한 오구마 에이지小熊英二의 글이다. 현재 아시아태평양전쟁으로 인한 슬픔과 상처를 일본 사회는 잊고 있다. 전후 세대가 이 슬픔과 아픔을 기억하기는 쉽지 않다. 쉽지 않은 기회를 한국의 유족들이 제공한 것이다.

추도식을 마친 후 일본 측 정부 관계자와 참례객들은 유족 좌석으로 와서 깊이 고개 숙여 애도를 표했다. 추도식장에서 강제동원위원회 직원들도, 여행사 직원도, 남녀불문 모두 붙잡고 울었다. 다들 방금 장례식을 마친 유족 같았다. 개인적으로 감격적인 경험이었다. 현장에 있던 일본 관리가, 참례객이, 언론관계자가 '사실의 무게'를 알게 된 귀한 기회였다.

☐ 일본지역 유텐사 유골봉환의 성과를 넘어서

제1차 유텐사 봉환 후 한일유골협의회는 성과를 쏟아냈다. 신뢰가 축적된 결과였다. 첫 성과는 후생연금명부 DB 작업이었다. 일본 측은 오랫동안 후생연금명부 기본 DB를 만들어 조회라도 가능하게 해 보자는 제안에 별 반응을 보이지 않았다. 그런데, 제7차 실무자급 회의(도쿄, 2008년 10월 30일)에서 기본적인 조회가 가능한 후생연금명부 기본 DB를 만들었다고 밝혔다. 그 순간, 나는 귀를 의심했다. '포기하지 않으니 이렇게 이루어지는구나' 하는 성취감과 향후 조회 작업 결과에 대한 기대감에 가슴 벅찼다.

이후 계속 군인군속 공탁금 명부 일괄 입수, 노무자 공탁금 명부 전격 입수, 후생연금보험 자료 조회 등등 회의가 열릴 때마다 성과는 쏟아졌다. 특히 노무자공탁금 명부 입수는 '판도라의 상자'가 열리는 획기적 성과였다. 지속적으로 요구하면서도 자료 입수 가능성에 기대하지 않았다. 개인청구권 관련 소송이라도 제기된다면 일본 측으로서는 매우 불리한 자료다. 동원 기업과 미불 내역이 상세히 기록되어 강제성 입증에 결정적 자료이기 때문이다. 그런데 2009년 11월 5일, 일본에서 열린 제 9차 실무자급 회의(팀장 오일환吳日煥) 석상에서 전격적으로 이관 의사를 밝혔다.

이 같은 성과는 단지 자료입수성과를 넘어서 대일역사문제 해결 가능성을 확인한 사례라는 점에서 의미가 있다. 2007년 상반기까지만 해도 한일유골협의체 실무급 회의는 벽을 보고 이야기하는 것 같았다. 비아냥거림도 있었고, 당연한 요구에 대한 무례한 거부도 적지 않았다. 그러나 제1차 유텐사 유골봉환 이후 회의 분위기는 조금씩 달라졌다. 상대를 인정하게 된 것이다. 물론 단 한번 행사로 모든 일이 해결된 것은 아니었다. 더구나 당시 강제동원위원회를 둘러싼 여건은 좋지 않았다. 한시기구였던 강제동원위원회는 한국 대통령선거 이후 풍전등화에 놓여 불안한 시기였다. 한일관계도 불편한 시기였다. 그럼에도 한일유골협의체는 순항이었다.

순항한 이유는 두 가지다. 첫째, 일본의 양심 세력과 연대한 강제동원위원회의 노력이다. 노력의 중심에는 국제관계 전문가인 오일환 전문위원이 있었다. 2006년 하반기부터 실질적인 한일유골협의체의 한국 측 협상 주역이었다. 그는 협상논리 개발은 물론 일본 시민세력과 연대해 일본정부를 측면에서 압박하기도 하고 명분을 만들어 물꼬를 터주기도 했다. 불가능해 보이는 현안 해결을 위해 치밀한 준비와 끈기를 잃지 않았다. 전문성을 토대로 한 오박사의 헌신성과 사명감은 결국 '동굴'을 '터널'로 만들었다. 둘째, 한일유골협의체에 대한 기대감이다. 일본 측은 유골봉환이 가져다 준 긍정적 효과를 인정하고 기대감을 증폭시켜 나갔다. 한국 측에 제공한 자료가 의미 있게 사용될 것이라는 신뢰도 갖게 되었고 향후 대일역사문제 현안을 푸는 데 도움이 될 것이라 생각했다. 한일유골협의체 운영은 대일역사문제해결의 열쇠가 무엇인지 알려준 좋은 사례였다.

일본지역 군인군속 유골봉환의 안정적 추진은 지역의 확대와 노무동원사망자 유골봉환 추진으로 이어졌다. 먼저 군인군속 유골봉환의 절차에 준해 노무동원사망자 유골을 봉환하는 협의를 진행했다. 노무동원사망자 유골봉환 준비는 한일유골협의체 발족과 동시에 추진된 일본 전역의 실태조사와 실지조사부터 시작되었다. 실태조사와 실지조사 결과가 축적되고 유텐사 유골봉환 절차가 정착되자 노무동원피해자 유골봉환을 위한 협의가 시작되었다. 2008년 10월에 열린 제7차 실무자급 회의에서 '노무자 등 유골봉안 방침(안)'이 의제에 오른 것이다. 그러나 노무동원 사망자 유골봉환은 넘어야 할 난제가 많았다. 일괄적으로 유텐사에 안치되어 있었던 군인군속 유골과 달리 전국 각지에 안치된 유골을 모셔오는 절차는 세 배 이상 복잡했다. 그 보다 더한 난제는 바로 노무동원피해에 대한 한일 양국 간 인식의 차이였다. '정부의 책임이 아니라 기업의 책임'을 주장하는 일본 측에 사실의 무게를 느끼게 해주는 과정은 출구가 막힌 동굴 같았다. 동굴을 뚫는 작업은 계속되었다. 국가총동원법과 국민징용령, 노무조정령 등 총동원체제 근거 법령을 제시하며, 밀고 당겼다. 이명박대통령의 독도방문 등 한일 간 악재는 갈 길 바쁜 발목을 잡았다. 그럼에도 터널 만들기는 계속했다. 끊임없이 일본 측을 두드렸고 봉환대상 유족을 찾아 봉환의사도 확인했다. 그러나 안타깝게도 협상이 마무리되어 유골봉환 절차에 대한 내부 합의 성사 직전에 동굴 뚫기는 멈췄다. 실행 직전에 한국 측 추진체인 강제동원위원회가 문을 닫았기 때문이다.

조사대상과 유골수습봉환지역이 일본 본토에서 구 제국 일본 영역으로 확대되었다. 남사할린과 중국, 시베리아 지역을 대상으로 해당 국가와 협의를 추진했다. 한일유골협의체와 같은 공동협의체가 없는 상황에서 사회주의 국가와 협의는 인내심을 요구했다. 가장 빛나는 성과를 이룬 지역은 남사할린이다. 남사할린으로 동원된 3만여 피해자 가운데 다수는 일본 패전 이후 억류되어 현재까지 생사여부를 확인하지 못하고 있다. '제삿날이라도 확인해달라'는 국내 유족들의 소망은 동토의 땅에서 새로운 역사를 만들어냈다. 한·러 정부간 합의에 따라 공동묘지에 대한 전수조사(총 5개년)와 기록물 조사, 유골봉환으로 이어지는 모범 사례를 남겼다. 계기는 2007년 기록물 조사를 위한 남사할린 출장팀이 바쁜 일정 속에서 방문한 유즈노사할린스크·콜사코프 등 남사할린 주요 지역의 공동묘지였다. 당시 담당과장이었던 나는 오일환 박사가 제출한 '남사할린유골봉환 계획서'를 보고 망설였다. 당시 2-3명의 인원이 방대한 일본지역 유골봉환 업무를 하느라 허덕이고 있는데다가 강제동원위원회 잔여 기한이 1년도 남지 않았는데 새로운 사업을 시작하면 완결을 기대하기 어려웠기 때문이다. 오 박사는 "우리가 하다가 문을 닫는다 해도 시작하면 나중에 우리 정부의 누군가가 계속할 수 있을 것"이라며 설득했다. 힘들어도 새로운 길을 열어보겠다는 의지를 더 이상 만류할 수 없었다.

국가기록원 등 관계 기관에 협조요청공문을 보내 도움을 요청했으나 반응을 보인 곳은 외교부뿐이었다. 외교부가 나서서 러시아 정부와 합의가 성사된 후에도 복잡한 현지 규정과 절차법이라는 난관은 있었으나 사할린 한인단체의 적극적인 협조가 있어 가능했다. 그렇게 시작한 남사할린 3대 사업(공동묘지 전수조사, 기록물 조사, 유골봉환)은 '전후 최초'를 기록했다. 사할린 유족들의 예산 확보에 힘입어 총 67개 공동묘지(15,110기 한인묘 확인) 전수조사 완료, 유골봉환의 안정적 추진(2015년말 기준, 총 3회, 22기 봉환), 기록물 조사(2015년말 기준, 1만여 건의 기록물과 7,472명분의 한인 인명 기록 확보)라는 성과를 낳았다. 그러나 유골봉환을 위한 기초 작업인 기록물 조사는 예산 확보에 실패해 총 5개년 사업 중 2014년도 제1차 사업 실시 후 중단되었다.

중국 해남도 유골조사는 진상조사를 토대로 중국 정부와 협의를 진행

하던 중 강제동원위원회 폐지로 중단되었고, 시베리아 억류자 유골조사
도 미결로 남았다. 남은 것은 강제동원위원회 시절 홈페이지(http://www.
jiwon.go.kr/)에 탑재한 두 건의 웹-콘텐츠(일본 내 조선인 재해재난개요 및 유골봉환
실태표, 사할린한인묘 현황 파악 및 찾기 서비스)이다.

☐ 진상규명과 어깨를 걸고 – 남북교류, 국제연대

한국에서 정부 차원의 진상규명작업이 시작된 2000년대는 남북교류와
국제연대가 활발했던 시기다. 특히 2008년이 가장 활발했다. '전시 성폭력'
문제를 매개로 남북교류와 국제연대는 문제의식을 확대해갔다. 국제연
대는 강제동원특별법 제정과정과 이후 진상규명 작업에 도움이 되었다.

민간 차원의 남북교류는 1980년대 말부터 시작되었으나 대일역사문
제를 주제로 한 남북교류는 1990년대 초부터 시작되었다. 1987년 민주
화운동은 대통령 직선제를 획득했다. 노태우대통령은 국민의 민주화 열
망을 무시할 수 없었다. 이전 정부와 차별화를 시도한 정부는 출범 초
기인 1988년 7·7특별선언(모든 부문에서 남북교류 추진)을 발표하고 1990년
8월에는 '남북교류협력에 관한 법률' 등 일련의 법적 조치를 취했다. 그
러나 7·7특별선언으로 곧바로 남북 간 상호왕래와 교류가 이루어진 것
은 아니었다. 1991년 12월, 남북 간 '남북사이의 화해와 불가침 및 교
류·협력에 관한 합의서'(일명 남북기본합의서)를 채택해 남북교류에서 새로
운 전기를 만들었다. 1989년 베를린 장벽 붕괴 등 국제사회의 엄청난 변
화인 냉전체제 완화에 힘입어 공산권과 수교(1990년 9월 한소수교, 1992년 8월
한중수교)도 이루어졌다. 1991년 9월에는 남북한 유엔 동시 가입도 성사
되었다. 이 같은 국내외 정세의 영향 아래 1988년 이후 민간차원의 남북
교류가 가능했다.

일본의 포토 저널리스트 이토 다카시(伊藤孝司)의 사진

역사 관련 남북교류는 '아시아의 평화와 여성의 역할 토론회'(1991-1993년
간 총 4회, 일본과 남북한에서 개최), '아시아연대회의'(1992-), '일본의 전후처리
문제에 관한 토론회'(1993), '군위안부 관련 국제 세미나'(1995) 등 주로 군
위안부 관련 학술 행사였다. 피해자를 매개로 한 남북교류는 한국 사회
전반에 관심을 확산했다.

'아시아의 평화와 여성의 역할 토론회'는 1987년 일본 히로시마에서
열린 원수폭금지세계대회에 참가한 한국 이우정과 일본 시미즈 스미코
淸水澄子의 만남에서 시작되어 이후 남북한과 일본이 함께 하는 토론회
로 발전했다. 이를 계기로 한반도 분단이 일본 식민지 지배에 뿌리가
있음을 인식한 일본 여성 9명은 실행위원회를 조직해 1991년 5월 31일
도쿄에서 심포지엄(아시아의 평화와 여성의 역할)을 개최했다. 실행위원회는
남북한 여성 각각 3명씩 6명을 초청해 46년 만에 남북 여성이 만나는 자
리로 만들었다. 이후 2차 모임과 3차 모임이 서울과 평양에서 열리면서

대일역사문제와 관련해 여성들이 주관한 남북교류의 첫 행사로 기록되
었다. 특히 3차 모임을 위한 방북딘은 최초로 판문점을 통과했다는 기
록도 남겼다. 평양 모임에서 향후 '아시아의 평화와 여성의 역할 실행위
원회' 상시 구성을 합의했으나 남북관계 경색으로 1993년 11월로 예정된
제5차 서울 모임이 중단되면서 더 이상 이어지지 못했다.

그러나 이 모임은 남북교류는 물론 남북한과 일본 여성단체에 적지
않은 영향을 미쳤다. 특히 북한은 '아시아의 평화와 여성의 역할 토론회'
개최 과정에서 여성단체 '아시아여성과 연대하는 조선여성협회'와 민간
단체 '종군위안부 및 태평양전쟁피해자보상대책위원회'(1992.8. 2003년에 '조
선·일본군위안부 및 강제연행피해자보상대책위원회'로 개편. 이하 조대위)를 창립했다.
군위안부 문제를 대상으로 남북교류의 역사를 논문으로 정리한 강정숙
은, 국제연대가 북한에게 피해국과 교류 및 연대라는 측면에서 자신의
존재를 참가국에게 확인시킬 수 있는 장이며 유엔 활동과 다른 차원에
서 관계와 경험을 확대할 수 있는 기회가 되었다고 평가했다. 2000년대
에 들어서 평양은 굵직한 대일역사문제 토론의 장을 마련했다. 2002년
5월에 평양에서 '일본의 과거청산을 요구하는 아시아대토론회'를 열었
고, 2003년 9월에도 일본과 재일동포, 한국, 북한 학자들이 참석한 '우키
시마호 사건의 진상규명을 위한 평양토론회'를 개최하기도 했다. 이 때
북한 측은 참가한 일본과 재일동포 연구자들에게 원산 등지 군위안소
조사 기회를 제공했다.

'아시아연대회의'는 1992년 정대협이 제안해 타이완·필리핀·중국·
인도네시아·북한 등 피해국 지원 및 지지단체들이 참가한 회의다. 20년
이 지난 현재까지 이어진다. 이 회의는 2000년 국제법정 개최 배경이다.
제5차 아시아연대회의(1998년 4월, 한국)에서 개최를 결정했기 때문이다. 이
결정에 따라 1998년 12월 7일 '2000년여성국제전범법정 한국위원회'가
발족해 준비에 들어갔다. 특히 2000년 국제법정은 남북공동검사단과 기

소장 작성이라는 성과를 남겼다는 점에서 남북교류사에서도 의미가 있다. 2000년 6월 8일 남측관계자회의에서 북측에 제안한 '검사단 8명 구성과 남북공동검사단 구성'을 7월 마닐라회의에서 합의하면서 성사 되었다. 공동기소장 작성은 양측의 의견을 조율하는 어려운 과정은 있었으나 다양한 의견교류의 기회가 되었다.

 2000년 국제법정 개최 후 조성된 국제연대활동은 '일본의 과거청산을 요구하는 국제연대협의회'로 이어졌다. 2003년 9월 중국 상하이에서 제1회 대회를 개최한 후 2004년 5월에 제2회 대회(서울), 2005년 9월(평양) 등 정례 행사로 확립했다. 이 가운데 가장 큰 화제를 남긴 대회는 2004년 5월 20-24일에 서울에서 열린 '제2회 일본의 과거청산을 요구하는 국제연대협의회 서울 대회 : 과거·현재·미래 - 동아시아 평화를 위한 대일 과거사 청산운동'이다. 광복이후 60년 만에 처음으로 북한의 대표단과 피해자들이 남녘을 밟은 역사적인 자리였다. 북한에서는 조대위 홍선옥 위원장(최고인민회의 대의원 및 상임위원회 부의장 서기장, 조선민주여성동맹 부위원장, 조선여성협회 위원장, 군축평화연구소 통일문제연구실장 역임. 2014년 3월에 제13기 대의원으로서 최고인민회의 상임위원회 서기장)과 피해자 2명 등 총 9명이 참가했다. 특히 이 대회에 참석한 북한의 군위안부 피해자 리상옥 할머니는 치열한 취재경쟁 속에서 공식 발언 중 잠시 혼절하기도 했다. 북측 참가자외 총 참가자 300여명 가운데 중국 난징대학살 피해자(1명), 타이완 '군위안부'피해자(1명), 필리핀 '군위안부'피해자(1명)가 참석해 남북한 피해자와 함께 전쟁 피해의 아픔을 위로했다.

 이 대회는 본 행사와 특별전시회·남북교류회·문화공연·비디오 상영회 등 부대 행사로 진행되었다. 나는 이 대회에서 학술팀장을 맡아 성명서 작성과 통·번역, 자료 정리, 두 차례에 걸친 기조 강연, 총 4개 분과 토론회, 피해자 증언회 등을 주관했다. 총 48명이 발표와 증언에 참가한 대규모 행사였다. 일본 참가자 74명 가운데 조선적 동포 15명이 포함된 점도 획기적인 일이었다. 국제연대협의회는 이후에도 중국과 일본, 네덜란드 등 여러 지역에서 개최되고 있으나 2000년대 초반과 같은 열기와 호응은 찾기 어렵다.

□ 진상규명과 어깨를 걸고 - 역사의 거울을 닦는 양심적 일본 시민들

한국 언론 관계자들이나 시민 대상 강연장에서 나오는 반응 가운데 하나는 '양심적 일본인 존재'에 대한 놀라움이다. 한국 시민들의 반응은 '일본인이 왜?' '일본에도 저런 사람들이 있다니!' 등이다. 30년 넘는 역사를 가진 강제동원 일본시민단체의 존재를 몰랐기에 나오는 반응이다.

양심적 일본인. 전후 청산 기회를 잃어 먼지로 뒤덮인 역사의 거울을 닦는 사람들이다. 이들이 역사의 거울을 닦는 이유는 무엇일까.

> 피해여성에 대한 취재를 계속했던 이유는 무엇보다도 일본의 중대한 국가 범죄를 규명하는 것이 일본의 현재와 미래를 위해 필요하다고 확신했기 때문이다.

남북은 물론 아시아의 군위안부 피해 여성 90여 명을 만나 취재를 해온 이토 다카시가 다큐영화감독 안해룡安海龍에게 한 답변은 '일본을 위해'이다. 다른 이들의 답도 이와 다르지 않다.

이들이 역사의 거울을 닦기 시작한 역사는 유구하다. 패전 후 일본에는 아시아태평양전쟁에 동원된 아시아인에 대해 관심을 보인 시민들이 있었다. 물론 패전한 일본에서 아시아태평양전쟁은 입에 올리기 쉽지 않은 경험이다. 그러나 그들의 마을에는 강제동원의 흔적이 엄연히 남아 있고, 일부 피해당한 한인들이 사는 지역도 있었다. 샌프란시스코강화조약 이후 일본정부의 대대적인 유골조사와 히로시마 원폭 돔을 비롯한 아시아태평양전쟁 유적 조사도 이들에게 영향을 미쳤다. 이들은 1950년대부터 자신들이 사는 지역에서 중국인 강제동원 조사 및 유골봉환, 추도 사업에 참여하기도 하고 조사 작업을 하기도 했다. 그러나 '포로' 신분이었던 중국인과 달리 '식민지민이었던 조선인'의 동원은 강제성과 무관하다는 분위기도 많았다. 일부 경제학 논문에서 연구 성과가 나오기도 했으나 사회적으로 확산되지는 못했다. 그러나 조선대학 교원이었던 박경식朴慶植(1922-1998)이 학생들과 함께 한 지역 조사 결과를 잡지에 발표하고 1965년 한일협정 체결에 즈음해『조선인강제연행의 기록』을 출간하면서 변화하기 시작했다. 1970년대부터 지역 활동가들이 한인 강제동원에 관심을 갖고 조직화에 나섰다.

1970년대 초반 동아시아에서 일어난 새로운 정치적 변화는 지역별 단체와 전국 규모 단체 발족에 영향을 미쳤다. 1972년 5월, 오키나와의 통치권이 반환되었다. 또한 1972년은 미국과 중국의 역사적 화해가 이루어지고, 중일 간 국교정상화가 성사된 해이다. 이러한 동아시아 역사의 새로운 시대가 열린 1972년에 일본에서 한인 강제동원에 대한 시민단체가 발족했다. 오키나와에서 전국규모의 조선인강제연행진상조사단을 일본시민들과 총련이 연대하는 형식으로 결성했다. 현재 구성원들은 국적이나 정치적 지향성과 관계없이 참여하고 있으나 총련 조직의 관심은 여전하다. 조선인강제연행진상조사단은 중앙조직이 구성되어 있으나 각지의 지방 조직은 '**조선인강제연행진상조사단'이라는 명칭의 독자적인 조직으로서 활동하고 있다. 중앙조직과 지방조직 모두 일본인 측 조사단(일본인 측 전국연락협의회)과 조선인 측 조사단(조선인 측 중앙본부)으로 구분하여 별도의 사무국을 설치하고 있다. 학자 · 문화인 · 법률가 · 교사 · 지역 시민활동가 등이 회원이다.

1972년에 발족한 조선인강제연행진상조사단은 그 후 일본 각지의 한인 강제동원 관련 단체 발족과 활동에 영향을 미쳤다. 1960년대부터 시작된 박경식의 지역 조사에 자극받아 자생적으로 탄생한 한인강제동원 관련 지역 단체들은 1990년대에 큰 성장세를 보였다. 1990년대 초에 전국교류집회를 개최해 정보를 공유하고 소송을 지원했다. 한 때 200여 단체가 전국교류집회에 참석할 정도로 왕성한 모습을 보였다. 현장에서만 구할 수 있는 팜플렛과 일본 전국의 활동가들의 생생한 활동담은 그 자체로 귀한 자료였다. 나도 몇 번 집회에 참석한 경험이 있다.

그러나 1990년대 말부터 단체 활동은 침체기에 접어들었다. 계속되는 소송 기각과 일본사회의 차가운 눈초리 속에서 활동을 이어갈 동력을 유지하기는 어려웠다. 활동을 접은 단체도, 개점휴업 상태인 단체도 생겼다. 2003년 전국교류집회는 하나오카花岡에서 중국인 학살사건을 주제로 열렸는데『중국인 강제연행』(2002년, 이와나미 신서)을 발간한 스기하라 토루杉原達 교수가 전체 토론을 이끌었다. 그러나 이 자리에서 하나오카 중국인 학살사건의 원인이 되었던 나나츠다테七ツ館갱 매몰사고 한인 사망자에 대해 관심을 보인 사람은 없었다. "조선인강제동원은 일정하게 성과가 나왔고 이제는 한국 사람들이 관심을 가져야 할 주제다. 조선인에 비해 중국인 강제연행에 대해서는 조사나 관심이 미흡하니 이제부터 중국인 문제에 관심을 갖고자 한다." "우리는 이제 중국어를 배우고 있어요." 1990년대 말부터 일본 활동가들에게 심심치 않게 들었던 말이다. 말 그대로 일본 단체의 관심이 줄어든 이유가 단지 한인강제동원 연구 성과가 충분해서일까. 일본 학계에서 한인 강제동원 관련 연구가 중국인 강제연행 연구에 비해 많은 성과를 낸 것은 사실이다. 그러나 동원규모나 다양한 실태에 비하면 충분한 상태는 아니었다.

침체한 한인강제동원관련 일본시민단체 활동에 활력소가 된 것은 강제동원위원회 발족이다. 한국에서 특별법 제정운동이 일어나면서 걸었던 기대가 현실이 되자 일본 시민단체에 긍정적인 자극제가 되었다. 2005년 2월, 사무국이 진용을 차린 후 곧 바로 참석한 야마구치山口현 조세이長生탄광 추도식은 강제동원위원회의 조사 의지를 보여준 첫 출장이었다. 이후 강제동원위원회 조사팀이 출장지마다 간담회를 열고 지역 시민단체와 소통을 시도한 점도 영향을 미쳤다. 지역시민활동가들은 인근 지역에서까지 찾아와 간담회에 참석하고 한국정부 조사에 깊은 관심을 보였다.

히가시카와초가 후원한 생존자 초청행사

개점휴업 상태의 단체가 활동을 재개하거나 새로운 단체를 탄생하는 데 도움이 되었다. 후쿠시마福島의 '이와키시 평화를 말하는 모임'이 전자에 해당한다면, 홋카이도 히가시카와초東川町 '한반도와 히가시카와의 역사를 말하는 모임(대표 : 곤도 노부오近藤伸生 변호사)'은 후자에 해당한다. '이와키시 평화를 말하는 모임'은 강제동원 위원회 조사단이 출장지에서 주최한 간담회를 통해 재결성식을 했고, 히가시카와의 경우에는 조사단 출장 직후에 결성되었다. 특히 '한반도와 히가시카와의 역사를 말하는 모임'은 시민단체 차원의 활동에 머물지 않고 히가시카와초 차원에서 직접 한인 강제동원 진상조사와 생존자 초청에 나선 성과를 남겼다. 곤도 노부오 대표는 2011년 2월의 공동조사 이후 히가시카와초를 설득해 2011년 8월에 지자체 예산으로 생존피해자 초청 위로행사를 개최했다. 히가시가와초는 자체 진상조사 결과를 담은 뉴스레터(廣報誌)를 발간하고 2012년과 2014년에 발굴한 자료를 강제동원위원회에 제공하기도 했다.

물론 우호적이지 않은 첫 대면도 있었다. '일본시민단체가 30여 년 해도 어려운 일을 이제 갓 태어난 한시기구인 강제동원위원회가 제대로 기능할 것인가'에 대한 우려감도 있었다. 지나친 기대감에 감당하기 어려운 과제를 주문하기도 했다. 모두 지대한 관심의 표출이었다.

일본 시민단체와 학술단체(재일조선인운동사연구회)는 강제동원위원회 활동의 성과를 극대화하기 위해 헌신적이고 조직적인 지원에 나섰다. 첫 번째 사례는 '강제동원진상구명 네트워크(이하 일본 네트워크)'이다.

올해 2005년은 전후 60주년을 맞이하였습니다. 한국에서는 작년 2월에 '일제강점하 강제동원피해진상규명 등에 관한 특별법'을 제정하였고 이를 근거로 11월 일제강점하강제동원피해진상규명위원회를 설립하였습니다. 이어 올해 2월부터 강제동원피해신고와 진상규명신청을 시작하였으며 이미 4월에는 조사반이 일본으로 와서 예비조사를 개시하였습니다.

이러한 법률과 조사 기구는 원래 가해국인 일본에서 먼저 만들어야 했다고 생각합니다. 하지만 우리의 역량부족으로 이를 성취할 수 없었습니다. 식민지 지배와 아시아태평양전쟁의 역사적 사실 규명은 현재 우리에게 부여된 책임이라고 생각합니다. 이러한 과거 사실의 확인에서 평화롭고 풍요로운 마음의 미래로 나아가는 길이 열릴 것이라고 생각합니다.

다행스럽게도 한국의 강제동원피해자와 민중의 힘으로 '진상규명위원회'를 발족시켜 강제동원피해진상규명을 시작하려 하고 있습니다. 또한 한국에서는 가해국 일본에 대해서는 물론 자국의 과거 인권침해와 학살사건 등 과거문제에 대한 진상규명도 추진하고 있습니다. 이는 한국이 민주화의 발걸음을 더욱 더 빨리하는 일이라고 생각합니다.

이러한 노력에 일본은 적극적으로 호응해야 한다고 생각합니다. 지금 우리 자신이 이웃 여러 나라에 대해서 저지른 가해행위를 새롭게 검토할 때가 왔습니다. 곰곰이 생각해보면 한국의 민중이 우리 일본인에게 화의 손을 내밀어주었다고 할 수 있을 것입니다. 가해행위의 규명은 결코 '자학적' 행위가 아닙니다. 우리가 인간으로서 '자긍심을 회복하는' 행위입니다.

이를 위해 우리는 먼저 한국의 진상규명위원회가 일본에서 벌이는 조사와 유골 수습 등의 지원부터 시작하고자 합니다. 다행스럽게도 일본에서는 각지에서 많은 분들이 오랫동안 조선인과 중국인 강제동원, 강제노동 실태조사와 유골 수습·공양·반환 등에 노력해왔습니다. 또한 1990년대부터는 한국과 강제동원 피해자의 일본 재판을 많은 시민이 지원하여 국가와 기업이 저지른 가해사실의 자료를 축적해왔습니다. 또한 이러한 사상事象을 조사·연구 집필해 온 전문가도 많이 있습니다.

한국 진상규명위언회의 활동기간은 최대 4년(국회 의결에 따라 1년씩 두 차례, 총 2년 연장 가능), 조사관 숫자는 40명으로 예산도 한정되어 있습니다. 조사, 특히 일본에서 조사가 알맹이 있는 것으로 만들기 위해서는 일본정부와 민간의 강력한 협력이 필요합니다. 따라서 우리는 강제동원에 관련된 수많은 활동을 해 온 사람들을 이어 자료를 집약하기 위해 그리고 이를 지원하는 사람들을 잇기 위해 강제동원진상구명 네트워크 결성 준비에 들어갔습니다.

앞에서 말한 바와 같이 진상구명네트워크는 먼저 진상규명위원회 일본 조사 등을 지원하는 활동부터 시작하고자 합니다. 많은 분들이 네트워크에 참가함으로써 앞으로 아래와 같은 활동을 하는 것, 또는 활동 추진에 기여할 것을 목표로 하고 있습니다.

- 일본정부에게 정부 및 공적기관, 그리고 기업이 보유한 강제동원 관계자료 제시의 촉진을 요구하는 활동을 한다.
- 일본에서 강제동원 진상규명을 위한 활동을 통해 일본 여론이 강제동원 문제에 관심을 돌리도록 한다.
- 한국에서 구성하는 피해자 단체를 포함하는 시민네트워크와 연대하여 교류와 가능한 행사를 한다.
- 일본의 진상규명법인 '항구恒久 평화조사국 설치 법안' 제정운동에 협력한다.
- 네트워크에 집약한 자료를 보관·전시하는 공간을 만든다

우리가 할 수 있는 일부터 시작하고자 합니다. 지금 이 시기를 놓치면 진상규명은 무척 곤란해집니다. 피해자와 증언자의 대부분이 그리고 조사·연구에 관여해 온 많은 분들이 나이가 많으시기 때문입니다. 위와 같은 여러 활동의 추진은 진상구명 네트워크에 대한 여러분의 협력 없이는 이루어질 수 없습니다.

여러분, 부디 강제동원 진상구명 네트워크에 참가해주십시오. 그리고 일본, 동아시아의 평화롭고 풍요로운 마음의 미래를 만드는 데 함께 합시다.

2005년 5월 17일, 히다 유이치飛田雄一, 우에스기 사토시上杉聰, 우츠미 아이코內海愛子 등 '강제동원진상구명네트워크 준비위원회 공동대표' 3명 명의로 발표한 가입 요청문이다. 일본 네트워크는 7월 18일 도쿄에서 결성식을 갖고 활동을 시작했다. 일본 각지의 모든 단체가 가입한 것은

아니었다. 당시 가장 활발히 활동하던 홋카이도 포럼은 가입하지 않았다. 조선인강제연행진상조시단은 가입 자격이 없었다. 일본정부와 불필요한 소모전을 피하기 위해 가입 조건을 일본인으로 제한했기 때문이다. 그러나 일본 네트워크 주최 행사에는 문턱이 없으므로 가입 여부와 무관하게 모든 단체가 참가하고 있다.

일본 네트워크의 대표적인 행사는 연구집회이다. 2006년 11월 후쿠오카시에서 열린 연구집회가 다음 해부터 '강제동원진상구명 전국연구집회'로 정착해 매년 개최하고 있다. 나도 계속 참가하고 있고 발표도 여러 번 했다. 비록 참가규모나 활동 성과물은 1990년대 말 전국교류집회에 비해 소박하지만 여전히 홋카이도부터 오키나와까지 일본 각지에서 모인 수십여 명의 활동가 및 연구자들의 소중한 교류의 장이다.

두 번째 사례는 2012년 4월에 발족한 일본번역협력위원회이다. 2005년말 강제동원위원회가 구술기록집을 발간하기 시작한 후 구술기록집과 진상조사보고서가 발간되자 2007년부터 일본에서 번역 출판 제안과 문의를 계속되었다. 그러나 한국정부발간물을 영리적으로 출판할 수 없으므로 일본 측의 제안은 수용할 수 없었다. 그렇다고 강제동원위원회가 번역물을 제공할 수 있는 여건도 아니었다. 2011년 12월, 위원장 방일시 일본국회도서관에 진상조사보고서와 구술기록집 등 책자 49권의 전달 기회가 있었다. 이 자리를 주선한 아리미츠 켄有光健(전후보상네트워크 대표)을 중심으로 일본시민단체 사이에서 무상번역 움직임이 일어났다. 강제동원위원회와 협의를 거쳐 일본번역협력위원회를 구성해 번역을 추진하기로 하고 2012년 4월 양측이 협약을 체결했다. 일본번역협력위원회가 무상으로 번역을 하고, 출간과 배포는 강제동원위원회가 맡는다는 내용이었다. 협약에 따라 번역이 시작되고 강제동원위원회가 폐지할 때까지 13권의 번역문이 나왔으나 내용 검수 등을 거쳐 3권(보고서)을 출간 배포하는 데 그쳤다. 특히 구술기록집의 경우에는 구어체에 사투리가 많아 일본 시민들이 뉘앙스를 살리기에는 어려움이 많았다.

강제동원위원회 존속기한 동안 일본 네트워크는 물론 일본 각지의 관련 시민단체와 연구자들은 헌신적으로 강제동원위원회의 진상조사활동과 유골봉환사업 지원에 나섰다. 이들의 도움이 없는 강제동원위원회의 현지 조사가 없을 정도로 헌신적이었다. 발굴한 자료를 강제동원위원회에 제공하는 일도 중요한 역할이었다. 강제동원위원회도 이들과 연대를 중시했다. 정기적이지는 않지만 일본에서 여러 차례 네트워크 간담회를 개최했고, 두 차례에 걸쳐 한국에서 네트워크 관계자 초청 워크숍을 개최하고 귀한 성과를 공유했다. 연구용역을 의뢰해 결과물을 진상조사에 활용하기도 하고, 명부분석 과정에서 자문도 구했다.

일본 네트워크를 비롯한 여러 단체와 연구자들도 강제동원위원회의 도움을 받아 한국 유족과 피해자 조사를 실시했다. 이들은 그간 일본 내 조사에 머물렀으나 강제동원위원회가 피해신고 조사를 하면서 생존자와 유족 정보를 축적하게 되자 비로소 한국현지조사가 가능해진 것이다. 2010년 이후부터 매년 10회 이상 일본 단체 및 연구자와 강제동원위원회의 공동조사가 있었다. 이들 조사 결과를 토대로 일본에서 다양한 연구 성과가 발표되기도 했다. 2005년부터 2016년까지 매년 한국 현지조사를 실시한 다츠다 코지龍田光司(이와키시 평화를 말하는 모임 회원)는 방대한 연구서를 발간했다. 상호 시너지효과다.

2015년말, 강제동원위원회 폐지로 일본번역협력위원회 역할은 중단되었고, 일본 네트워크가 당초 목표로 했던 법제화 운동이나 자료관 설립은 실현 가능성이 줄었다. 유일하게 남은 활동은 연구집회 정도이다. 전국 조직의 활동은 이제 추억이 되었다. 몇몇 단체가 한국에서 전개되는 소송을 응원하거나 개별적으로 한국 단체와 연대지원활동을 이어가고 있을 뿐이다.

□ 피해조사와 진상조사 결과의 축적 - '위로금 등 지원'의 지름길

피해조사와 진상조사는 진상규명의 또 다른 축이다. 법 제12조(진상조사 신청 및 피해신고)에 따르면, '만주사변 이후 태평양 전쟁에 이르는 시기 일제에 의해 군인·군무원·노무자·위안부 등으로 강제동원되어 생명·신체·재산 등의 피해를 입고 귀환한 피해자나 그 유족'이 피해를 신고할 수 있었다. 또한 국외 거주 한인도 신고 대상에 포함했다. '한국 국적을 가지고 있으면서 국내 또는 외국에 거주하는 자이거나, 외국 국적을 취득하고 외국에 거주하는 한인'이 해당되었다. 법 규정에 따라 2005년 2월부터 3차례(2005.2.1-6.30, 2005.12.1-2006.6.30, 2008.4.1-6.30)에 걸쳐 228,126건의 피해 신고와 52건의 진상조사를 접수받아 조사했다.

시도에 일제강점하강제동원피해진상규명지방실무위원회를 설치하도록 한 규정(법 제11조)에 근거해 일제강점하강제동원피해진상규명지방실무위원회가 피해신고 접수 및 피해신고에 대한 기초조사를 담당했다. 다만 인권 차원에서 개인정보를 공개할 수 없는 위안부는 위원회가 전담하도록 했고, 업무 특성 상 전문성이 요구되는 사할린 피해신고도 위원회로 이관해 처리했다. 특히 위안부 피해신고건에 대해서는 담당 조사관만이 피해신고 관련 문서에 접근할 수 있도록 제한해 위안부 피해신고자 및 피해자의 인권 존중에 각별히 주의했다.

그러나 총 12개월이라는 짧은 신고기간 마저 3차례에 나누어 신고 받았고, 2008년 6월 이후로는 신고접수 자체를 할 수 없도록 법으로 규정(대일항쟁기 특별법 제19조)해 신청의 길을 막았다. 피해조사 신청기한을 제한하지 않는 이스라엘 야드바셈(Yad Vashem, "이름을 기억해"라는 의미의 히브리어. 1935~1945년 히틀러와 나치에 의해 자행된 피해역사를 조사하고 전 세계와 인류에게 역사적 교훈을 남기기 위해 1953년 이스라엘 국회가 설치한 상설 조사기구 및 기념시설)이나 중국 대학살동포기념관(1937년 일본군에 의해 자행된 난징학살피해를 조사하고 국제사회와 공유하기 위해 1985년 중국정부가 설치한 상설조사기구 및 기념시설)의 난징 학살피해조사와 달리 피해신청 권리 자체를 정부 스스로 제한해 진상규 명 의지 부족을 드러낸 것이다.

피해신청서에 담긴 피해사례는 당시 국내외 학계의 연구 성과 수준 으로는 부족했다. 피해판정기준에 대한 고민을 거듭하고 진상조사와 연 구용역을 통해 학계의 다양한 의견을 반영해 지역별·주제별 기준(유소 년, 중국 만주와 남양군도·한반도 등)을 만들어 위원회 의결을 거쳤다. '정부조 사결과라면 일본 우익도 납득할 수 있을 정도의 객관적 조사결과를 산 출'해야 한다. 당시 16만 건이 넘는 노무동원피해조사를 담당하기 시작 하면서 세운 소신을 지키기 위해 다양한 성향의 인사로 피해조사 분과 위원회 위원을 구성했다. 뉴라이트 계열로 알려진 학자도 위촉했다.

진상조사는 제8조(대일항쟁기강제동원피해조사및국외강제동원희생자등지원위원회 의 설치 및 업무) 제1·2호 및 제23조(피해진상조사 방법 등)에 근거한다. 진상조 사는 특별법 규정에 따라 크게 신청을 받아 수행하는 진상조사(제12조)와 위원회 필요에 따라 수행하는 직권조사(제14조)로 구분된다. 당초 강제동 원위원회 설립 취지는 피해자 지원이 아닌 '진상조사'에 중점을 두었다. 강제동원위원회 설립 당시에는 피해자에 대한 위로금 등 지원 제도가 없었기 때문이다.

진상조사 추진 결과

구 분	합계	조사개시			각하	취하	보류	검토
		소계	완료	판정불능				
계	57	33	32	1	4	20	0	0
신청접수	52	28	27	1	4	20	0	0
직권조사	5	5	5	-	-	-	-	-

그러나 실제로 강제동원위원회 업무 중에서 진상조사는 천덕꾸러기 가 되었다. '그깟 진상보고서가 무슨 큰 의미가 있는가!' '위원회 기한을

연장하려고 질질 시간을 끌고 있다' … 강제동원위원회 사무국 업무 개시 후 줄곧 청와대는 물론 유족사회가 쏟아낸 독촉과 비난이다. 설득은 핑계와 변명으로 왜곡되어 '위원회 무용론'에 불쏘시개가 되었다. 2008년부터 위로금 지급 업무가 시작되자 강제동원위원회 업무의 중심이 '지급 업무'로 편중되면서 진상조사는 유명무실해졌다. 강제동원위원회 폐지 직전에 나는 '진상조사의 큰 그림'을 설계했다. 304건의 필수 과제를 정부와 학계가 공동 추진하는 방안이었다. 실현 가능성 없는 '방안'은 결과보고서에 '기록'으로 남았다.

그러나 진상조사는 피해자사회에 도움 되는 길이자 진상규명의 출발점이다. 언제, 왜, 어떤 과정으로 끌려가, 어디서, 무엇을, 어떠한 피해를 입었는가는 문제 해결의 출발점이기 때문이다. 구체적인 진상조사 수행의 필요성은 크게 여섯 가지이다. 첫째, 피해당사국 정부의 책무 및 역할이다. 피해 역사를 규명해 대일역사문제를 해결하고자 하는 정부 차원의 조사 수행은 국가로서 당연한 책무다. 그간 정부는 6·25 환란의 와중에도 대일협상에 대비하기 위해 23만 명의 '일정시피징용징병자'를 비롯해 '3·1운동 피살자, 관동대지진 피살자 명부'를 작성(~1953년)하는 등 국가적 책무를 다하기 위해 노력해왔다. 피해당사국 정부의 노력은 관련국들도 동일하다. 이스라엘은 1953년, 정부 차원의 기관(야드바셈)을 설립해 진상조사를 계속하고 있고, 중국 역시 난징학살기념관·731기념관·731문제 국제 연구센터 등을 건립해 피해신고 접수 및 조사를 지금까지 이어가고 있다. 2000년 독일미래재단 설립 배경에는 이스라엘 야드바셈의 조사가 있다.

둘째, 일본이 '사실의 무게'를 알 수 있도록 돕는 역할이다. 가해국 일본은 한인 강제동원 피해문제 해결을 위한 합당한 조치를 취하지 않고 오히려 침략 및 전쟁범죄 사실을 은폐 왜곡 부정하는 몰역사적 행태로 일관하고 있다. 일본의 역사왜곡에 대응하고 사실에 다가서도록 하는

데, 강제동원 피해사실의 역사적, 객관적인 진상 규명은 선행 조건이다.

셋째, 강제동원 문제 해결의 핵심이다. 진상조사는, 강제동원 피해조사 및 지원금 지급 업무의 근거로 활용됨은 물론, 유해 발굴 및 봉환, 추도사업, 대외협력사업, 대일 협상 등의 결정적 자료로 활용되는 등 강제동원 관련 업무의 핵심적 기능이며 파급효과의 중심축이다. 2004년 이후 신고 접수된 개인피해 226,583건에 대한 조사 결과를 보면, 판정불능이 6,177건이고, 피해조사가 완료된 노무자 15만 건 중 '작업장 등이 확인되지 않은 채 처리된 경우'가 약 78,000건(52%)이다. 진상조사 결과를 피해조사에 반영하는 보완작용은 강제동원피해의 결락缺落을 보완하는 방법이다.

위원회 피해조사 완료 현황

구분	총계	군인	군무원	노무자	위안부	기타
총 계(접수)	226,583	33,398	37,033	155,479	336	337
각 하	449	21	23	339	7	59
기 각	1,318	195	104	966	1	52
판정불능	6,177	325	204	5,213	305	130
피해자	218,639	32,857	36,702	148,961	23	96

넷째, 신규 강제동원 피해실태 발굴 및 규명에 기여하는 작업이다. 그간 알려지지 않았던 '작업장 내 재해재난 사고' '731부대 세균전 피해' '수형인 동원 실태' 등 반인권적 전쟁범죄 관련 피해 실태 발굴 및 규명할 수 있다. '북한 지역 매장, 미발굴 유골 실태 공동조사' '북한 지역 강제동원 작업장·군사시설 등 실태 공동조사' '사할린 및 시베리아 지역에서 북한지역으로 송환·경유한 피해자에 관한 공동 실태조사' 등 신규 주제 발굴을 통해, 대일과거청산을 위한 남북한 협력사업에 근거를 제공하고 통일시대를 대비할 수 있다. '자금통제' '강제저금 및 채권' '군사우편저금 관리 실태' '조선인 재산관련 자료 실태' 등 미불금 지급 업

무의 근거를 확보하는 작업이다.

다섯째, 국민화합에 기여할 수 있다. 국내외에서 언인원 782만명의 대규모 피해자에 비해, 정확한 진상규명과 피해자 지원이 원만하게 이루어지지 않음으로써, 피해자 및 유족의 아픔과 피해를 가중시키고 있다. 진상조사를 통해 피해의 역사를 직시하고 피해자와 유족들을 위로할 수 있다.

여섯째, 학계 연구 선도 및 지원이다. 강제동원을 통해 수백만 명이 피해를 당했으나, 학계 연구는 미비하고, 결락은 채워지지 않고 있다. 정부 차원의 진상조사 및 관련 자료의 수집·공개는 강제동원피해에 대한 학계의 관심과 연구를 증폭, 고무시키는 계기가 되며, 국제사회에서 전쟁 중 가혹행위 및 비인도적 범죄에 대한 연구 분야를 선도하는 효과를 기대할 수 있다.

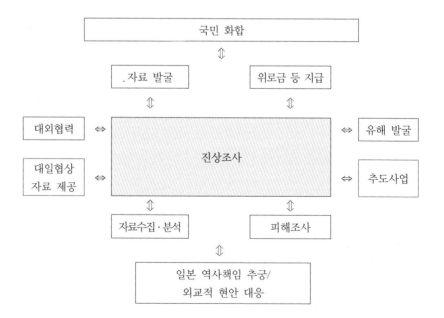

　실제로 강제동원위원회가 어렵게 수행한 진상조사결과는 피해조사와 대일협상자료 입수, 추도 사업에 큰 도움을 주었다. 아울러 유족사회가 바라던 최소한의 '위로금 등 지급'으로 연결되었다. 2004년에 국회를 통과한 강제동원특별법에는 피해자에 대한 어떠한 '경제적 지원'도 포함되어 있지 않았다. 2001년에 발의를 위해 준비한 초안에는 최소한의 '지원'이 포함되어 있었다. '피해의 진상을 규명하고 이와 관련된 희생자와 그 유족들의 생활을 지원함으로써 역사의 진실을 밝히고 평화증진에 이바지함'을 목적으로 명시했다. 진상규명과 생활지원을 명시하고 '의료지원금 및 생활지원금' 조항을 제14조에 포함했다. '정부는 희생자 중 계속 치료를 요하거나 상시 개호 또는 보조장구의 사용이 필요한 자에게 치료와 개호 및 보조장구 구입에 소요되는 의료지원금을 지급하고 희생자 및 그 유족에게 생활지원금을 지급할 수 있다'는 조항은 유보적인 규정이었다. 그러나 이 정도의 법조문도 발의 당시 제외되었다. 법제화 성공을 위해 '의료지원금 및 생활지원금' 조항을 포함하지 않았기 때문이다.

　정부는 2006년 3월, 한일 수교회담 외교문서 공개(2005년 1월)와 1965년에 미흡한 보상에 대한 후속 조치로써 '위로금 등 지원'에 관한 대책을 발표했다. 보상도 배상도 아닌 '위로금 등 지원'이었다. '배상'은 가해국인 일본이 해야 할 의무이고, 이미 1970년대에 '보상'이라는 이름으로 예산이 집행되었기 때문이라 했다. 위로금(사망 및 행방불명, 부상장애자)과 지원금(미수금, 생존자의료지원금)을 지급하는 내용의 법(2007년 12월 10일 법률 제8669호 '태평양전쟁 전후 국외 강제동원희생자 등 지원에 관한 법률)은 노대통령 말기에 제정되었다. 이 법에 의해 '태평양전쟁전후국외강제 동원희생자 지원위원회'(2010.3.22. '일제강점하 강제동원피해 진상규명 등에 관한 특별법'과 '태평양전쟁 전후 국외 강제동원희생자 등 지원에 관한 법률'을 폐지하고, 같은 날 법률 제10143호로 제정된 '대일항쟁기 강제동원 피해조사 및 국외강제동원 희생자등 지원에 관한 특별법'에 따라 2010년 4월 20일 '대일항쟁기강제동원피해조사및국외강제동원희생자등지원위원회' 설립)를 설립하고 '위로금 등 지원'을 시작했다.

대한민국정부 수립 후 한국정부의 대일민간보상 추진 현황

구분	1970년대 대일민간청구권 보상	2000년대 강제동원피해 지원
법률	1. 청구권자금의 운용 및 관리에 관한 법률(1966.2) 2. 대일민간청구권 신고에 관한 법률(1971.1) 3. 대일민간청구권 보상에 관한 법률(1974.12)	1. 태평양전쟁전후 국외 강제동원희생자 등 지원에 관한 법률(2008.6) 2. 대일항쟁기강제동원피해조사 및 국외 강제동원희생자 등 지원에 관한 특별법(2010.3)
주관	재무부, 대일민간청구권 신고관리위원회	대일항쟁기강제동원피해조사 및 국외강제동원희생자 등 지원위원회(최종)
시기	신고 : 1971.5.21.-1972.3.20. 보상 : 1975.7.1.-1977.6.30.	신고 : 2008.9.1-2014.6.30(4차례) 지급 : 2008.11.27-2015.12.17
대상	1945.8.15이전 사망자(인적 피해보상)	동원중 사망자, 행방불명, 부상장해, 생존자
금액	인적피해보상(피징용사망자) : 30만원 물적피해보상 : 1엔당 30원	희생자 위로금 : 최고 2천만원 생존피해자 지원금 : 매년 80만원 미수금 지원금 : 1엔당 2천원 부상장해 위로금 : 300만-2000만원
유족 범위	1.처 2.자녀 3.부모 4.성년남자인 직계비속이 없게 된 조모	1.배우자 및 자녀 2.부모 3.손자녀 4.형제자매
접수 건수	인적피해보상 : 11,787건 물적피해보상 : 97,753건	112,908건(사망, 행방불명 20,681건, 부상자 33,278건, 미수금 33,329건, 생존자의료지원금 25,268건)
지급	인적피해보상 : 8,552건(2,673,000) 물적피해보상 : 94,368건(6,848,645)	72,631건(618,430 백만 원)

자료 : 하승현, 「일제강점기 강제동원 피해구제」, 성균관대학교 국가전략대학원 석사학위논문, 2010; 위원회 활동결과보고서

물론 지원책 마련 과정에서 '개인에 대한 보상이나 지원'에 대한 반대의견도 적지 않았다. 독일의 미래재단과 같이 공공성을 담은 교육과 역사기억 기관으로 설립하자는 의견도 있었다. '개인에 대한 보상이나 지원'의 문을 개방함으로써 일어날 수 있는 후속 요구에 대한 우려도 있었

다. 그러나 피해자사회의 의견은 '개인에 대한 보상이나 지원'이 압도적
이었다. 국민여론도 높았다. 2005년 9월부터 '총리 자문 민·관공동위원
회' 주관으로 실시한 여론조사에서 국민 대다수(90%)는 피해자 지원 대책
마련에 동의했고, 금전적 지원 방법이 55%에 달했다. 한반도 동원 피해
자에 대한 지원도 61%로 높았다. 대선을 앞둔 시점에서 정부가 국민여
론을 무시할 수는 없었다. 예산 문제를 들어 한반도 동원 피해자만 제
외한 정책을 수립 시행하게 되었다.

　위로금 지급을 위한 신청 접수도 한시적으로 이루어졌다. 2008년 9월
1일부터 2014년 6월 30일까지 4차에 걸쳐 112,908건(사망·행방불명 20,681건,
부상자 33,278건, 미수금 33,329건, 생존자의료지원금 25,268건)을 접수했으나, 취하 등
의 사유로 실제 심사 대상은 112,556건이었다.

위로금 등 지급현황(위원회 결과보고서)

(단위: 건/백만 원)

구분	계	위로금		지원금	
		사망·행불	부상장해	미수금	의료지원금
지급	72,631	17,880	13,993	16,228	24,530
기각	31,186	1,852	17,775	10,903	656
각하	8,739	950	1,510	6,198	82
결정 금액	618,430	360,073	102,185	52,182	103,990

　'위로금 등 지원' 업무는 정부가 6천억의 예산을 집행하고도 긍정적인
평가를 받지 못했다. 위로금 등 지원금 지급액이 적다는 점은 논외로
하더라도 네 가지 이유 때문이다. 첫째, 피해신고와 신청기간의 제한이
다. 가장 큰 제도적 결함이다. 피해조사 결과를 토대로 위로금 심사가
이루어지므로 피해신고접수의 제한은 위로금 신청 제약으로 이어졌다.
피해사실 입증 책임이 정부에 있는 '신고'와 달리 '신청'은 입증 책임이
신청인에게 있다. 그런데 피해신고 기회를 막아버렸으므로 위로금 신청

도 어렵게 된 것이다. 사할린 영주귀국자와 같이 개인적 노력으로 해결할 수 없는 국적이라는 벽도 정부가 쌓았다. 사할린 피해자의 대부분은 이미 2007년 이전에 피해자로 인정을 받았으나 국적법 조항에 걸려 지원금 신청은 할 수 없었다. 영주귀국을 통해 국적을 회복한 후, 신청하려 했지만 신청기간이 지나버려 기회를 놓친 해당자가 적지 않다.

둘째, 미수금은 피해자가 당연히 돌려받아야할 권리임에도 강제동원위원회에서 정보를 공지하지 않아 일부의 피해자만이 미수금을 수령했다. 위원회가 확보한 미수금과 관련한 기록 175,000건 가운데, 수령한 인원은 16,228건으로 9.3%에 불과하다. 북한지역 거주자 비율을 30%로 적용한다 해도, 수령자 비율은 12%에 불과하다. 한국정부의 소극적이고 무성의한 업무가 피해자의 권리를 제약한 것이다.

셋째, 유족의 사망에 의한 지원금 수령자격 박탈이다. 위원회에서 희생자(사망과 행방불명 피해자)의 유족으로 인정한 경우라도 지원금 수령 전에 사망했다면 지원금 수령 자격을 박탈당한다. 이미 권리가 발생한 자격을 수령권자의 사망으로 소멸시키는 것은 강제동원에 대한 피해구제라는 본래 취지에 부합하지 않는다.

넷째, 한반도 피동원자의 제외 문제이다. 피해신고대상에 포함하고 지원 대상에서 배제하는 행정적 모순을 정부 스스로 만들고도 시정 노력을 하지 않았다.

이 네 가지는, 1970년대 보상정책 집행과정에서 취한 정부의 입장을 그대로 보여주었다. 하기는 해야 하는데, 제대로 하기는 싫은 것, '억지 춘향'의 시늉만 한 것이다. '대책회의' '실무회의'에 배석했던 입장에서 돌아보면, 2007년 입법 과정 자체가 진정성은 물론, 정책 일관성도 부족했다. 특히 정책 결정을 주도한 청와대의 입장이 가장 모호했다. 왜 해야 하는지에 대한 문제의식이 명확하지 않았고, '시혜'적인 입장이 강했다. '하지 않아도 될 일'을 '처리'한다는 입장이 깔려 있었다. 굳이 '하지 않아도 될 한일회담교섭기록 공개'를 해서 '하지 않아도 될 징용피해자 지원'을 하게 되었다는 불편함에서 진정성은 기대하기 어렵다. 그나마 대선에 임박해 '피해신고자가 20만 명이면 표가 백만 표!'라는 노대통령의 일갈에 '마지못함'이 종결되었다.

　이명박 정부 탄생 이후, 당초 지원금 지급에 우호적이던 국민여론은 달라졌다. '왜 이제 와서 강제동원피해자들에게 다시 정부가 예산을 들여 지원해야 하는가' 하는 국민들의 의문점은 쌓여갔다. 당연한 권리라 생각하는 피해자사회와 입장 차이도 커졌다. 그러나 정부는 외면했다. 이러한 정부의 입장은 진상규명이라는 큰 항해 자체를 멈추게 하는 원인이 되었다.

□ 태풍급 정치적 외풍이 불어닥치다

　강제동원위원회는 2007년 3월 23일 법 일부 개정으로 존속기한을 2년 연장했다. 그러나 2007년 12월 19일 대선 결과는 노무현 정부 당시 설립했던 역사 관련 여러 위원회에 치명타였다. 10년 만에 정권 탈환에 성공한 신 정권은 이전 정권이 추진한 사업에 대해 강한 거부감을 표출했다. 2008년 1월 벽두부터 논의가 분분했다. '과거사위원회 통합안'이 거론되고 폐지론도 흘러 나왔다. 이명박 정부 국정 철학을 의미하는 대통령인수위원회 발표 내용에는 역사관련위원회 폐지 입장이 담겨 있었다. 강고한 벽이었다. 사형선고나 다름없었다. 감사원과 행정자치부가 움직였다. 그런데 주저앉을 수 없었다. 오랫동안 공 들여 준비한 제1차 유텐사 유골봉환이 코앞으로 다가왔고, 피해자 사회가 60년 가까이 기다려온 군인군속공탁금명부 입수가 성사된 상황이었다. 명부에 근거한 미수금 지급이 목전이었다.

　묵묵히, 그리고 진심을 담아 제1차 유텐사 유골봉환을 했고 군인군속

공탁금명부 인수 준비도 했고, 군인군속공탁금명부 분석에 들어갔다. 미친 듯이 일하는 가운데 어느 새 첫 장벽을 넘었다. 2008년 6월에 발족한 '태평양전쟁전후국외강제 동원희생자 지원위원회' 사무국을 강제동원위원회 통합 사무국으로 운영하도록 한 시행령 제정 덕분에 간신히 살아남았다. 그러나 진상규명 본연의 업무를 수행하기에는 어려운 상황이 되었다. 노무현 정부 당시에도 청와대가 납득하지 못한 진상조사 업무를 이명박 정부가 이해할 리 없었다. '민원서류 처리' 기관으로 전락할 수밖에 없는 상황에서도 진상규명에 대한 필요성과 그간 성과에 대한 자부심으로 후일을 도모했다.

그러나 1년도 되지 않아 두 번째 장벽이 가로 막았다. 위원회 존속 기한 만료가 다가온 것이다. 2008년 11월 제2차 유텐사 유골봉환을 마치자마자 두 번째 장벽을 넘어야 했다. 두 번째 장벽은 첫 번째 장벽과 비교할 수 없을 정도로 강력했다. 2008년말과 2009년초 겨울은 유난히 추웠다. 연일 영하 10도를 넘는 매서운 날씨였다. 엄동설한에 폭풍까지 맞은 셈이다.

이제 간신히 유골봉환과 군인군속공탁금 문서 입수 등 성과가 나오기 시작한 상황에서 중단할 수 없었다. 반대자들을 설득할 수 있다는 자신감은 있었다. 그러나 선거에서 대승한 여당과 신정부 위세 앞에서 강제동원위원회 생존 가능성은 희박해 보였다. 헤쳐 나가기란 쉽지 않았다. 장벽을 넘기 위해 국내외를 대상으로 동시 다발적 구명운동에 나섰다. '일본의 양심 세력과 연대, 한국 국회에 대한 양면작전'을 벌였다.

2008년 12월, 민주당 곤노 아즈마今野東의원 등이 주일대사관을 방문해 의견서를 제출했다. 때마침 일본에서 열린 한일의원연맹 회의 개최에 즈음해 민주당과 공명당 자민당 등 일본 측 의원들과 전후보상네트워크가 나서서 의견서를 제출하고 한국 여당의원 설득에 나섰다. 한일의원연맹 한국 측 대표인 이상득 의원이 참석한 공식 · 비공식 자리에서 일본 측 참석자는 빠지지 않고 '강제동원위원회 존속 필요성'을 설명했다. 매우 이례적인 일이었다. 일본 최대 불교종단인 조동종과 일본 네트워크, 홋카이도 포럼 등 일본 시민단체들도 주일한국대사관을 찾아가 의견서를 제출하고, 몇몇 대표들은 직접 한국을 방문해 언론과 국회를 상대로 호소했다. 민단과 외교부도 지원에 나서 '강제동원위원회 존속이 한일관계에 도움이 된다'는 의견을 표명했다. 일본 국회의원과 시민단체의 강력한 호소, 민단과 외교부의 입장 표명은 한국정부에 강제동원위원회에 대한 필요성을 강조하는 데 크게 도움이 되었다.

발등의 불은 신지호의원이 발의한 '14개 역사 관련 위원회 일괄 폐지법안' 상정을 막는 일이었다. 유족과 언론, 학회도 나섰다. '부친의 유골이라도 찾으려면 위원회가 필요하다'며 연일 국회의사당 바닥에서 눈물바다를 이루는 사할린 국내 유족들에게 공감하는 의원들이 늘어났다. 한일민족문제학회장 김광열 교수는 역사관련 위원회 관련자라면 절대 만나지 않는다는 신의원을 찾아가 설득했다. 당시 위원회 폐지에 앞장 선 신의원이 '아무 이해관계 없는 교수들이 나선 것을 보니, 강제동원위원회가 필요하기는 한 듯하다'고 말할 정도였다. 언론사의 역할도 큰 힘이 되었다. 특집기획기사를 준비 중이던 국민일보 특별기획팀(팀장 김호경, 현 뉴시스 사회부장)과 MBC '뉴스 후'는 연일 특종기사와 방송 프로그램을 통해 강제동원위원회 존재를 각인시켰다.

2009년 1월 초, 드디어 '14개 역사 관련 위원회 일괄 폐지 법안'을 청와대가 철회하기로 했다는 소식이 들렸다. 한 고비는 넘긴 셈이다. 이제 남은 과제는 존속을 위한 법제화이다. 자유선진당 소속 이명수의원은 강제동원위원회 존속을 위한 법안을 대표 발의한 후 여당 측 의원 설득에 나섰다. 정책세미나와 두 차례에 걸친 국회 사진전시회도 개최했다. 일부러 군산에서 올라온 김민영 교수는 김광열 교수와 함께 야당 측 의원을 찾아다니며 법안 통과를 호소했다. 그들은 위원 임기를 종료한 상태였으나 영하 10도를 넘는 칼바람 속에서 흔쾌히 나섰다. '전폭적인 지지와 성원'을 빛나게 한 쾌거는 일본정부의 노무자공탁금명부 제공 결정이었다. 협상 과정에 참여했던 나도 상상할 수 없는 전격적인 결정이자 한일유골협의회 운영의 결실이었다. 인수 이전에 개최한 노무자공탁금명부 입수 기자회견(2010.1.7)은 언론의 폭발적 반응 속에 법제화에 결정적 한 방을 날렸다.

'한국 사회가 강제동원위원회 필요성을 인정한다면 우리는 살아남을 것'이라는 자신감 하나로 버티기에 버거웠던 적이 더 많았다. '우리 편'이라고 생각했는데, 외면당할 때는 더 힘들었다. 당시 권력 실세와 인맥을 자랑하던 '진보' 인사를 만나고 돌아오는 길은 더욱 춥고 서글펐다. 안면이 없던 사이도 아니건만, 어렵게 내민 문건을 읽어보지도 않고 비서에게 휙 던지며 "내가 무슨 힘이 있나"던 냉정함은 내게 비수로 꽂혔다. 공감만으로도 위로가 되었던 시절이었다.

□ 풍랑을 이기지 못한 돛단배, 멈춘 진상규명의 항해

2010년 3월 22일, 우여곡절 끝에 임시국회에서 간신히 2년 기한의 통합법안(강제동원위원회와 태평양위원회 등 기존 2개 위원회 통합)이 제정되었다. 국내외의 성원 속에 정치적 외풍을 견디며 간신히 살아남았다. 그러나 풍랑에 내몰린 돛단배 신세는 피하기 어려웠다. 피해조사와 진상조사 신청 자체를 차단한 법 조항(제19조)으로 '위로금 등 지원' 업무만 마무리하도록 했기 때문이다. 위로금 등 지원업무의 선행 작업이 진상피해조사임을 알고 있는 유족들은 깊은 아쉬움을 표했다. '2년 남은 사무국장이 정년을 보장받기 위해 양보했다'는 소리도 나왔다.

4월 16일자로 임명된 정무직 위원장은 다행히도 진상규명의 중요성을 파악하고 있었다. 제한된 여건에서도 자료 분석과 피해조사·위로금 지원 등 지급 업무의 조화를 고려했다. 일본정부로부터 4월 5일자로 인수받은 노무자공탁금명부에 대한 분석 작업을 직접 독려하며 전문직들에게 힘을 실어주었다. 그 해 8월 일본 정부가 발표할 총리 담화에 강제동원위원회 측 의견을 반영하기 위한 방안을 고민하고, 청와대와 국회를 다니며 진상규명 작업의 중요성도 설득했다. 덕분에 돛단배인데도 순항할 듯 했다. 그러나 좋은 시절은 4개월로 끝났다. 급작스러운 인사발령으로 기관장이 교체되면서 돛단배는 풍랑을 만났고, 결국 이기지 못했다. 2015년 말, 국회에는 강제동원위원회 기간 연장과 업무 확대를 담은 법안이 11개나 발의되었으나 소용없었다.

강제동원위원회가 풍랑을 이기지 못한 원인은 크게 세 가지다. 첫째 정부의 대일역사인식 문제이다. 특정 정권의 문제만이 아니라 역대 정부의 역사인식 한계이기도 하다. 노무현 정부에서도 강제동원위원회는 다른 역사관련 위원회와 달리 찬밥 신세였다. 이명박·박근혜 정부에 들어서자 '노무현 정권의 잔재' 정도로 폄하했다. 강제동원위원회를 제대로 활용하지도 못했다. 대통령의 대일역사인식은 행정부에 그대로 전해져, 강제동원위원회의 예산과 조직을 관장하던 행정자치부(또는 안전행정부)는 예산 절감 차원의 '정리 대상'으로만 인식했다.

둘째, 피해자 사회의 변화였다. 강제동원위원회 설립 이후 유골봉환과 자료 입수, 피해조사 성과에 의한 위로금 등 지원의 과정을 경험한 피해자 사회는 새로운 환경을 원했다. 소송과 보상입법이었다. 소송은 2012년 대법원 판결로 승소 가능성에 대한 기대감이 상승했다. 2012년 5월 24일, 대법원은 일본기업(미쓰비시중공업, 신일본제철)을 상대로 8인의 강제동원피해자가 제기한 손해배상 청구소송에 대해 그간 한일법정에서 나온 판결과 다른 취지의 판결(2009다68620)을 내렸다. 이 판결의 사안에 대해 이미 일본 법원은 원고패소판결을 내렸고, 한국의 1심과 2심 법원에서도 '일본 판결 승인에 따른 기판력의 인정, 소멸 시효 완성 등'을 이유로 원고들의 청구를 각하 또는 기각했다. 일본 법원이 기각하게 된 결정적인 이유는, 1965년 청구권 협정에 의해 개인이 일본국이나 일본 기업을 상대로 한 손해청구권은 소멸되었다는 것이다. 설령 소멸되지 않았더라도 구 일본제철이나 미쓰비시중공업은 더 이상 없다는 이유다.

그런데 한국 대법원의 판결 내용은 달랐다. 판결의 주요 내용은 첫째, 제헌헌법과 현행 헌법 전문에서 대한민국은 3·1운동으로 건립되었다고 천명하고 있으므로 대한민국 헌법의 핵심적 가치와 정면으로 충돌하는 일본판결은 승인할 수 없다고 판시했다. 둘째, 1965년 한일협정으로 대한민국 국민 개인의 청구권이 소멸되지 않았다고 판결했다. 청구권협정은 일본의 식민지배 배상을 청구하기 위한 협상이 아니라 샌프란시스코 조약 제4조에 근거해 한일 간 재정적·민사적 채권 및 채무관계를 정치적 합의에 의해 해결하기 위한 것으로서 청구권 협정 제1조에 의해 일본정부가 한국정부에 지급한 경제협력자금은 제2조에 의한 권리문제의 해결과 법적 대가 관계가 있지 않고 협상과정에서 일본정부는 식민지배의 불법성을 인정하지 않은 채 강제동원피해의 법적 배상을 원천적으로 부인해 양국이 합의하지 못했으므로 청구권협정 적용대상에 포함되었다고 보기 어렵다는 점을 들었다. 또한 원고의 청구권이 청구권협정 적용 대상에 포함된다 하더라도 대한민국의 외교적 보호권만 포기한 것이지 개인 청구권은 소멸되지 않았다고 판결했다. 이 판결은 이후 하급심 판결을 비롯해 관련 소송에서 '승소'의 시발점이 되었다.

물론 이 판결에 대해 법조계의 전망은 낙관적이지는 않다. 대법원 판결에 즈음해 발표된 국회 입법조사처 소식지 『이슈와 논점』 464호(www.nars.go.kr 2012년 6월 4일자)에서는, 이 판결이 '식민지배와 직결된 불법행위에 관한 손해배상으로서 과거청산의 의미'가 있으나, 법리적 판단에 불과하고 대법원 판결로 종결되는 것이 아니며, 전원합의체 판결 형태를 취하지 않았으므로 상황 변화에 따른 다른 법리 전개의 가능성이 있다는 점을 지적했다. 법학계 연구 성과(『일제강점기 강제징용사건판결의 종합적 연구』)에서도 차이가 없었다. 법학자들은 대법원 판결이 피해자들에게 큰 희망을 주었으나 피해자 구제 및 정의의 구현이라는 목표에 도달했다고 보기 어렵다고 판단했다. 현재 일본 법원의 태도나 일본사회 전반의 분위기를 볼 때, 일본정부를 상대로 법적 책임을 추급한다 해도 실효성에 의문이 있고, 연로한 피해자에 대한 법적 책임과 관련해 한일 양국이 서로 책임을 미룰 우려가 있으며 이로 인해 피해당사자들에 또 다른 상처를 줄 우려도 있다고 파악했다. 보상 주체인 일본기업의 회사법 승계 문제는 이후 계속 논란의 대상이 될 것으로 전망했다. 그러나 소송은 대세가 되었다. 승소가능성에 대한 기대감은 높았다. 만약 승소 후 일본기업으로부터 받을 수 없다 하더라도 한국정부에 대한 압박 효과로 충분하다고 예상하기도 했다.

위로금 등 지원금을 지급받은 일부 유족들은 현행법으로 '위로금 등 지원' 금액의 증액 지급은 기대할 수 없다고 판단하고, 새로운 길을 찾았다. 보상 입법이다. 헌법재판소 판결 이후 한국정부가 일본정부를 상대로 군위안부 문제 협의에 나서자 '일본정부가 군위안부 할머니에게 1억 원을 준다'는 소문이 횡행했다. '군위안부보다 적은 돈을 지급'받았다는 상대적 박탈감이 일어났다.

피해자사회는 2007년 8월 2일 노무현대통령이 국회 본회의를 통과한 보상법안(태평양전쟁전후 국외 강제동원희생자 지원법)을 거부권 행사로 폐기시킨 과정을 경험했다. 거부권 행사 이유는 '사망자 유족 : 일시금 5,000만 원 연금 월60만원, 귀환생존자 : 일시금 3,000만원 연금 월50만원, 귀환생존자 유족 : 일시금 2,000만원'을 지급하도록 한 법조문 때문이었다. 6.25전쟁 등 보훈정책 수혜대상자보다 높은 강제동원 지원금에 대해 사회적 여론이 뒷받침되지 않았던 것이다. 그러나 이 경험은 잘못된 학습효과를 남겼다. 수혜 대상 피해와 유족 규모를 줄이려는 분위기가 강해졌다. 새로운 보상입법에서 군인군무원 사망자를 대상으로 한정해야 한다는 의견도 나왔다.

강제동원위원회 피해조사 과정을 통해 군인군무원 피해자와 유족들은 '자료의 힘'을 확인했다. '자료의 힘'이 파행적으로 표출되었다. 특별법 제정 운동 당시 피해자 집회에서 군인군무원 피해자와 유족들은 발언권을 얻기 어려웠다. 노무동원피해자들은 '친일파'라 비난하며 마이크조차 잡지 못하게 하기도 했다. 그러나 강제동원위원회 발족 이후 상황은 역전되었다. 일본정부의 명부와 자료를 확인할 수 있었던 군인군무원 피해자들은 피해판정을 비교적 빨리 받았다. 그러나 입증 자료가 없는 노무동원 피해자들은 오래 기다려야 했다. 위로금 등 지원 대상에서는 차이가 극명했다. 노무자공탁금명부를 입수했으나 6만여 명에 불과한 수록인원과 미수금액은 실망스러웠다. 군인군무원에 비해서도 적었고, 동원된 노무동원피해자 규모와는 비교할 수 없을 정도였다. 일본 공탁제도 자체의 문제점 때문이었다. 그러나 미수금 지급 인원과 지급액만을 놓고 보면 노무동원피해자들의 소외감은 컸다. 일본지역 노무동원 피해자들에게 국한된 자료라는 점도 한계였다. 남사할린이나 태평양지역 노무동원피해자들의 공탁금기록은 없었으므로 미수금 지급 대상에서 제외되었다. 모든 피해자를 당당한 '자료를 가진 자'로 만드는 몫은 정부에 있다. 정부가 관련 자료를 입수해서 해결하면 되는 문제다. 그러나 진상규명 업무가 중단된 강제동원위원회가 제 역할을 하지 못하면서 피해자 사회에 파행적인 논의가 분출하게 된 것이다.

세 번째 원인은 스스로 역할과 방향을 망각한 강제동원위원회이다. 강제동원 진상규명 업무를 챙겨야 할 위치에 있는 사람들이 본분을 잃었다. 강제동원위원회 구성원이라면 당연히 가져야 할 사명감과 역사인식은 이명박 정부 출범 후 뒷방 신세가 되었다. '정년이 남지 않았다거나 좋은 자리로 영전을 기대하거나 선거 출마라는 입장과 욕망'이 튀

어나왔다. 국회와 요로를 다니며 개인 청탁도 거리낌 없었다. 공식방일 일정 도중에 느닷없이 귀국해 협상을 망치고, 재임 중 공천을 위한 출판 기념회를 개최한 기관장도 있었다. 피해자에게 정확한 정보를 제공하고 당당히 권리를 행사할 수 있도록 도와야 할 위치를 망각하고 피해자사회의 분열과 불신을 조장하는 일도 있었다. 사명감을 가지고 헌신적으로 일하는 실무자들의 손발을 묶고, 전문직 자리를 하나하나 줄여갔다.

주로 1970년대와 2000년대 중반에 정부로부터 보상금과 위로금을 지급받은 유족 중심으로 새로운 보상 입법 요구가 커지면서 강제동원위원회에 대한 부정적 평가도 늘어갔다. '정무직 기관장을 위한 곳' '행정직의 승진 코스로 활용'되거나 '자리를 지키기 위해 존속하는' '필요 없는 업무나 벌이는 곳'이라는 비판이 줄을 이었다. 피해자사회에 진상규명의 필요성을 설득하려 노력하지 않고 사리사욕에 영혼을 판 대가였다. 개인적으로 가장 큰 회한은, 문턱에서 좌절된 일본지역 노무자 유골봉환·사할린 기록물 입수 사업의 중단·유족사회의 분열이다.

피해자사회가 소송에서 이기기 위해서는 정부의 진상규명 결과가 필요하다. 보상입법을 관철하기 위해서도 진상규명은 필수적이다. 아무리 설명하려 해도 들을 귀가 없으면 방법이 없다. 그러나 피해자사회의 귀는 닫혔다. 정부청사 앞에서 '강제동원위원회 폐지하라'는 피켓을 든 유족은 나를 보자 "위원회가 늘 애써줘서 고마워. 위원회가 있어야 해. 위원회가 있어야 우리 아버지 유골을 찾아오잖아."하며 반겼다. '회장님 지시'로 들고 있다는 피켓 내용은 모른다고 했다. '유골봉환 업무를 넘기라'며 폭언을 퍼붓던 어느 '회장님'은 장례대행업체 대표였다. 서글픈 현실이다.

2015년 11월 27일, 안전행정부 차관은 국회 행정자치위원회 법안심사 소위원회 심의 석상에서 31개 피해자 단체 가운데 29개 단체가 강제동원위원회 종료에 동의한다는 문서를 국회에 제출했고 법안 심의는 무기한 보류되었다. 몇 달이 지나지 않아 CBS라디오(2016년 1월 24일)와 뉴시스 기사(2016년 5월 23일)를 통해 '29개 단체 가운데 다수가 의견 표명을 한 적 없거나 연락 받은 자 없음'이 밝혀졌다. 누군가 유족단체장들의 명의를 도용한 문서였다. 그러나 책임지는 이는 없었다. 오히려 총 9개 국내 피해자 사단법인체 중 7개 법인단체가 2015년 12월 21일 정부청사 앞에서 기자회견을 통해 '강제동원위원회 존속 지지'를 발표했으나 안전행정부는 외면했다. 40여개 일본 시민단체도 국회와 대통령에게 탄원서를 냈으나 청와대도 국회도 묵묵부답이었다.

　박근혜대통령이 강제동원위원회 폐지 입장을 밝힌 적은 없다. 그러나 청와대나 안전행정부는 확인도 안 된 '대통령의 뜻'을 확신했다. '한일협정을 체결한 박정희의 딸이니 당연히 강제동원 피해문제에 대해 부정적일' 것이라 짐작했다. 2015년 기한 종료를 앞두고 유족들은 다시 국회로 몰려갔다. 이들에게 여당은 '야당 동의'를 받아오라 했고, 야당은 '걱정말라' 했다. 그리고는 여야 간사 합의로 법안 상정을 막았다. 양당 체제에서 야합은 쉬웠다. 18대 국회 종료와 함께 11개 법안은 자동 폐기되었다. 항해는 멈췄다. 진상규명호는 난파선이 되었다.

8. 진상규명호가 멈춘 후

□ 난파선에 남은 잔해 – 한국 정부 스스로 외면한 국가적 책무

대일항쟁기 특별법 제19조 제4항(제1항에 따라 위원회의 존속기간이 만료되는 당시의 위원회의 소관업무는 안전행정부 장관이 이를 승계한다)에 따라 2015년 12월 31일자로 강제동원위원회 업무는 행정자치부로 이관되었다. 강제동원 위원회는 폐지되었으나 업무는 폐지되지 않았다. 이는 강제동원위원회 만이 아니라 다른 역사관련위원회도 마찬가지다. 역사관련 특별법이 폐지된 것이 아니므로 위원회들만 사라졌을 뿐 업무는 사라지지 않았다. 법은 있으나 유명무실할 뿐이다.

2015년 11월, 국회 안전행정위원회 법안심사소위원회에 출석해 강제동원위원회 존속 반대 의사를 관철한 행정자치부 차관과 지방행정실장(2006년 1월에 차관으로 승진)은 '강제동원위원회 시절보다 더 적극적으로 열심히 진상규명 업무를 하겠다'고 약속했다. 그러나 공약空約이었다. 업무는 '과거사관련 업무지원단'의 임시 조직으로 이관되었다. 이름은 그럴 듯하지만 열 명도 되지 않는 미니 부서다. 위원회가 폐지된 진실화해진상규명, 노근리·거창사건, 친일반민족진상규명, 제주4·3사건진상규명, 민주화보상지원업무를 망라해 민원업무처리만 하는 조직이다.

행정자치부는 '대일항쟁기 강제동원피해지원과'라는 긴 이름의 과를 만들어 강제동원진상규명업무를 배정했다. 그러나 거창한 이름과 달리 행정자치부 공식 조직도에도 없는 임시 부서다. 그곳에 근무하는 열 명 남짓한 행정자치부 소속 공무원들은 행정민원업무 외 할 수 있는 일이 없다. 더구나 잦은 전보인사로 업무 일관성도 취약하다. 6개월간 과장이 세 번 바뀌었다. 11년간 축적한 업무 파일은 외장형 하드에 담아 이관했으나 열어볼 줄도 몰랐다. 업무내용은 물론 파일명도 이해하지 못했기 때문이다. 일본어는 물론 한자도 읽기 어렵다는 그들에게 자료가 가득한 전산시스템은 무용지물이다. 2016년 상반기에 '대일항쟁기 강제동원피해조사연구과'를 추가했으나 간신히 충원한 비정규직 조사관 4명으로 '문맹상태'만 벗어난 상태이다.

2015년 12월 8일, 강제동원위원회가 폐지 직전에 국회와 각계각층에 제출한 보고서('대일항쟁기위원회 관련 현안, 이하 현안보고서, 정혜경 작성)는 위원회 폐지 및 업무 이관에 따른 문제점을 제시하면서 최소한의 잔여업무도 포함했다. 현안보고서에서 제시한 예상 잔여업무 중 시급한 것은 '피해조사 및 위로금 지급 신청' '강제동원 관련 추가 자료 입수 및 분석' '강제동원 사망자 유해조사 및 봉환' 등 세 가지다. 이 가운데 현재 명맥을 유지한 업무는 사할린지역 유골봉환과 일정시피징용자명부 분석 정도이다.

현안보고서에 제시한 위원회 폐지 및 업무 이관에 따른 문제점은 크게 세 가지다. 첫째 특별법 취지 및 국민적 열망 외면, 국가적 책무의 회피이다. 피해자와 유족을 위로하고 국민통합에 기여하고자 한 특별법 제정 취지를 훼손해 국가적 책무를 한국 정부 스스로 포기하는 결과를 나을 우려가 농후하다는 점이다. 둘째 왜곡된 역사인식 조장 우려이다. 한국 정부 스스로 일제 강제동원 진상규명을 포기함으로써 일본정부나 우익들에게 한국정부 스스로 가해사실에 종지부를 찍었다는 그릇된 메시지를 전달할 우려가 있다는 점이다. 셋째, 일본지역 노무동원 사망자 2천7백여위에 대한 유해봉환이나 자료수집 사업 등 추진 중인 사업의 중단 가능성이다. 후생연금보험자료나 우편저금자료 조회 등 지원금 지급 관련한 사업의 중단은 정부 스스로 피해자 권리를 훼손하는 상황을 야기할 것이라 우려했다.

강제동원위원회 잔여업무 예상 현황표

업무 주제	업무 성과	잔여 업무
피해조사 및 위로금 지급 신청	· 피해조사 : 226,583건 처리 *강제동원 피해자 총 782만 명 대비 3% · 위로금 등 신청 : 121,261건 처리 *강제동원 피해자 총 782만 명 대비 1% 이하	· 일정시피징용자명부 등재자 중 미신청자 14,867건, 피해결정자 중 미신청자 7,433건, 사할린영주귀국자 추가 신청 400건 등 **총 22,700건 예상**
강제동원 관련 추가 자료 입수 및 분석	· 총 180만 건 명부 수집 및 분석 · 일정시피징용자명부 229,784건 중 23,110명 조사 완료	· 일본 소장 우편저금명부, 예탁금 자료, 사할린 소재 한인기록물 등 수집 필요 · 일정시피징용자명부 229,784건 중 **미분석 잔여건 206,674건**
강제동원 사망자 유해 조사 및 봉환	· 일본지역 군인군속 423위 봉환 · 일본지역 노무자 유골 2700위 현황 확인 · 러시아 사할린 유해 36위 봉환완료 · 사할린 공동묘지 전수 조사 완료 · 시베리아 및 중국 해남도 유해 조사 및 봉환 협의 중	· 일본지역 노무자 유골 2700위 봉환 · 사할린 잔존유해 14,000위 중 희망유골 봉환 추진 · 시베리아 유해 조사 및 중국 해남도 봉환 추진 · 유족 대상 DNA은행 운영

우려는 현실로 드러났다. 사라진 것은 조직만이 아니었다. 강제동원위원회가 수집하고 소장했던 자료는 세 군데로 흩어졌다. 공들여 축적한 전문성도 사라졌다. 전문가들의 해산과 함께 11년간 간신히 마련한 진상규명의 토대도 사라졌다. 국가의 책무도 사라졌다.

□ 자료 입수만이라도

잔여업무 가운데 진상규명 작업에서 가장 핵심은 강제동원관련 추가 자료 입수이다. 2015년 말에 파악한 추가 수집이 필요한 자료는 4종이다. 강제동원 진상 규명 작업은 물론 피해자 권리 찾기에 필수자료이다. 민간의 접근이 차단된 자료이므로 일본과 러시아 정부를 상대로 정부차원에서 지속적으로 수집해야 한다.

추가 수집 대상 주요 자료

제목	내용	규모
우편저금 자료	· 전비조달을 위해 강제적으로 운영한 우편저금 제도 · 내지통상우편저금, 군사우편저금, 외지우편저금 등 세 종류 · 수집 대상 : 군사우편저금, 외지우편저금 자료	· 합계 약 1,936만 건 * 대만인 등 포함(외지우편저금 : 1,866만 계좌, 약 22억여 엔 / 군사우편저금 : 70만 계좌, 약 21억여 엔)
예탁금 자료	· 1945.9. 해외로부터 자금유입에 따른 인플레를 우려한 GHQ 지침에 따라 외지에서 귀국자의 통화와 증권을 위탁하도록 함 · 1953년부터 반환하였으나 미반환 통화와 증권이 잔존(주로 한국인으로 추정) · 2014.8. 주일 나고야총영사관 확인	· 총 87만 건 추정 * 일본인 포함
시베리아 억류포로 관련 자료	· 1945.8. 소련 극동군이 소만국경을 넘어 진격한 후 소련군에 의해 시베리아 및 몽골지역에 이송된 군인(한인 포함) · 일본정부가 러시아에서 입수한 46,303명 중 한인 포로 포함	· 총 1만 1천여 건 추정 · 한인포로 10,206명 · 한인포로사망자 1천여 명 추정
사할린한인기록물	· 국립사할린주 역사기록보존소, 국립사할린주개인기록보존소, 지자체 기록보존소 등지에 소장된 한인기록물 · 2013.5. 외교당국간 교섭을 통해 한러정부간 기록물 사본화 합의 · 2014년도 1차년도 사업추진[명단 7천여 건 확보] 후 '15년도 예산 미반영으로 중단	· 총 4만 건 추정

이 가운데 일본지역과 협의가 필요한 2종(우편예금, 예탁금 자료)입수는 난망해 보인다. 공탁금자료 제공으로 절정을 이뤘던 대일자료입수창구는 노무동원피해 소송이 본격화한 후 막혔다. 개인적으로 일본 당국자에게 자료 입수 가능성을 타진하면, "일본기업을 상대로 소송하면서 일본정부에게 소송의 근거가 될 자료를 달라고 하느냐"는 싸늘한 반응이다. 한국정부가 피해자들에게 소송을 권하지는 않았으나 정부의 자료입수가 소송 제기의 계기가 되었기 때문이다.

일본과 달리 러시아 정부와 협의 전망은 밝다고 생각한다. 이미 사할린 한인 기록물 입수를 위한 외교 교섭 과정에서 확인했다. 오히려 난관은 러시아가 아닌 한국 정부이다. 한국정부 스스로 어렵게 마련한 기회를 정부 스스로 차단했기 때문이다. 이에 대한 책임은 한국정부에 있다.

러시아 정부와 새로운 교섭이 필요한 자료는 시베리아 억류포로관련 자료이다. 일본정부가 '천황제 수호'를 위해 소련에 넘겨주려고 했던 60만 일본 관동군에 포함된 조선청년들에 관한 자료다.

시베리아수용소를 경험한 한 조선청년이 있다. 만주에서 태어난 오웅근吳雄根(전 허베이河北 대학교수)이다. 소련이 대일선전포고를 한 다음 날인 8월 10일 하이라얼 주둔 515부대에 징집된 오웅근은 소련군과 전투에서 세 군데나 총상을 입고 평생 허벅다리에 총알을 박은 채 살았다. 시베리아 치타의 육군병원에서 3개월 동안 치료를 받을 정도의 중상이었다. 수용소에서 응급치료를 받던 중 우연히 접한 러시아어 독본 덕분에 한동안 수용소에서 통역도 했다. 1948년말 풀려나 나홋카를 거쳐 흥남에 온 후 함경선 기차를 타고 옌벤延邊으로 돌아가 의사가 되었다. 오웅근의 억류포로 경험은 1966년 문화대혁명기에 트집거리가 되었다. 홍위병들은 그의 목에 '관동군 사상 반동분자'라는 팻말을 걸고 민중들은 주먹질했다. 이런 경험을 한 오웅근이 1996년 일본정부를 상대로 소송을 제기할 때 공동원고가 있었다. 일본인 오구마 겐지小熊謙二였다.

오구마 겐지는 1944년 11월 25일 만 19세로 육군 이등병으로 입영했다. 도쿄에서 나고야와 시모노세키를 거쳐 수송선을 타고 부산에 머물렀다가 도착한 곳은 만주 닝안寧安의 제2항공통신연대였다. 1945년 7월 26일 '연합국이 일본에 무조건 항복을 요구한 포츠담 선언 기사'를 읽고 평온한 시간을 보내던 그는 8월 15일 평텐奉天에서 '옥음방송'을 듣고 "잠깐만, 그러면 나는 일본으로 돌아가 가족을 만날 수 있는 건가"하는 희망을 품었다. 그러나 9월 23일 화물열차에 몸을 싣고 아름다운 보름달을 보며 떠난 길은 남쪽이 아닌 북쪽이었다. 치타 제24지구 수용소 제2분소에서 시작된 포로생활은 기아와 노동, 극한의 추위, 그리고 가혹한 '인간관계' 자체였다. 궁핍한 소련 경제 상태로 인해 포로들에 대한 보급은 더 열악했다.

1948년 8월 귀국했으나 '시베리아 귀향자'라는 이유로 경찰 감시를 받았고 대기업 취업도 차단당하면서 '굴러가는 돌 같은 인생'을 살았다. 먹고 사는 문제는 시급했다. 폐결핵을 앓으며 생사의 고비를 넘겼다. 생존을 위해 싸워야했던 그에게 시베리아의 추억 같은 것은 있을 수 없었다. 1956년 '일소국교회복'에도 그다지 관심을 갖지 않았다. 중년기를 지나 생활이 안정되면서 전쟁의 기억을 되돌아볼 여유가 생겼다. 전후보상모임이나 '부전不戰 모임'에도 나갔다. 수용소생활을 한 치타에도 다녀왔다. 1988년 일본정부가 실시한 평화기념사업은 오구마 겐지가 전후보상재판에 관여하게 된 계기가 되었다. 전후 일본은 전쟁피해자에게 보상하지 않는다는 태도를 견지했다. 전쟁피해는 국민이 다 같이 참고 견뎌야 하는 것이기 때문이다. 그는 평화기념사업에 청구하지 않았다. "그런 건 눈속임"이라고 생각했다. 그러나 1990년 4월에 위로금을 청구했다. 수용소 시절에 만난 한국계 중국인 전 일본군에게 청구자격이 없다는 것을 알고 나눠가지려 생각했기 때문이다. 바로 오응근이다.

오구마 겐지가 오응근을 떠올린 것은 1989년이었다. 오응근은 회보『부전』에 수기를 연재하면서 구레하시 히데다케吳橋秀剛를 떠올렸다. 잠자리가 가까운 데 있었지만 대화를 해 본 적이 없었다. 러시아어가 능숙했다는 것과 한국인이라는 이야기가 있었다는 것만 기억에 남았다. 오구마는 자신의 위로금 10만 엔을 청구해 5만 엔을 오응근에게 보냈다. 이후 그는 오응근이 청구권 소송을 제기하면서 제안한 공동원고를 수락하고 일본 법정에서 원고석의 곁을 지켰다. - 오구마 에이지小熊英二,『일본 양심의 탄생』중 요약

조선인 전우를 위해 법정에 선 72세 일본 노인 오구마 겐지는 오구마 에이지의 부친이다. 해방 후 일본정부는 시베리아 억류 한인에 대해 어떠한 조치도 취하지 않았다. 피해 발생 당시는 물론 지금까지 억류 피해의 책임을 공식적으로 인정하지 않고 있다. 그에 따른 사과나 배상도 하지 않았다. 일본인 피해자에게도 사과와 배상은 없었다. 1988년 '평화기념사업 특별기금 등에 관한 법률'을 통해 일본인에게만 위로품·위로금을 지급했다. 2010년 6월, '전후 강제억류자특별조치법'을 만들어 생존자에게 25만-150만 엔 정도의 '위로금'을 지급했다. 이 과정에서 '위로'는 일본인에게만 해당되었다. 한국을 포함한 외국인은 제외했다.

　시베리아 억류 한인 포로 피해자들을 거절한 것은 일본정부만이 아니다. 무책임하기는 한국정부도 마찬가지였다. 어쩌면 더 심하다는 평가가 적절할 것이다. 한일청구권 협정을 위한 한일회담의 논제도 되지 않았다. 노임 잔액 지급 문제도 있다. 귀환 당시 한인 청년들은 억류 당시 노임을 받지 못한 채 돌아왔다. 그러나 한국과 일본, 러시아 어느 국가도 노임을 지급하지 않고 있다. 남은 과제는 노임 지불만이 아니다. 한국정부가 할 수 있는 일은 남아있다. 의지만 있다면 가능하다. 기록물 입수와 이를 통한 유골봉환이다. 그러나 아직 시작조차 하지 않았다.

　1991년, 일본은 소련 고르바초프 대통령으로부터 억류 사망자 4만 명을 포함한 46,303명의 기록을 확보했다. 그 후 러시아정부와 협상을 통해 추가 명부 확보와 유골봉환을 위한 외교적 협의를 계속하고 있다. 이 과정에서 12명의 한국인 사망자 인적사항을 확인하기도 했다. 일본 사회도 적극적으로 나서서 명부를 정리하고 발굴 성과를 발표했다. 일명 '아사히 명부'(1991년 『월간 아사히Ashahi』 수록 사망자 39,985명부)와 '무라야마 명부'(2007년에 무라야마村山常雄가 정리한 명부)이다. 2014년 12월에는 일본정부가 러시아정부와 기록물 조사에 합의하고, DVD 보관 등 정리 작업에 들어갔다. 이 가운데 일부 자료(러시아연방국립공문서관 보관 700권 분량 파일)가 2015년 1월에 언론을 통해 발표되기도 했다. 이러한 결과물을 '유네스코 기록물 등재 추진'으로 이어가려는 노력도 동시에 취하고 있다.

　이상이 일본정부가 한 일이다. 일본이 러시아정부와 외교 협상을 통해 거둔 것과 동일한 방식은 한국정부도 취할 수 있다. 그렇다면 한국정부는 무엇을 했는가. 일본이 러시아와 협상을 통해 일본인 피해자 관련 기록물 입수와 매장지 조사에 나선 것과 비교하면 참으로 초라하다. 한국정부가 입수한 것은 강제동원위원회가 확보한 '노동증명서' 34건, '구소舊蘇억류자등기표' 193건, 사망자 12명 인적사항과 약 3천명분의 조선인 포로카드(러시아군사기록보존소 소장, 국가기록원 입수) 정도이다. 3천명분의 조선인포로카드는 러시아 기록보존소 측이 일방적으로 추출한 자료이므로 전체 카드라 보기 어렵고 중복자료도 포함되어 있다. 조선인포로카드에 대한 추가 자료 입수를 위해서는 기존 입수 자료에 대한 검증이 이루어져야 하는데, 아직 결과는 나오지 않았다.

2010년 10월 강제동원위원회와 일본 측이 유골봉환 협상을 진행할 당시에 일본 측은 '6월경 러시아정부 측과 협의 시 러시아 측이 일본에 제공한 억류자 및 사망자 등 관련 자료를 일소 간 협력당사국(1991년 일본이 소련과 맺은 '구 소련지역 내 일본인 포로수용자 등 처리에 관한 일소 간 협정'을 의미)이 아닌 제3국(한국)에 제공하는데 반대한다는 입장을 밝혔다'고 통보했다. '자료가 필요하면 한국정부가 직접 러시아정부와 협의'하라는 통보나 마찬가지다. 그렇다면 방법은 일본이 했던 방식과 동일하게 러시아정부와 직접 외교협상을 벌이는 일이다. 그러나 아직 한국정부가 추진했다는 소식은 들리지 않는다.

유골봉환은 시작도 하지 못한 상태이다. 유골봉환의 선행 작업인 사망자 현황도 파악하지 못하고 있기 때문이다. 강제동원위원회가 발표한 진상조사보고서에는 60명 정도의 사망자 명부가 공개되어 있다. 무라야마 명부 58명, 월간 아사히 명부 59명, 이규철 명부 67명이다. 그 외 한일유골협의회 과정에서 확보한 12명의 사망자 명단이다. 60명 남짓한 명단은 현재 발굴된 사망자 명단이므로 사망자 현황을 파악하기 위해서는 명부 입수가 우선 과제이다.

2010년 10월 이후 강제동원위원회는 외교부를 통해 여러 차례 명부입수와 공동매장지 조사를 제안했으나 강제동원위원회의 추진 동력은 약화된 시기였다. 그럼에도 노력이 무위로 끝난 것만은 아니어서 2016년 초에 일본 측이 '공동매장지에 대한 공동 조사 의향'을 내비치기도 했다.

朝鮮半島出身者埋葬地一覧

No.	地域	収容所番号	収容所名・埋葬地名	埋葬者数	埋葬地所在地	埋葬者名簿(韓国側登載者数)	埋 葬 地 状 況
1	ウズベキ	9620	第30收容所第3、14支部タリツィ駅	71	955m駅7km等級コージ 139°地区	朝鮮半島出身者6名	整備済 遺骨確認済み。墓石・埋葬図と実際埋葬位置は一致せず。
2	ウズベキ	9620	第30收容所第7支部のリンスク村その1	16	ホリンスキー町	朝鮮半島出身者2名	土饅頭あり。遺骨確認済み。
3	ウズベキ	9636	第944病院軍病院墓地	532	ウラン・ウデ駅北約1km	朝鮮半島出身者3名	整備済 120基程 遺骨確認済み。墓石・埋葬図と実際埋葬位置は一致せず。

사망자 12명 기록 중 일부

그러나 이번에는 한국정부가 주춤거렸다. 남의 일 보듯 했다. 어찌 보면 당연하다. 강제동원위원회 폐지 후 업무를 접을 핑계가 필요한 행정자치부 입장에서 굳이 전문성이 요구되는 방대한 신규 업무를 착수할 필요가 없기 때문이다.

2016년 8월 15일 MBC 광복절특집프로그램 '아버지와 나 - 시베리아포로, 1945년'은 러시아 어느 공동묘지를 찾은 오구마 에이지의 모습을 보여주었다. 수용소의 열악한 환경을 견디지 못하고 사망한 한인과 일본인이 함께 묻힌 곳. 한국정부가 한 번도 찾아본 적이 없는 곳이다. 현재 시베리아 억류 한인피해자는 귀하다. 이들에 대해 한국정부의 최소한의 역할이 무엇인지 떠올리는 것은 어렵지 않다.

9. 터널의 끝을 향해

□ 터널의 끝을 찾아 – 한국 정부의 역할

최근 한일관계는 동굴 같다. 장벽을 부수어 동굴을 터널로 바꾸고 터널의 끝을 찾아 벗어날 방법은 없는가. 오랫동안 한일관계 전문가들은 일본의 역할에 대해 구체적인 방안을 제시하고, '선언'했다. 양심적 일본 시민들도 지속적으로 촉구해왔다. 그러나 일본에 대한 '촉구'만으로는 미흡하다. 가해의 책임을 가해당사자가 주체적으로 알아서 인정하고 청산하기를 바랬지만 허망한 기대로 끝났던 적은 한 두 번이 아니었다.

과거전쟁책임 청산의 가장 모범적인 사례로 평가받는 독일은 재발방지를 위해 지속적으로 역사교육에 앞장서고 전범을 처벌하고 있다. 그러나 독일도 유대인 집단학살에 대해 정부 차원에서 '전쟁범죄'로 인정하지는 않았다. '반성'과 '사죄'했을 뿐이다. 1960년대에 독일 사회에서 전쟁책임을 인정하는 시민들도 찾기 어려웠다. 유럽의 68혁명이 일어나고 유럽 사회에 민주화가 정착되면서 전쟁책임의 토대가 마련되기 시작했다. 독일 지성들은 "히틀러의 집권과 독주를 견제하지 못한 원인은 유권자이기도 한 시민들의 책임이 크다"고 자성했다. 독일시민사회의 성장은 피해를 준 이웃나라 국민을 향한 사죄로 이어졌다. 빌리 브란트 이후에도 계속되는 독일 역대 총리의 사과가 이를 입증한다. 이 같이 이스라엘 정부의 진상조사 결과 축적이 독일 전쟁책임의 두 기둥 가운데 하나라면, 남은 기둥은 가해국 사회의 민주화가 될 것이다.

그러나 일본은 두 기둥 가운데 단 하나도 마련하지 못했다. 패전 후 미국에 의한 민주주의가 보급되었으나 유럽 민주주의와 정도의 차이가 있다. 전쟁책임을 정치적으로 이용하는 외교 전략은 늘었으나 피해국과 신뢰감을 쌓으려는 노력은 외면했다. '반성' 이후 '망언'이 반복되는 이 유다.

민주화의 여정이라는 점에서는 한국도 마찬가지다. 1960년 4·19혁명 과 1987년 민주화운동의 성과에도 공공의 민주화는 여전한 과제다. 환 호의 순간보다 좌절의 시절이 길었다. 2010년대에 정권의 목적을 위해 민간인을 사찰하고 문화인 블랙리스트를 작성해 운영하는 취약한 민주 주의 토대를 확인했다. 그럼에도 피해의 역사를 경험한 한국은 가해국 일본에 대한 전쟁책임 촉구를 하는 것으로 그치지 않고 선도해야 한다. 일본의 두 기둥 마련을 돕는 일은 한국사회가 인류보편의 가치를 추구 하는 길이기도 하다. 인류 보편적 가치의 추구는 가해국의 전쟁책임을 돌아보게 하고 재발방지를 가능하게 하는 힘이다. 일본 시민이 사실의 무게를 알 수 있도록 돕는 작업은 우리 사회의 기둥 만들기이기도 하다.

이러한 전제 아래 정부, 학계, 시민사회, 피해자 사회로 대별해서 한 국 사회의 역할을 구체적으로 살펴보자.

첫 번째로 정부의 역할을 살펴보자. 세 가지라고 생각한다. 하나는 신뢰 회복이다. 대일역사문제를 외교현안으로만 파악하고 즉자적으로 대응하는 과정에서 피해자사회에 준 상처를 인정하는 것에서 출발해야 한다. 피해자들의 입장을 먼저 생각하고, 대화를 통해 소통하며 설득하 고 포용하려는 노력을 기울이지 않고 시혜적 인식을 가졌던 점도 깊이 반성해야 한다.

대표적인 사례가 '12·28위안부합의'이다. 피해자의 입장과 의견을 섣 불리 판단하고 자의적으로 해석해서 '결정'하고 '통보'했다. 이미 결정하 고 양국 간 합의했으니 받아들이라고 했다. 관련 정보도 공개하지 않아 한일 정부 당국자 간 다른 주장과 해석이 나오고 각종 추측과 '설'이 난무하게 만들었다. 권위주의적 시절의 정부가 해온 익숙한 방식이다. 민주정부를 경험한 한국사회가 받아들이기 힘든 방식이다. '이미 체결한 국가 간 합의이므로 가능하면 협조하려는' 생각을 가진 이들조차 외면하게 만든다. 이 문제와 관련해 정부는 정부입장만 중시하는 듯 보인다. 잘 해보려 한 일인데, 비판만 받는다는 억울함을 내비치기도 했다.

비록 정부 마음대로 맺은 합의이지만, 한일정부 간 합의를 깨기는 쉽지 않다. 그러나 자국민들에게 합의 내용을 설명하고 동의를 구하며, 일본에 전달해 개선하려는 노력은 가능하다. 정부가 성과의 하나로 생각하는 '100억 원'이 오히려 국민들에게 치욕을 안겨주었다는 점도 무겁게 인식해야 한다. 설령 의도가 좋았다 해도 받아들이는 쪽에서 잘못 되었다고 하면, 이유라도 생각해야 한다. 한국정부의 당연한 의무다. 당연한 의무를 불필요한 일로 취급하는 입장은 청산해야 할 '적폐'의 하나일 뿐이다.

정부의 역할 가운데 두 번째는 진상규명 기능의 회복이다. 정부는 법에 근거해 인력이나 예산, 외교력과 행정력 등을 토대로 민간 차원에서 할 수 없는 일을 지속적으로 해야 한다. 강제동원위원회는 폐지되었으나 진상규명 근거법은 유효하다. 현재와 같은 행정자치부의 임시 조직에 의해 명맥만 유지하는 것이 아니라 소규모 조직이라도 대외적으로 안정감을 주는 상설조직을 운영할 필요가 있다. 행정자치부 정규 조직으로 포함하거나 국가보훈처 등 관련 정부 부처에 이관하는 방법도 있다. 국회 발의 개정안대로 강제동원위원회를 부활해서 전문성을 보장하는 방법도 있다.

정부의 진상규명 기능 회복의 필요성은 강제동원위원회가 입증했다. 대일역사문제 해결 가능성을 실증적으로 보여주었다. 정부 차원의 진상조사와 피해조사결과는 피해자들의 권리 찾기의 근거가 되었고, 유골봉

환은 가해국 일본에게 침략전쟁의 역사를 스스로 돌아볼 기회를 제공했
으며, 일본시민활동 활성화의 계기가 되었다. 정부 간 협상을 통한 자료
입수는 민간 차원의 자료 발굴 노력에 자극이 되었다. '일본진재시피살
자명부조사' 결과 공개와 두 건의 보고서(2015.3.5 '관동지진피살문제 진상규명을
위한 업무설계', 2015.3.10 '대일항쟁기 일본에 의해 자행된 반인도적 사건 진상규명방안')를
통해 관동지진피해 진상규명에 대한 방향성도 제시했다.

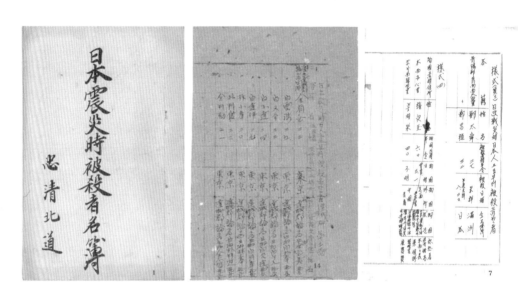

'일본진재시피살자명부'는 2013년말에 주일한국대사관에서 발견된 명
부 3종 중 하나인데, '일정시피징용징병자명부'와 혼재된 자료이다. 강
제동원위원회는 2014-2015년간 '일본진재시피살자명부'에 대한 분석을
통해 40명의 피살 추정자와 유족을 찾아냈다. 진상규명 법안 발의 중인
국회 법제화 과정에 도움을 주고 강제동원위원회가 축적한 진상규명 노
하우를 전수하고자 보고서를 작성했다. 관동지진 진상규명 법안은 19대
국회에서는 자동 폐기되었으나 20대 국회에 발의된 상황이므로 향후 법
제화 및 진상규명 과정에서 도움이 될 것이다. 이 같이 정부의 진상규

명 기능 회복은 피해자 권리 회복과 대일역사문제 해결을 위한 필수 조건이다.

강제동원 진상규명 작업은 국가적 책무이자 세계적 추세이다. 정부 차원의 진상규명 작업의 필요성은 이미 이스라엘이 입증했다. 가해국인 일본정부는 1952년 샌프란시스코강화조약 발효 후 '일본 격전지 유해 조사 발굴' 작업을 시작해 현재까지 지속하고 있다. 일본 중의원은 1952년에 일본인유골문제 송환을 촉구하는 결의안을 채택해 정부가 유골봉환전담 기관의 설치와 업무를 추진하도록 했고 후생성 원호국이 전담부서가 되어 1967년부터 300차례가 넘는 조사단을 해외에 파견했다. 1953년부터 2012년까지 일본정부가 해외에서 수습한 유해는 약 126만위에 달한다. 1999년 이후 수집 유해에 대해서는 DNA감정을 통한 확인 작업도 하고 있다. 유골송환을 위해 외몽골이나 시베리아로 조사대상지를 확대하고 있으며 북한과도 민간인 유골협상을 진행하고 있다. 또한 '전몰자의 유골수습 추진에 관한 법률(이하 일본 유골법)'을 2016년 3월 일본 국회에서 가결해 본격적인 유골봉안 체제(유골 수습대상을 일본인으로 제한)를 수립했다.

그러나 한국은 강제동원위원회 폐지 후 일본지역 노무자유골봉환 추진은 중단되었고, 다른 지역은 시작도 하지 못하고 있다. 일본 유골법에 의해 수습된 유해 가운데 한인유골로 확인되는 유골의 멸실을 막으려면 유족 대상 DNA은행 운영이 시급하다. 그러나 정부는 2억원 정도로 추산되는 예산도 확보하지 않고 있다.

진상조사(피해조사 포함), 자료 입수 및 분석, 유골조사·수습 및 봉환은 개인이 할 수 없는 일이다. 정부의 몫이다. 방대한 입수자료는 개인정보공개법에 저촉되지 않는 범위 내에서 정부가 DB와 분석 결과를 학계에 제공해야 한다. 특히 유골조사·수습 및 봉환이나 진상조사는 남북한 공동 작업을 통해 남북 갈등 완화와 평화 분위기 정착에 기여할 수 있는 미래지향적 과업이다. 현재 한국이 수집한 피해자 명부의 30%의 본적지는 북한지역이다. 공탁금자료의 북한지역 본적지 비율도 동일하다. 일본과 사할린, 러시아 등지의 한인 유골의 주인공들도 30%는 역시 북한지역 본적지 등재자이다. 한국정부가 일본을 통해 다양한 명부를 수집한데 비해 일본과 미수교 상태인 북한은 자료입수가 불가능하다. 또한 북한지역으로 동원된 남한지역 본적지 사망자를 위한 현지 추도순례는 유족들의 바램이다. 평화적 활용이라는 전제 아래 북한에 자료를 제공하고 현지 추도순례와 추도식, 공동조사를 추진한다면, 남북한 피해 전체에 대한 진상규명이 가능하고 유족 위로에도 도움이 될 것이다. 정부의 조사결과는 진상규명에 도움이 됨은 물론 대외협상에도 큰 힘을 발휘한다. 2015년의 일본이 추진한 유네스코 세계산업유산 등재 과정에서 유네스코 일본 대사가 공개적으로 강제성을 인정한 배경에는 강제동원위원회 피해조사 및 진상조사 보고서가 자리하고 있었다. 강제동원위원회는 2012년부터 시작한 한국정부의 대응과정에서 일본의 등재후보지역이 한인과 중국인, 연합군포로들의 강제노역장소임을 자료를 통해 꾸준히 제시하고, 유럽 여러 나라들의 지지를 이끌어내는 데 성공했다. 유네스코 세계유산위원회는 일본이 안내판과 팜플렛 등 등재지역 자료에 강제성을 명시한다는 조건으로 등재 결정을 내렸다.

피해국가의 조사 결과는 인류의 평화를 위한 자산이자 피해권리 찾기에 필수 자료이다. 난징대학살동포기념관의 피해조사결과는 2015년 유네스코 세계기록물유산에 등재되어 평화와 반전의 소중한 자산으로 활용되고 있다. 야드바셈의 조사 결과는 독일 미래재단 탄생의 초석이 되었다. 강제동원위원회의 피해조사 결과도 소송자료와 위로금 등 지원에 근거자료로 활용되고 있다.

시민이 공유할 소재도 적지 않다. 대표적인 사례는 강제동원유적의 시민교육을 위한 평화적 활용이다. 강제동원위원회가 2015년 12월말 기

준으로 파악한 한반도 내 강제동원 유적지는 남북한 포함 8,438개소이
다. 이 조사결과는 전수조사결과가 아니다. 그러나 이들 강제동원 유적
조사와 보존은 평화적 활용 방안에 유용한 콘텐츠이다. 현재 일본은 전
쟁유적을 전쟁의 역사를 기억하는 장소로 설정해 2005년 현재 10,280곳
의 지하호 전수 조사를 완료해 다양하게 활용했고, 일부 전쟁유적은 유
네스코 세계유산으로 등재했다. 한국도 남북한 공동 사업을 통해 강제
동원 유적지의 평화로운 활용이 가능하다. 한국의 IT산업 발전 수준을
토대로 다양한 웹·모바일 콘텐츠로 제작해 보급한다면 시민들이 공유
할 수 있다. 강제동원위원회가 시범 제작했던 웹 콘텐츠가 대표 사례다.
  정부 역할 가운데 세 번째는 공동 아젠다를 설정해서 주제별로 해결
을 추진하는 것이다. 양국이 대일역사문제 가운데 현실적으로 해결 가
능한 형태를 고민해 '공동 가이드라인'을 만들고 이를 실현하기 위해 자
국민을 설득하는 일이다. 한일유골공동협의체가 한인 피해사망자 유골
봉환에 관련해 설정한 3대 기본원칙(인도주의, 현실주의, 미래 지향주의)에 '현
실주의'가 포함된 이유이기도 하다. 현실 가능성이 없는 과제에 매달려
있는 것은 해결하지 않으려는 핑계일 수 있다. 군위안부문제와 같이 해
결이 쉽지 않은 주제도 있으나 의지만으로 해결이 가능한 주제는 많다.
앞에서 제시한 일본지역 노무자유골봉환 합의나 시베리아억류포로기록
입수, 중국 하이난도 유골 조사 및 봉환 등이 대표적 사례이다. 양국 정
부가 의지만 있다면 지금이라도 바로 추진해서 성과를 낼 수 있는 과제
이다. 현재 정부에게 필요한 것은 피해자들이 사망하거나 사회가 망각
하기를 기다리는 것이 아니라 정부의 해결 의지다.

□ 터널의 끝을 찾아 - 한국 학계의 역할

  둘째, 학계의 역할이다. 가장 중요한 것은 사회적 책임감 인식이다.

학계의 연구 성과는 학자만의 전유물이 아니다. 한일 양국민은 물론이
고 세계에 아시아태평양전쟁의 사실의 무게를 느끼게 해주는 근거로 삭
용한다. 교과서 기술이나 역사미디어나 문화콘텐츠 활용이 대표적인 예
이다. 학계 연구 성과는 교과서에 반영되고, 교과서를 통해 습득한 역사
교육의 내용은 향후 역사미디어나 문화콘텐츠 제작에 반영된다. 또한
학계의 연구 성과는 정부의 진상규명 작업에 힘을 실어 주고 대외협상
력 강화에 도움이 된다. 중국이 군위안부 자료 정리와 연구에 앞장 선
이유이기도 하다.

그러나 사소한 자료 오독이나 선행연구에 대한 무비판적 답습, 검증
되지 않은 주장은 부정적인 영향을 낳는다. 대표적인 사례가 통계 오류,
1944년 징용설 등이다. 일본 전시체제기에 대한 이해가 부족하던 시기,
자료 부족으로 검증이 어려웠던 시절에 시작된 오류다. 특히 1944년 징
용설은 박경식의 기술 이후 국내 학계에서 무비판적으로 답습해 교과서
와 포털사이트 백과사전, 인기강사의 강의를 통해 한국사회에 확산된
대표 사례이다. 일본 우익과 국내 뉴 라이트 학자들이 강제동원 부정설
의 근거로 활용하는 아이템이다. 유네스코 일본 산업유산 대응 과정에
서 일본정부는 1944년 징용설을 들어 한국 측 주장을 반박하기도 했다.
뉴 라이트가 강하게 비판한 박경식 통계 오류는 중복 산출로 인한 단순
한 실수다. 그럼에도 강제성을 부풀리기 위한 의도적 통계 변조로 오해
받고 있다. 연구 과정에서 자료 오독이나 오류는 불가피하다. 나도 오류
를 범한 적이 있으나 확인한 후 다른 연구를 통해 오류를 인정하고 수
정했다. 그러나 현재 학계는 오류 인정에 인색하다. 1944년 징용설은 법
령과 일본 연구 성과만 확인해도 수정할 수 있는 내용이지만 오류를 인
정한 연구자는 없다. 검증되지 않거나 부풀려진 내용을 직접 언론에 배
포하는 이도 있다. 멀지 않은 최근의 일이다. 학자적 양심을 의심하게
하는 사례이다. 학자라는 이름으로 쏟아낸 오류가 사회적으로 미치는

영향을 인식하고, 책임감을 느끼는 자세가 절실하다.

현재 학계가 활용할 수 있는 국내 소장 자료는 적지 않다. 그러나 연구 활성화는 기대에 미치지 못하고 있고, 국내외 연구 인력도 여전히 귀한 편이다. 자료가 대부분 일본 지역에 편중되어 있고, 자료 활용 환경도 미비하기 때문이다. 방대한 자료의 분석과 DB 등 정리 작업은 개인이 할 수 있는 몫이 아니다. 자료상태도 장애물이다. 강제동원위원회가 수집한 사할린 한인 기록물은 일본어와 키릴어 해독능력은 물론 기록학의 전문성이 있어야 활용 가능하다. 일본어와 영어, 중국어, 러시아어 등 언어적 장벽도 해결해야 하며 학제간 연구가 필요하다.

연구 활성화를 위해서는 첫째, 자료 수집이 선행되어야 한다. 강제동원위원회 설립 후 자료 발굴 성과는 있었으나 충분치 않다. 소장 지역별로 보면 상황은 더욱 열악하다. 관련 자료 보유국은 한 두 나라가 아니다. 일본은 물론, 일본의 점령지와 식민지였던 중국과 타이완, 동남아시아가 있다. 패전 후 일본을 점령했던 미국과 전범 소송 관련국(네덜란드, 영국, 호주 등), 국제적십자사 소재지(스위스)도 자료수집대상지역에 해당된다. 이 지역 자료 가운데 발굴된 자료는 극소수이다.

두 번째는 아카이브 구축 등 토대가 마련되어야 한다. 일본정부가 운영하는 아시아역사자료센터는 매우 유용한 아카이브이지만, 탑재량과 속도는 미흡하다. 연구자들은 여전히 방위청 방위연구소나 일본공문서관 츠쿠바筑波 분관의 자료 목록 카드를 하나하나 뒤지고 몇 개월에 걸치는 열람 허가를 기다려야 한다. 어렵게 구해온 자료는 대부분 개인의 서가에 머물게 되고 동일한 자료에 대한 중복 수집은 반복된다. 효율성을 위해 정부 차원의 역사통합시스템을 구축했으나 관련 연구자들이 느끼는 갈증 해소와는 거리가 있다. 정부가 수집한 자료 가운데에는 자료군 가운데 일부를 발췌·수집해 자료의 원질서를 훼손함으로써 활용을 어렵게 만든 자료도 있다. 전체 자료 가운데 '조선'이라는 단어가 있는

페이지만 복사해온 경우도 있고 자료 출처를 확인할 수 없는 낱장도 있다. 자료적 가치가 전혀 없고 활용할 수도 없는 쓰레기를 정부가 나서서 양산한 셈이다. 군위안부 문서의 중요성을 인식하면서도 관련 아카이브는 없다. 일본의 WAM을 부러워할 뿐이다. 여성가족부가 수년째 자료정리사업을 하고 있으나 활용 시기는 기약할 수 없다.

세 번째는 현재 국내 소장 기초 사료에 대한 체계적인 정리와 제공이다. 국내에는 방대한 자료가 소장 중이지만 이에 대한 체계적인 정리가 뒷받침되지 못하고 있다. 대표적인 사례가 일본의 전시체제기에 대한 법령이다. 전시체제기 운영의 근간이 되는 법령의 목록화 작업이나 정리, 번역 등 기본적인 정리도 되어 있지 않다. 현재 국가기록원이 소장하고 있는 방대한 명부와 강제동원 위원회가 발굴한 명부도 연구 자료로 활용이 불가능하다. 개인정보공개법이 가장 큰 장애물이지만 열람자용 자료 정리가 이루어진다면, 개인정보를 제외한 자료를 학계가 활용할 수 있다. 구체 방안에 대해서는 이미 연구서를 통해 제안한 바 있다. 그러나 연구자 개인이 할 수 있는 작업은 아니다. 집단지성과 정부의 지원이 있어야 가능하다. 법령 등 개인정보와 무관한 자료는 의지만 있다면 정리와 활용이 가능하다. 한국학중앙연구원 등 정부 차원의 연구기관이 나서서 학계가 활용할 수 있는 방법을 모색해야 한다.

네 번째는 학제적 연구 방법론을 통한 다양한 접근이다. 일본 전시체제기와 아시아태평양전쟁은 특정 학문에 의해 규명될 수 없는 주제이다. 현재 학제 간 연구 성과는, 역사학·법학·사회학·정치학·경제학 등 다양한 분야의 한일 연구자와 시민들의 플랫폼인 일제강제동원&평화연구회 연구총서가 유일할 정도이다. 2000년대 초반부터 한일민족문제학회가 중심이 되어 학회 내 연구분과를 만들고 학제 간 연구를 시도한 적이 있다. 정치학과 법학, 사회학, 역사학 등 여러 분야 연구자들이 세미나를 운영하기는 했으나 연구 성과로 모아지지는 못했다.

다섯 번째는 관련국 공동연구이다. 한 두 나라의 연구역량만으로 가능한 작업도 아니므로 관련국 공동연구가 필요하다. 관련국 공동연구는 인식 차이의 해소와 실상을 풍부하게 규명하는데 유용한 연구 방법이다. 제국 일본 영역의 지역별 통치정책과 방식이 다르고 환경도 다르기 때문이다. 2014년에 동북아역사재단이 개최한 두 차례의 국제 학술행사 (2014.7.29. 일제침탈사 국제공동연구 워크숍, 2014.11.20-21. 일제침탈사 국제공동연구 학술회의)는 베트남·타이완·필리핀·말레이시아·인도네시아 등 동남아시아를 포함해 호주·프랑스·미국 등 여러 나라 전문가들이 모여 아시아태평양전쟁기 강제동원을 주제로 한 논의의 장이었다. 향후 공동연구를 목적으로 한 사전 워크숍 성격의 학술회의였으므로 공개 행사는 아니었으나 다양한 논의가 이루어졌다. 이 자리는 지역별 시각의 차이를 확인한 자리이기도 했다. 두 차례 행사에 모두 참석한 나는 관련국 공동연구의 필요성을 절감했다. 지역별 특성을 전제로 인식의 확대와 스펙트럼의 다양성을 추구하려는 노력은 필수적이다. 이 자리에서 '한국 연구자는 운동가와 구분하기 어렵다'는 발언이 여러 번 나왔다. 물론 선입견이나 편향된 인식의 표출일 수 있다. 그러나 일본 전시체제기에 대한 검증이 부족하고 내셔널리즘에 치우친 연구 경향에 대한 지적이기도 했다. 시각의 차이도 적지 않았다. 한국학계 시각이 '일본 vs 조선'에서 크게 벗어나지 못한다는 점도 돌아본 기회였다.

여섯 번째는 학문적 성과의 대중적 확산노력이다. 학계의 역할은 연구 활성화에 그치지 않는다. 학계는 연구 성과의 적극적인 활용을 선도해야 한다고 생각한다. 연구 성과를 학계만이 독점하는 것이 아니라 시민사회와 공유할 수 있도록 적극적인 길을 제시할 필요가 있다. 역사 대중화는 시민사회가 역사의 무게를 느끼게 하는 방법이다. 기억기관 (박물관, 기록관 등) 설립 및 운영, 교과서 기술, 역사문화콘텐츠를 중심으로 한 역사대중화 주도 등이 해당된다. 이를 위해 시민사회가 역사에 흥미를 갖도록 돕는 일도 학계의 몫이다. 아시아태평양전쟁 역사에서는 2011년 발족 이후 줄곧 다양한 강제동원 관련 이야기책을 발간하고 워킹투어 프로그램을 운영하고 있는 일제강제동원&평화연구회의 활동이 유일한 사례이다. 일제강제동원&평화연구회는 역사대중화를 위해 2013년에 처음으로 전남 광주에서 '시민과 함께하는 광주전남 강제동원 현장답사' 프로그램인 '일제강제동원 현장을 가다'를 2년간 실시해 지역 프로그램으로 정착시켰고, 2016년부터는 서울지역 아시아태평양전쟁유적 현장 답사를 시작했다.

흔히 일본역사교과서 바로잡기운동본부라 불리기도 하는 시민단체 '아시아평화와 역사교육연대'는 설립 직후인 2000년대 초반부터 한·중·일 3국 공동 역사부교재를 발간하고 있다. 유럽의 공동역사 부교재를 모델로 한 역사쓰기이다. 이러한 성과가 튼실하게 지속성을 갖기 위해 필요한 작업은 관련국 공동연구이고, 양자가 서로 피드백을 이룰 때 효과는 극대화한다. 이 같이 학계의 역할을 시민사회와 공유하려는 의지와 방향도 학계의 몫이다.

☐ 터널의 끝을 찾아 - 시민사회의 역할

셋째, 시민사회의 역할이다. 시민사회의 역할은, 단순한 관심 갖기 정도에서 시작해, 참여하고 주도하는 적극적인 역할까지 범위가 넓다. 의미와 비중에서 어느 것도 경중을 따질 수 없다. 관심을 갖는 것만으로도 긍정적 효과는 매우 크다. 학창시절 교과서나 위인전 정도로 접한 역사 인식을 스스로 확장해나가는 과정이기 때문이다. 관심을 갖게 되면 관련 책자나 영상물을 찾게 되고 웹-콘텐츠에 접속하게 되며 무료강좌도 찾아보게 되고 기억기관도 방문하게 된다. 자발적이고 자연스러운 과정이므로 지속성과 확장성, 역동성이 크다.

또한 역사인식 함양은 시비곡직是非曲直을 가릴 능력과 인간에 대한 관심을 확장시키는 힘을 키운다. '가만히 있으라'에 대해 '왜 가만히 있어야 하지?'라는 의문을 갖도록 하고, 의문은 문제해결능력으로 연결된다. 특히 아시아태평양전쟁 관련 역사에 관심을 갖는다는 것은 평화교육에 참여하고 있다는 의미가 된다.

시민들의 관심 갖기는 사실에 대한 이해에서 출발한다. 그러므로 올바른 관심을 갖는 것이 가장 중요하다. 아시아태평양전쟁 역사를 학습한 후에 '힘을 길러 일본은 무찌르자'거나 '일본이 사라지면 좋겠다'는 반응이 나온다면, 위험한 일이다. 식민지 경험이 피해의식으로 왜곡되지 않도록 주의를 기울이는 일도 필요하다. 피해의식은 가해국이든 피해국이든 극복해야 할 과제이기 때문이다.

시민들이 아시아태평양전쟁 역사를 객관적이고 건강하게 받아들이기 위해서는 두 가지 선행과제가 해결되어야 한다. 첫째 학계의 노력이다. 역사교과서 기술의 오류나 대중강좌를 통해 잘못된 내용이 확산되는 책임은 학계와 무관치 않다. 시민들이 관심을 기울일 수 있는 역사문화콘텐츠 개발에 필요한 콘텐츠 생산도 학계의 몫이다. 학계와 시민사회의 피드백이 원활해질 때 시민사회는 보다 객관적이고 다양한 역사콘텐츠를 활용할 수 있으며 건강한 역사인식을 유지할 수 있다.

두 번째는 언론과 미디어가 시민사회에 미치는 역할이다. 일본 역사학자 사토 다쿠미佐藤卓已는 『8월 15일의 신화』에서 '옥음 방송의 기억'으로 만든 '8.15 신화' 사례를 소개한다. '천황폐하의 조서발표 방송을 듣는 직원들'(홋카이도 신문 1945.8.16자 제1면), '성스러운 결단을 맞이하다'(니혼뉴스 제255호, 1945.9.6), '아아, 이 역사의 일순간, 옥음을 삼가 듣고 목이 메어 우는 여자 정신대원'(아사히신문, 1945.8.16일자 제2면). 여러 지역 각계각층의 '신민'들이 대일본제국 대원수인 히로히토의 항복 방송을 듣는 경건한 모습이다. 모두 꾸며낸 사진이었다. 사토 다쿠미는 사진뿐 아니라 영상 문제도 지적했다. 영화감독 오시마 나기사大島渚는 "패자는 영상을 가질 수 없다"고 단언했다. "전쟁의 영상은 이기고 있을 때만 가질 수 있다"고 주장했다. 실제로 진주만 공격이나 싱가포르 함락을 찍은 일본 측 영상은 존재하지만 일본이 패한 미드웨이해전 영상은 없다. 일본 측이 찍은 종전 이전의 영상은 '학도출진식'이나 '가미카제 특별공격대 출격' 등이 남아 있다. 그런데 패자의 영상이 있다. 도쿄 황거 앞 니주바시二重橋에 엎드린 사람들을 담은 필름이다. 정부의 의도에 따라 미디어가 만들어낸 '종전의 기억'이다.

이 같이 일본의 전시체제기와 패전 직후에 언론과 미디어는 프로파간다의 도구로 활용되었다. 어린 시절 익숙한 '대한뉴스'의 모태인 다양한 국책홍보 영상물은 물론,『사진주보寫眞週報』(내각정보부가 편집해 1938년 2월 16일 창간해 1945년 7월 11일까지 발간한 국책홍보 그래프지)도 패전 직전까지 발간했다. '용맹스러운 황군과 기꺼이 총후보국을 감수하는 민중의 모습'을 담은 사진첩이다. 군사독재시절에 익숙한 홍보 방법이었다. 물론 지금은 프로파간다의 시대가 아니고, 군사독재체제도 아니므로 정책차원의 프로파간다는 사라졌다. 그러나 언론과 미디어 영향력은 더 커졌다. 테사 모리스 스즈키의 지적과 같이 '과거는 미디어를 통해 기억되고 역사화' 된다.

언론과 미디어는 시민들의 역사 관심 갖기에 영향을 미친다. 일반인이 역사를 접하는 창구에서 언론과 미디어의 역할은 매우 크다. 아시아태평양전쟁 피해 역사에서도 마찬가지다. 2013년에 광주 워킹투어 프로그램(일제강제동원 현장을 가다)에 참가했던 초등학생은 드라마 '각시탈'을 보고 엄마를 졸라서 왔다고 했다. 내 학창시절에는 김성종 소설을 각색한 드라마 '여명의 눈동자'를 통해 군위안부를 알게 된 사람들이 많았다. 언론과 미디어 제작에 영향을 미치는 콘텐츠는 교과서이다. 교과서를 통해 역사상을 구축한 이들이 소설·사진·영상물 등 문화콘텐츠를 생산하고 미디어를 양산하는 주인공이 되기 때문이다.

그렇다면, 국내 언론과 미디어에 비친 아시아태평양전쟁 피해 역사는 건강한 역사인식 형성에 도움 되고 있는가. 관련 종사자들이 자신 있게 답하기는 어려울 것이다. 가장 큰 문제는 어려운 학술 내용을 소화할 전문성 부족이다. 내셔널리즘을 강조해 편향적 역사상을 보급하거나 오류를 반복하는 사례도 있다.

탄광 벽 낙서사진 문제는 대표적인 반면교사의 하나이다. '어머니, 보고 싶어' '집에 가고 싶어요'가 새겨진 낙서사진은 일제말기 탄광실태를 표현하기 위해 미디어가 자주 사용하는 콘텐츠다. 다큐멘터리에서도 고발프로그램에서도 뉴스화면에서도 익숙하다. 교과서에도 실린 적이 있었고, 2005년에 한국 시민단체(6·15공동선언 실천을 위한 남북해외공동행사 준비위원회 남측위원회)가 개최한 전시회 '기억 36년, 한민족의 삶' 전시물이었다. 그러나 이 낙서는 '일제시기'와 무관한 '작품'이다. 총련 산하 '재일본조선문학예술가동맹'이 한일협정 반대운동의 일환으로 1965년에 제작한 영화 '을사년의 매국노'를 촬영하는 가운데 연출된 것이다. 강제동원의 참상을 담기 위해 제작진 4명이 후쿠오카 호슈豊州 탄광촌에서 현장 촬영을 했는데, 폐허가 된 강제동원 탄광 합숙소에서 제작진 합의 아래 녹음을 담당한 여성이 나무를 꺾어 벽에 낙서를 새겼다. 위조 사실은 이후 니시닛폰西日本신문 취재를 통해 밝혀졌다.

> 연출사실이 밝혀졌다 해서 그것으로 강제연행 사실마저 부정할 수는 없다. 그러나 역사를 검증할 때 어떠한 하찮은 것이라 해도 허위를 용납해서는 안 된다. 연출의 사실도 강제연행의 사실과 마찬가지로 직시해 가는 일이 무엇보다도 중요하다고 생각한다. (니시닛폰신문 2000.1.3)

니시닛폰신문이 지적한 대로 중요한 것은 사실의 전달이다. 벽 낙서사진은 사실의 전달을 위해 활용한 자료가 오히려 사실을 위협하는 사례이다. 조작사실과 과정은 이미 일본과 한국에서도 오래 전에 알려졌다. 김광열金光烈(재일사학자)의 『빌로 본 치쿠호筑豊』와 최영호의 『한일관계의 흐름 2004-2005』에 상세히 실렸다. 그럼에도 여전히 탄광으로 동원된 조선 청년의 아픔을 상징하는 대표적인 콘텐츠로 사용되고 있다. 모르고 사용하는 경우도 있지만 알면서도 사용하곤 한다. 강제동원 실상을 보여주는데 적합한 사진이라는 이유이다. 언론 입장에서 자극적인 용어나 사진에 대한 유혹은 줄어들기 어렵다. 단 몇 초 만에 시선을 고정시키는 사진이나 영상물을 통해 효과를 높이고 싶어 하기 때문이다.

디지털을 넘어 모바일 시대로 접어들면서 제작 환경은 달라지고 있다. 최근 언론사들은 SNS와 모바일기기를 상대로 하는 콘텐츠 제작에 적극 나섰다. 오마이뉴스가 세월호 참사에 관해 만든 영상콘텐츠, 디지털 스토리텔링(4월 16일, 세월호)은 다른 신문사에서도 벤치마킹했고, 스브스뉴스나 매거진D 등 카드뉴스가 중심이 된 SNS 콘텐츠도 확산되고 있다. 전문가가 아니어도 스마트폰만으로 영상콘텐츠를 생산할 수 있고, '전 국민의 기자화'라는 말이 나올 정도로 일반인들은 기자보다 더 빠른 정보를 공유한다. 콘텐츠 이용자의 반응 속도는 매우 빨라졌다. 내용에 대한 검증 능력도 깊이와 속도 모두 높아졌다. 자극성에 의존하던 생산자의 인식 전환이 필요하다.

시민 역할에서 '역사에 관심 갖기' 다음 단계는 적극적인 시민단체 활동이다. 후원하거나 활동에 직접 참여하는 방법이 있다. 국내에 아시아태평양전쟁 피해라는 주제와 관련한 시민단체는 드물다. 군위안부 문제와 관련해서는 정대협을 비롯해 여러 단체가 있으나 강제동원 전반을 대상으로 하는 단체는 '근로정신대 할머니와 함께 하는 시민모임' 정도이다. 아직 한국 시민사회에서 낯선 주제이다. 시민이 참여할 수 있는 프로그램도 드물다. 2016년에 민주노총과 우리겨레하나되기운동본부 등이 중심이 되어 국내 아시아태평양전쟁 유적지 관심을 갖고 몇몇 지역에 노동자상을 세우면서 전국적인 대중 강좌가 시작된 정도다. 이제 시작이라는 점에서 가능성을 엿볼 수 있다.

이에 비해 일본 시민단체는 다양하다. 특징은 역사교사나 언론인, 법조인 출신이 많고 역사에 대한 깊은 이해가 토대를 이루고 있다는 점이다. 특히 지역사에 대한 이해가 풍부해 참여나 운동의 방향에서 균형을 유지해나간다. 백서나 자료집, 영상물 등 기록 남기기도 필수적이다. '사실의 무게'를 알기 위한 노력을 지속하고 있다. 이에 비해 '근로정신대 할머니와 함께 하는 시민모임'을 제외한 한국 시민단체는 사실의 무게를 알기 위한 노력을 더 기울일 필요가 있다. 시민단체가 배포하는 보도 자료나 일반인 대상 카드뉴스 등에서 과장된 내용이나 오류도 있다. '운동' 비중 정도로 사실의 무게 비중을 높이려는 노력이 병행되지 않으면 절름발이 상태를 벗어나기 어렵다.

시민의 참여를 유도할 수 있는 프로그램도 필요하다. 시민 눈높이에 맞는 프로그램을 개발해 동참하도록 돕는 자세가 필요하다. '그 정도도 모르면 안 된다'는 식의 프로그램이나 전시 콘텐츠는 시민 참여의 걸림돌이 된다. 현재 정대협이나 일본교과서바로잡기운동본부, 지역 역사관련 단체는 아시아시민연대와 관련한 다양한 프로그램을 운영하고 있다. 전쟁피해는 특정 국가의 문제를 넘어선 인류의 보편적 가치를 찾는 문제이기 때문이다.

☐ 터널의 끝을 찾아 – 피해자의 권리 찾기는 권리 인식에서

넷째, 피해자사회의 역할이다. 이런 문제제기가 가능하다. '피해당한 이들에게 또 무엇을 하란 말인가, 이들은 우리 사회가 보듬어야 하는 대상인데…' 맞는 말이다. 그러나 피해자이기 때문에 할 수 있고, 피해자만이 할 수 있는 일이 있다. 피해자사회의 역할은 크게 세 단계라 생각한다.

첫 번째 단계는 피해자성의 회복, 즉 피해자라는 자각이다. 피해자라는 자각은 '피해의식'이 아니다. 피해자 권리 인식과 권리 찾기로 이어지는 첫 단계이다. 피해자라는 자각이 없으면 권리인식을 갖기 어렵다. 70년이 넘는 과거의 역사이자 한국사회로부터 잊혀져가는 역사라는 점은 피해자 자각을 방해하는 요소이다. 특히 어린 시절에 군수공장에 동원되었던 여성노무동원피해자들 가운데 피해자성을 유지한 이들은 드물다. '원래 여자들 팔자가 그렇다'는 체념이나 '여자가 징용갔다면 군위안부 아닌가'라는 편견이 이들의 피해자 자각을 방해해왔다. 여성피해자의 문제만이 아니다. 남성피해자의 유족 가운데에도 자신의 가족이 피해자임을 인식하지 못한 경우가 많다. 가족이라 해도 피해당사자가 피해 경험을 이야기하지 않은 경우에는 감지하기 어렵다. '가난하고 힘이 없어서 당한 일'로 덮고 살아온 피해자들은 적지 않다. 군위안부 피해자처럼 알면서 드러낼 수 없는 이들도 있다. 이들에게 피해자 권리인식을 갖고 권리를 요구하라는 주문은 무리다. 그럼에도 피해자라는 자각은 중요하다. 자각의 효과는 방사형처럼 퍼지기 때문이다.

나만이 피해자라는 인식에서 벗어나는 일도 피해자성 회복 과정의 핵심이다. 피해자는 일본에도 중국에도 있으며 이들과 연대해야 한다는 자각은 피해자성의 핵심이자 권리 찾기에도 도움이 된다.

두 번째 단계는 피해자 권리인식이다. 피해자 권리인식의 출발점은 진상규명이다. '내가 경험한 일, 내 가족이 겪은 일의 실체가 무엇이며 무슨 의미인지' 알아가는 과정이다. 피해자와 유족이 강제동원특별법 제정에 앞장 선 이유였다. 피해 진상규명에 대한 인식은 재발방지와 우리 사회 민주화, 인권의식 고양으로 연결된다. 2014년에 빈소를 지키던 군위안부 할머니의 며느리는 '어머니의 피해를 의미 있게 하는 일은, 내 주변에 있는 외국인노동자나 약자를 차별하지 않는 일'이라고 했다. 그분은 평범한 시민, 동네 미용사였다. 이 분의 말씀은 큰 울림을 주었다.

나만이 피해자라는 인식에서 벗어나는 일은 피해자 권리 인식의 하나이기도 하다. 앞에서 소개한 군위안부 피해자들의 국제 연대는 모범 사례이다. 조선인뿐만 아니라 중국인과 동남아시아·태평양 현지인, 동남아시아·태평양에 거주하던 백인, 일본인 등 인종을 불문한 피해 여성들의 연대가 유엔을 비롯한 국제 사회에 큰 울림을 주었다.

세 번째 단계는 피해자 권리 찾기이다. 해방 후 계속되는 피해자사회에 대한 정부의 억압과 외면으로, 그리고 정부가 체결한 한일협정으로 인해 피해자 권리 찾기는 난제였다. 권리 찾기의 선행조건도 구비되지 못했다. 진상규명이 이루어지지 않았으므로 요구할 권리가 무엇인지 파악할 수 없었다. 이를 위해서는 먼저 피해자가 요구할 수 있는 권리를 파악하고 사안별로 대응방안을 고민한 후 권리 찾기에 나서야 한다.

현재 피해자 권리 찾기의 대세는 소송이다. 2012년 대법원 판결 이후 피해자사회는 소송에 기대치가 높다. 그러나 소송은 유일한 방법이 아니라 여러 방법 가운데 하나이다. 입법부가 할 사안도 있고, 정부 정책으로 해결할 수 있는 일도 있다. 소송이 필요한 사안도 있다. 그런데 지금은 소송이라는 외길로만 가고 있다. 소송이 진행되는 동안 원고단의 피해당사자는 하나 둘 사라지고 있다. 세월의 무게를 어쩌지 못하는 것이다. 피해당사자는 물론, 유족도 70대 이상 고령이다. 시간과 싸움은 이길 방법이 없다. 가장 큰 어려움이다. 또한 소송은 선행조건이 뒷받침되어야 한다. 정부의 진상규명 역할이다. 정부가 소송의 근거자료를 축적해서 제공해야 한다. 야드바셈의 성과는 유대인 소송을 승소로 이끌었다. 승소하기 위해서는 정부의 진상규명작업이 지속되어야 한다. 피해자사회가 나서서 정부의 진상규명 기능 회복을 요구해야 한다.

또한 권리 찾기를 위해서는 사회의 인식과 관심이 있어야 한다. 고작 2억 원의 유전자은행 예산확보가 어려운 것은 국가재정이 곤란해서가 아니다. 사회적 인식과 관심의 부재 때문이다. 비록 전체 피해자의 1%

에도 미치지 못하지만 위로금 등 지원이 이루어진 것도 정부의 진상규명 결과이다. 피해자 권리 찾기는 단기간에 얻을 수 있는 성과가 아니다. 70년 전의 역사이지만 제대로 된 피해자 권리 찾기가 가능해진 것은 불과 20년도 되지 않았다. 상황을 냉철하게 진단하고 권리 유형에 따라 장기적인 관점에서 호흡을 가다듬을 필요가 있다.

현재 피해자(유족 포함)사회는 강제동원위원회 폐지에 영향력을 행사할 정도로 막강해 보인다. 그러나 한편으로 보면 매우 취약하다. 사기사건에도 쉽게 휘말리고, 유족들 사이에 송사도 잦다. 사기사건은 1인당 수만원에서 수백만 원까지 금액도 다양하고 방법도 기묘하다. 가가호호 방문해 거둬가는 수법도 있고 교회나 사찰에서 성직자들이 노인들을 모아놓고 "정부에게 보상금을 받도록 해 주겠다"며 일률적으로 돈을 거둔 일도 있다. 황당한 제안에 솔깃해 한다. "얼마 전 노무현대통령과 고이즈미총리가 합의해 일본정부가 1인당 1억 원씩 보상금을 주기로 했고, 그 돈이 지금 쓰시마對馬島까지 와 있다. 1인당 100만원을 내면 부산에 도착하고, 피해자들은 그 돈을 받을 수 있다."는 제안은 황당하다. 돈에 발이 달려서 다닌다는 말인가. 마치 함재비가 돈 봉투를 밟고 발걸음을 떼는 양상이다. 그렇지만, '선착순'이라는 말에 타지에 있는 자식에게 급히 연락해 돈을 내준 사람이 여럿 있다. 그 후 아무리 기다려도 돈을 주지 않아 독촉하면 "노무현대통령이 돈을 먹고 자살했다"는 식이다. 이런 답변을 듣고는 더 이상 알아볼 생각도 하지 않고 '그럼 그렇지'하고 체념해버린다. 경찰에 신고라도 할 법한데 그런 일은 찾을 수 없다. 문제는 한 사람이 동일한 유형의 사기를 여러 번 당한다는 점이다. 정부에 대한 불신이 쌓였기 때문이다. 이런 식으로 당한 유족은 막상 정부가 정확한 정보를 제공해도 믿으려 하지 않는다.

정부의 부당한 권리 제한에 당당히 요구하지 못한다. 군사독재시절을 벗어난 지 오래되었건만 행여 불이익을 당할까 노심초사하는 분위기는 여전하다. 정부에 대한 불신과 외면은 명망가 의존도로 이어진다. 정부에 대한 불신이 다른 목소리에 귀 기울이게 하고 피해자 권리 인식을 약화시킨다. 이 모든 책임은 일차적으로 정부에 있다. 정부가 일관되고 신뢰성 있는 정책을 추진하지 못했기 때문이다. 피해자와 유족의 이야기를 들으려 하지 않았고 행정적 모순을 인정하고도 개선하지 않았다. 강제동원위원회가 발족하기 전까지는 피해자와 유족이 하소연할 창구도 없었다. 사기사건에 취약한 이유도 사기꾼을 '내 이야기를 들어주는, 내 편'으로 착각했기 때문이다.

피해자사회의 현주소이다. 상황을 파악했으면 실천도 가능하다. 피해자사회는 피해자의 대일배상권을 대신한 정부에 당당히 요구해야 한다. 독일과 이스라엘의 사례도, 중국 정부의 역할도 살펴보고, 정부와 민간의 역할을 구분해 정부가 해야 할 부분에 대해 요구해야 한다.

정부에 대한 요구가 실현되기 위해서는 요구와 동시에 한국 사회에 이해를 구하려는 노력도 함께 해야 한다. 현재 강제동원피해에 대한 사회적 이해와 관심은 다른 국가권력피해에 비해 약하다. 피해자들이 느끼는 절박감과 한국사회의 관심 사이의 체감온도 차이는 크다. 전후 70년이라는 세월은 전쟁피해에 대한 사회적 관심을 약화시켰다. 왜 몰라주느냐고 서운해 하기에는 그간 한국 현대사의 질곡이 너무 깊었다. 6·25전쟁이라는 동족상잔의 비극도 겪었다. 질곡의 수렁은 현재 진행형이다. 굵직굵직한 대형 악재로 인해 과거의 아픔에 둔감해졌다. 제대로 된 역사교육의 기회도 없었다. 언론의 관심은 줄어간다. 이 점을 인정하고 사회가 전쟁피해문제를 이해하도록 해야 한다.

군위안부 문제가 한국사회는 물론 국제사회에 관심을 모은 것은 참혹한 전쟁범죄이기 때문이다. 그러나 피해당사자가 직접 나서지 않았다면 불가능했다. 이들은 공개적으로 자신의 경험을 알리는 노력에 그치지 않았다. 2017년 현재, 최고령 군위안부 피해자로 알려진 김복득 할머니는 정부로부터 받은 지원금을 모아 지역에 장학금을 기부했다. 이에 지역사회가 할머니에게 관심을 가지면서 경남의 작은 도시 통영에서 군위안부 운동이 활발하게 일어났다. 장학금이나 기부금을 쾌척한 군위안부 피해할머니는 김복득 할머니 외에도 여럿이다. 이들의 선행은 사회가 피해문제를 돌아보게 하는 계기가 되었다. 2015년에 신윤순이 자비를 들여 개최한 전국 순회 사할린 사진 전시회도 사할린 국내 유족들의 안타까운 사정을 사회에 알리는 데 기여했다. (사)사할린 강제동원 억류피해자 한국잔류유족회장 신윤순은 국내외 학생과 시민 상대로 강연을 하면서 유족의 입장에서 진솔하게 반전평화와 희망의 메시지를 전달했다. 한 번도 얼굴을 보지 못한 부친의 제삿날이라도 확인하고 싶은 유족의 소망은 많은 이들의 마음을 울리고, '사할린'을 기억하게 만들었다. 2016년에 강연을 들은 분당 송림중학교 학생들은 카드뉴스와 리플렛, 자료집을 만들어 전쟁피해역사를 사회에 알리고 있다.

피해자 권리 찾기의 최대 성과이자 피해자성의 핵심은 '사회가 기억하도록 하는 일'이다. 독일의 미래재단 설립 목적은 '반인륜적 문제, 특히 국가사회주의 체제하 강제노동문제를 어떻게 다룰 것인지에 대한 독일정부와 시민단체의 해답'이었고, 과제는 '역사와 도덕을 들여다 볼 수 있는' '도덕적 자극제' 추구였다. 즉 '역사에 대해 학습할 방법'을 공유하는 것이다. 피해자들이 사회와 소통하려는 노력을 지금보다 좀 더 기울인다면, 사회는 역사 속에서, 아시아태평양전쟁 유적 현장에서, 문화콘텐츠와 역사 미디어를 통해 강제동원 피해 역사와 피해자를 기억하고 미래지향적인 반전평화세상을 만들어가는 것으로 화답할 것이다. 이 과정은 피해자만의 몫이 아니다. 한국과 일본사회가 함께 해야 하는 길이다. 그렇다면 일본은?

□ 그렇다면 일본은? '아시아의 배신자'에 머물 것인가

1951년 샌프란시스코 강화회의를 앞두고 마루야마 마사오丸山眞男는 '병상에서 감상'이라는 글을 썼다. 이 글에서 그는 "이번 강화가 중국 및 소련을 명백히 가상적국으로 삼은 향미向美 일변도적인 강화라는 점을 부정하는 자는 없을 것"이라고 적은 뒤 다음과 같이 썼다.

> 생각하면 메이지 유신에 의해 일본이 동양 국가들 가운데 혼자 유럽 제국 주의에 의한 식민지 혹은 반식민지화의 비운을 면하고 아시아 최초의 근 대국가로서 씩씩하게 등장했을 때, 아시아의 모든 민족은 일본을 희망으 로서 우러러보았다. … 그런데 그 후 곧 일본은 오히려 유럽 제국주의의 흉내를 내어 마침내 '열강'과 어깨를 나란히 하고 결국 그것을 배제하며 아시아 대륙 침략으로 큰 걸음을 내딛었던 것이다. 그 때 일본제국의 앞 을 가장 강력하게 가로막고서 그 기도를 좌절시킨 근본적인 힘은 얄궂게 도 최초로 일본의 발흥에 고무되어 일어섰던 중국민족운동의 에너지였다. 즉 일본이 겪은 비극의 원인은 아시아의 희망에서 아시아의 배신자로 급 속히 변모하는 중에 생겨나고 있었던 것이다. 패전으로 메이지 초년의 출 발점으로 되돌아 온 일본은 아시아의 배신자로서 데뷔하려는 것일까? 나 는 그런 방향으로 결말을 예상하는 것을 견딜 수 없다.

오구마 에이지의 『일본이라는 나라?』의 마무리 글이다. 1944년 평양 에서 이등병 생활을 했던 마루야마 마사오(1914-1996)는 일본 정치사상사 의 권위자로 알려져 있다. 후쿠자와 유기치가 『탈아론』에 쓴 것처럼, 일 본은 서양과 한패가 되어 동양 침략으로 돌아섰다. 아시아태평양전쟁에 서 아시아 해방을 내세우고 오히려 아시아를 짓밟았다. 그런데 마루야 마 마사오의 우려대로 패전 이후 '아시아의 배신자'로 돌아왔다. 이는 아시아의 비극이자 암담한 일본의 미래다. '아시아의 배신자'에서 벗어 나는 길은 없을까.

1960년, 야마모토 시치헤이는 우연히 참의원선거 가두연설 현장을 목격하고 기묘한 '전시戰時 중의 얼굴'을 떠올렸다. 대본영 최고 통수부 참모를 지낼 당시 부임지를 가던 중 바탄에 들러 "투힝 포로를 죽이라"고 독려했으며, 패전 직후 포로가혹행위 은폐를 지시했던 쓰지 마사노부辻政信였다. 이런 악행을 저질렀으나 전후에 처벌은커녕 전범으로 기소조차 되지 않았다. 그런 그가 가두연설장에서 우뢰와 같은 갈채와 악수세례를 받고 있었다. 도대체 이런 일이 어떻게 가능하며 통용될 수 있는 것일까. 야마모토 시치헤이는, 쓰지 마사노부에게 흥분하며 갈채를 보내는 사람들의 모습을 보면서 '패전했음에도 여전히 극복하지 못한 그 무언가'를 느꼈다. '그 무언가'는 일본의 내면적인 변화가 없는 한 계속 미해결 상태로 남아 있을 것이다.

> 사람은 어떻게 해야 파멸의 길을 피하고 현실을 직시할 수 있을까. 이를 위한 첫걸음은 스스로를 다시 파악하는 방식에 달려 있다고 생각한다.

야마모토 시치헤이가 생각한 '그 무언가'를 극복하는 방법은 바로 스스로를 다시 파악하는 방식이다. 강덕상이 제기한 사실의 무게를 아는 것이다. 사실의 무게를 알아가는 길은 독일이 걸어온 길, 일본이 걸어갈 길의 푯대다. 야마모토가 지적한 '파멸의 길'을 피하기 위한 길이다. 마루야마 마사오가 우려한 '아시아의 배신자'를 벗어나는 길이다. 그간 양심적인 일본인들이 추구한 길이다.

□ 터널의 끝으로 가는 길, 역사의 거울을 함께 닦을 때 가능하다

일본 홋카이도 북단 슈마리나이朱鞠內의 낡은 절 고켄사光顯寺에서는 매년 한 번씩 한일 청년들의 한일공동역사워크숍이 열린다. 1997년에 유골 발굴을 계기로 시작되어 매년 백여 명이 넘는 참가자들이 모여 공동 합숙하는 행사다. 1976년에 고켄사 본당에서 나무 위패 70여 개가 발견되었는데, 그 가운데 우류雨龍댐 공사에 동원된 한인 이름이 다수 포함되어 있었다. 홋카이도 시민들은 1976년부터 1982년까지 3차에 걸쳐 유골 발굴 활동을 전개했다. 1997년부터 이 조사 활동에 한일 양국 대학생들이 참가해 유골 네 구를 발굴했고 한일공동역사워크숍이 출범했다.

한인 강제동원 박물관 역할을 하는 고켄사(2002.6.25 촬영)

슈마리나이는 우류댐 공사와 메이우센名雨線 철도공사에 동원된 한인의 노역장이기도 하다. 1938-1943년간 건설한 우류댐은 오지 제지가 주관한 공사인데 1942년에 동원된 한인만 3,000명이 넘었다. 댐이 자리한 지역은 한눈에도 "어떻게 이런 곳에 댐을 세울 수 있었을까" 하는 감탄이 나올 정도다. 한가운데 세워진 일본인을 위한 시멘트 위령탑(우류댐 순직자 위령탑)은 덩치만큼이나 외롭고 쓸쓸해 보였다. 산악을 뚫는 어려운 공사여서 사망자가 대단히 많았다고 한다. 이 공사 중에 희생된 한인 36명의 과거장(사찰이 확인한 망자에 대한 기록)은 고켄사에 보관 중이다. 도주하다가 붙잡힌 노무자들이 고문 속에 죽어갔다거나 '콘크리트 속에 산 채로 매장된 노무자도 있었다'는 관련자들의 증언이 있다. 사망자 수도 36명이 넘을 수 있다. 한인들의 유해는 차가운 지하에 아무렇게나 묻혀 있었다. 정확히 말하면 버려져 있었다. 이렇게 방치된 한인 유골을 홋카이도 시민들이 수습했다. 소라치空知민중사강좌가 중심이 되어 1976년부터 슈마리나이 공사 희생자에 관한 진상 조사도 진행했다.

우류댐 순직자 위령탑
(2003.6.25 촬영)

메이우선 철도공사 우류댐 공사 희생자 묘표
(2002.6.25 촬영)

고켄사 주변 옛 호센사法泉寺 터 뒤편 공동묘지에는 '메이우센名雨線 철도공사와 우류 댐 공사 희생자 묘표'가 있다. 1935-1941년간 공사 중에 발생한 메이우센 철도공사의 한인 희생자와 우류댐 한인 희생자 유골을 수습한 곳이다. 한국식 둥근 봉분이 고향을 떠올리게 했다. 수십 년간 버려진 유골들이 이들의 손에 의해 비로소 타향에서나마 마련한 유택幽宅이다.

가게야마 아사코影山あさ子·후지모토 유키히사藤本幸久감독의 다큐 영화 '할아버지를 파다(2013)'에는, 고켄사에 처음 모인 한일 청년들이 나온다. 우호적 분위기와 거리가 멀다. 유골 발굴 작업을 마친 후 실내에서 열린 행사 시작 후에는 더욱 악화되기까지 했다. 일본침략전쟁 역사에

관해 백지상태인 이들은 '왜 일본은 진정으로 사과하지 않느냐'와 '언제까지 사과만 하라는 것이냐'는 입장 차이가 극명하다. 설문지를 작성하며 언성도 높이고 불만도 토로한다. 그러다가 워크숍의 여러 프로그램을 통해 왜 일본이 사과와 반성을 해야 하는지, 이들이 사과와 반성을 하기 위해 한국은 무엇을 해야 하는지 알아간다. 인근 주민의 목격담과 1970년대부터 유골발굴을 시작한 시민운동가의 경험 듣기는 이들이 이해의 폭을 넓히는 데 도움을 주었다. 양국 청년들이 서로를 이해하는 과정에서 사실의 무게를 알아가는 과정의 중요함을 느끼게 해주는 사례다.

2015년 여름, MBC라디오 8·15특집 프로그램은 일본의 침략전쟁역사를 전혀 모르는 대학생이 한국과 일본에서 사실의 무게를 알아가는 과정을 담았다. 일본 현지 응모 과정을 통해 선발된 남학생은 보통의 일본 청년이었다. 제도권 역사교육과정에서 일본의 침략전쟁과 아시아에 끼친 피해를 전혀 배운 적 없는 일본 젊은 세대 가운데 하나였다. 역사 자체에 관심이 없었다고 했다. 신성훈 PD가 데려온 학생에게 아시아태평양전쟁을 이야기하자니 답답했다. 그러나 3박 4일의 일정을 마친 청년은 '왜 한국인들이 그렇게 일본에게 화를 내는지 알 것 같다'고 했다.

역사는 거울이라고 한다. 사실의 무게에 무관심한 동안 거울에는 많은 먼지가 쌓였다. 닦아내지 않으면 아무 것도 비추지 못할 것이다. 앞에서 소개한 사례는 바로 한일 양국 시민사회가 각자 역사의 거울을 닦는 실천의 모습이다. 그간 양심적 일본시민들이 해온 일이기도 하다. 김광열金廣烈은 대일역사문제 해법으로 '관계사적 방법론'을 제안했다. '관계사적 방법론'은 외교적 사실 규명이 아니라 상대에 대한 이해를 전제로 평등한 관계를 중시한다. 내셔널리즘적 교육이나 약육강식의 국제질서에 익숙한 상태에서 평등한 관계는 수용하기 어렵다. 한일 양국은 물론이고 아시아태평양전쟁 피해국을 포함한 아시아 국제 관계는 평화적이고도 평등한 관계를 지향해야 한다.

'가해자 양심에 울림을 주기 위해' '진영 싸움을 끝내려 만든 영화'. 신동아 2016년 4월호 인터뷰(이혜민 기자)에서 이준익 감독은 영화 '동주'가 상대국에 대한 분노를 그린 영화가 아니라 '양심'에 대한 영화라고 했다. 실제로 일본에서 영화를 본 많은 일본 시민들은 '양심'을 이야기했다.

> 가해자의 양심이 없으면 진실도 드러나지 못한다. 그런데 우리는 가해자에 대한 문책을 70년 동안 하지 못했다. 그저 친일과 반일 항일이라는 식민지 프레임에만 갇혀 있다. 피해자들이 힘을 모아 가해자의 부도덕성에 대해 책임을 물어야 하는데 각 진영으로 흩어진 피해자들은 가해자의 책임 묻는 걸 게을리 했다.

책임을 묻는 일, 바로 진상규명이다. 가해자의 양심을 두드리는 일, 우리의 과제이다. 양심적인 일본시민과 함께 역사의 거울을 닦는 일이다. 피해자성을 회복하고 권리를 인식해야 가능하다.

부록

- 한일공동선언 – 21세기를 향한 새로운 한일파트너쉽
- 노태우 대통령 방일시 합의에 따라 인수한 강제동원관련 명부 현황
- 일본지역 대일과거청산 소송 현황
- 강제동원 피해 신고 처리 절차(강제동원위원회)
- 강제동원위원회 봉환 이전 강제동원 피해사망자 유골봉환 현황

〈한일공동선언 - 21세기를 향한 새로운 한일파트너쉽〉

김대중 대한민국 대통령 내외분은 일본국 국빈으로서 1998년 10월 7일부터 10일까지 일본을 공식 방문했다. 김대중 대통령은 체재중 오부치 게이조 일본국 내각총리대신과 회담을 가졌다. 양국 정상은 과거의 양국관계를 돌이켜 보고, 현재의 우호협력관계를 재확인하는 동시에 미래의 바람직한 양국관계에 관하여 의견을 교환했다.

이 회담의 결과, 양국 정상은 1965년 국교정상화 이래 구축되어 온 양국 간의 긴밀한 우호 협력관계를 보다 높은 차원으로 발전시켜, 21세기의 새로운 한일 파트너쉽을 구축한다는 공통의 결의를 선언했다.

양국 정상은 한일양국이 21세기의 확고한 선린 우호협력관계를 구축해 나가기 위해서는 양국이 과거를 직시하고, 상호 이해와 신뢰에 기초한 관계를 발전시켜 나가는 것이 중요하다는데 의견의 일치를 보았다.

오부치 총리대신은 금세기의 한일 양국관계를 돌이켜 보고, 일본이 과거 한때 식민지 지배로 인하여 한국 국민에게 다대한 손해와 고통을 안겨주었다는 역사적 사실을 겸허히 받아들이면서, 이에 대하여 통절한 반성과 마음으로부터의 사죄를 했다.

김대중 대통령은 이러한 오부치 총리대신의 역사인식 표명을 진지하게 받아들이고, 이를 평가하는 동시에, 양국이 과거의 불행한 역사를 극복하고 화해와 선린우호협력에 입각한 미래지향적인 관계를 발전시키기 위하여 서로 노력하는 것이 시대적 요청이라는 뜻을 표명했다.

또한 양국 정상은 양국 국민, 특히 젊은 세대가 역사에 대한 인식을 심화시키는 것이 중요하다는 점에 대하여 견해를 함께 하고, 이를 위하여 많은 관심과 노력을 기울일 필요가 있다는 점을 강조했다.

양국 정상은 과거 오랜 역사를 통하여 교류와 협력을 유지해온 한일 양국이 1965년 국교 정상화 이래 각 분야에서 긴밀한 우호협력관계를 발전시켜 왔으며, 이러한 협력관계가 서로의 발전에 기여했다는데 인식을 같이 했다.

오부치 총리대신은 한국이 국민들의 꾸준한 노력에 의하여 비약적인 발전과 민주화를 달성하고, 번영되고 성숙한 민주주의 국가로 성장한데 대하여 경의를 표했다. 김대중 대통령은 전후 일본이 평화헌법하에서 전수방위 및 비핵 3원칙을 비롯한 안전보장정책과 세계경제 및 개발도상국에 대한 경제지원 등을 통하여 국제사회의 평화와 번영을 위하여 수행해 온 역할을 높이 평가했다.

양국 정상은 한일 양국이 자유민주주의, 시장경제라는 보편적 이념에 입각한 협력관계를 양국 국민간의 광범위한 교류와 상호 이해에 기초하여 앞으로 더욱 발전시켜 나간다는 결의를 표명했다.

양국 정상은 양국간의 관계를 정치, 안전보장, 경제 및 인적 문화교류 등 폭넓은 분야에서 균형되고 보다 높은 차원의 협력관계로 발전시켜 나갈 필요가 있다는 데 의견을 같이했다. 또한 양국 정상은 양국의 파트너쉽을 단순히 양자차원에 그치지 않고 아시아 태평양지역, 나아가 국제사회 전체의 평화와 번영을 위하여, 또한 개인의 인권이 존중되는 풍요한 생활과 살기 좋은 지구환경을 지향하는 다양한 노력을 통해 진전시켜 나가는 것이 매우 중요하다는데 의견의 일치를 보았다.

이를 위하여 양국 정상은 20세기의 한일관계를 마무리하고, 진정한 상호 이해와 협력에 입각한 21세기의 새로운 한일파트너쉽을 공통의 목표로서 구축하고 발전시켜 나가는데 있어서 다음과 같이 의견의 일치를 보았으며, 이러한 파트너쉽을 구체적으로 실천해 나가기 위하여 이 공동선언에 부속된 행동계획을 작성했다.

양국 정상은 양국 정부가 앞으로 양국의 외무장관을 책임자로 하여 정기적으로 이 한일 파트너쉽에 기초한 협력의 진척상황을 확인하고, 필요에 따라 이를 더욱 강화해 나가기로 했다.

양국 정상은 현재의 한일관계를 보다 높은 차원으로 발전시켜 나가기 위하여 양국간의 협의와 대화를 더욱 촉진시켜 나간다는데 의견의 일치를 보았다. 양국 정상은 이러한 관점에서 정상간의 지금까지의 긴밀한 상호 방문 협의를 유지 강화하고 정례화해 나가기로 하는 동시에, 외무장관을 비롯한 각 분야의 각료급 협의를 더욱 강화해 나가기로 했다.

또한 양국정상은 양국간 각료 간담회를 가능한 한 조기에 개최하여 정책 실시의 책임을 갖는 관계각료들의 자유로운 의견교환의 장을 설치하기로 했다. 아울러 양국정상은 지금까지의 한일양국 국회의원간 교류의 실적을 평가하고, 한일/한일 의원연맹의 향후 활동 확충 방침을 환영하는 동시에, 21세기를 담당할 차세대의 소장 의원간의 교류를 장려해 나가기로 했다.

양국 정상은 냉전후의 세계에 있어서 보다 평화롭고 안전한 국제사회 질서를 구축하기 위한 국제적 노력에 대하여 한일 양국이 서로 협력하면서 적극적으로 참가해 나가는 것이 중요하다는데 의견의 일치를 보았다. 양국정상은 21세기의 도전과 과제에 보다 효과적으로 대처해 나가기 위해서는 국제연합의 역할이 강화되어야 하며, 이는 안전보장이사회의 기능 강화, 국제연합사무국 조직의 효율화, 안정적인 재정기반의 확보, 국제연합 평화유지 활동의 강화, 개발도상국의 경제사회개발에 대한 협력 등을 통해 이룩할 수 있다는데 대해 의견이 일치했다.

이러한 점을 염두에 두고, 김대중 대통령은 국제연합을 비롯한 국제사회에 대한 일본의 기여와 역할을 평가하고, 금후 일본의 그와 같은 기여와 역할이 증대되는데 대한 기대를 표명했다.

또한 양국 정상은 군축 및 비확산의 중요성, 특히 어떠한 종류의 대량 파괴 무기일지라도 그 확산이 국제사회의 평화와 안전에 대한 위협이 된다는 것을 강조하는 동시에, 이러한 분야에서의 양국간 협력을 더욱 강화하기로 했다.

양국 정상은 양국간의 안보정책협의회 및 각급 차원의 방위교류를 환영하고, 이를 더욱 강화해 나가기로 했다. 아울러 양국 정상은 양국이 각각 미국과의 안전보장체제를 견지하는 동시에, 아시아 태평양지역의 평화와 안정을 위한 다자간 대화 노력을 더욱 강화해 나가는 것이 중요하다는데 의견의 일치를 보았다.

양국 정상은 한반도의 평화와 안정을 위해서는 북조선이 개혁과 개방을 지향하는 동시에, 대화를 통한 보다 건설적인 자세를 취하는 것이 매우 중요하다는 인식을 공유했다. 오부치 총리대신은 확고한 안보체제를 유지하면서 화해와 협력을 적극적으로 추진한다는 김대중 대통령의 대북조선정책에 대한 지지를 표명했다. 이와 관련하여 양국 정상은 1992년 2월 발효된 '남북사이의 화해와 불가침 및 교류 협력에 관한 합의서'의 이행과 4자회담의 순조로운 진전이 바람직하다는 데 의견을 같이했다.

또한 양국 정상은 1994년 10월 미국과 북조선간에 서명된 (제네바 합의) 및 한반도 에너지개발기구(KEDO)를 북조선의 해계획 추진을 저지하기 위한 가장 현실적이고 효과적인 매카니즘으로서 유지해 가는 것이 중요하다는 것을 확인했다. 이와 관련하여 양국 정상은 북조선의 미사일 발사에 대하여, 국제연합 안전보장이사회 의장이 안보리를 대표하여 표명한 우려 및 유감의 뜻을 공유하는 동시에, 북조선의 미사일 개발이 중지되지 않는다면, 한국, 일본 및 동북아시아 지역 전체의 평화와 안전에 악영향을 미친다는데 의견을 같이했다.

양국 정상은 양국이 북조선에 관한 정책을 추진함에 있어서 상호긴밀히 연대해 나가는 것이 중요함을 재확인하고, 각급 차원에서의 정책협의를 강화하는데 의견을 같이했다.

양국 정상은 자유롭고 개방된 국제경제체제를 유지 발전시키고, 또한 구조적 문제에 직면한 아시아 경제의 회복을 실현해 나감에 있어서 한일양국이 각각 안고 있는 경제적 과제를 극복하면서, 경제분야의 균형된 상호협력관계를 보다 강화해 나가는 것이 중요하다는데 합의했다. 이를 위하여 양국 정상은 양자간의 경제정책협의를 더욱 강화하는 동시에, WTO, OECD, APEC 등 다자무대에서의 양국간 정책협조를 더욱 촉진해 나간다는데 의견을 같이했다.

김대중 대통령은 금융, 투자, 기술이전 등 여러 분야에 걸친 지금까지의 일본의 대한국 경제지원을 평가하는 동시에, 한국이 안고 있는 경제적 문제의 해결을 위한 노력을 설명했다. 오부치 총리대신은 일본의 경제회복을 위한 각종 시책 및 아시아의 경제난 극복을 위하여 일본이 시행하고 있는 경제적지원에 관해 설명하는 한편, 한국의 경제난 극복을 위한 노력을 계속 지지한다는 의향을 표명했다. 양국 정상은 재정 투융자를 적절히 활용한 일본 수출입은행의 대한국 융자에 관하여 기본적인 합의가 이루어진 것을 환영했다.

양국 정상은 양국간의 커다란 현안이었던 한 일 어업협정 교섭이 기본합의에 도달한 것을 마음으로부터 환영하는 동시에, 국제연합 해양법 협약을 기초로 한 새로운 어업질서하에 어업분야에 있어서의 양국관계의 원활한 진전에 대한 기대를 표명했다. 또한 양국 정상은 이번에 새로운 한일 이중과세방지협약이 서명되는 것을 환영했다. 아울러 양국 정상은 무역 투자, 산업기술, 과학기술, 정보통신 및 노사정 교류 등 각 분야에서의 협력교류를 더욱 발전시켜 나간다는데 의견의 일치를 보았으며, 한일 사회보장협정을 염두에 두고, 장래 적절한 시기에 서로의 사회보장제도에 대한 정보 의견 교환을 실시하기로 했다.

양국 정상은 국제사회의 안전과 복지에 대한 새로운 위협이 되고 있는 국경을 초월한 각종 범세계적 문제의 해결을 위하여 양국 정부가 긴밀히 협력해 나간다는데 의견의 일치를 보았다.

양국 정상은 지구환경 문제, 특히 온실가스 배출 제한, 산성비 대책을 비롯한 제반 문제에 대한 대응에 있어서의 협력을 강화하기 위하여, 한일 환경정책대화를 추진하기로 했다. 또한 개발도상국에 대한 지원을 강화하기 위하여 원조분야에서의 양국간 협조를 더욱 발전시켜 나간다는데 의견의 일치를 보았다. 아울러 양국 정상은 한일 범죄인인도조약 체결을 위한 협의를 시작하는 동시에, 마약 각성제 대책을 비롯한 국제조직범죄 대책분야에서의 협력을 더욱 강화한다는데 의견의 일치를 보았다.

양국 정상은 이상 각 분야의 양국간 협력을 효과적으로 추진해 나가는 기초는 정부간 교류뿐만 아니라 양국 국민간의 깊은 상호이해와 다양한 교류에 있다는 인식하에 양국간의 문화인적교류를 확충해 나간다는데 의견의 일치를 보았다.

양국 정상은 2002년 월드컵의 성공을 위한 양국 국민의 협력을 지원하고, 2002년 월드컵 개최를 계기로 문화 및 스포츠 교류를 더욱 활발히 추진해 나가기로 했다. 양국 정상은 연구원, 교사, 언론인, 시민단체 등 다양한 계층의 국민 및 지역간 교류의 진전을 촉진하기로 했다.

양국 정상은 이러한 교류 상호이해 촉진의 토대를 조성하는 조치로서 이전부터 추진해 온 사증제도의 간소화를 계속 추진하기로 했다.

또한 양국정상은 한일간의 교류 확대와 상호이해 증진에 이바지하기 위하여 중고생 교류 사업의 신설을 비롯하여 정부간의 유학생 및 청소년 교류 사업의 내실화를 기하는 동시에, 양국의 청소년을 대상으로 한 취업 관광사증제도를 1999년 4월부터 도입하기로 합의했다. 또한 양국정상은 재한일국인이 한일 양국 국민의 상호교류 상호 이해를 위한 가교로서의 역할을 담당할 수 있다는 인식에 입각하여 그 지위의 향상을 위하여 양국간 협의를 계속해 나간다는데 의견의 일치를 보았다.

양국 정상은 한일포럼 및 역사공동연구의 촉진에 관한 한·일 공동위원회 등 관계자에 의한 한일간 지적교류의 의의를 높이 평가하는 동시에, 이러한 노력을 계속 지지해 나간다는데 의견의 일치를 보았다.

김대중 대통령은 한국내에서 일본 문화를 개방해 나가겠다는 방침을 전달하였으며, 오부치 총리대신은 이러한 방침이 한·일 양국의 진정한 상호이해에 기여할 것으로 환영했다.

김대중 대통령과 오부치 총리대신은 21세기의 새로운 한·일 파트너쉽이 양국 국민의 폭넓은 참여와 부단한 노력에 의하여 더욱 높은 차원으로 발전될 수 있다는 공통의 신념을 표명하는 동시에, 양국 국민에 대하여 이 공동선언의 정신을 함께하고, 새로운 한일 파트너쉽의 구축 발전을 위한 공동의 작업에 동참해 줄 것을 호소했다.

대한민국 대통령   일본국 내각총리대신
김 대 중   오부치 게이조

〈노태우 대통령 방일시 합의에 따라 인수한 강제동원관련 명부 현황〉

명부 제목	인수 연도	주요 내용	관리 형태	일본 소장처	국내 소장처
조선인노동자에 관한 조사 결과 朝鮮人勞働者に 關する調査結果	1991년	총 12권. 일본정부로부터 이관 당시 원질서가 파괴. 작성 주체가 여러 종류인 명부가 단일한 작성 주체인 듯 편철. 이관을 위한 자료정리 과정에서 오류 발생 ① 작업장명 ② 입소경로별 : 자유모집, 관알선, 알선, 징용 등 ③ 성명(창씨명), 생년월일(연령), 본적 ④ 직종, 입소연월일, 퇴소연월일 ⑤ 미불금 : 종별, 금액 ⑥ 퇴소시 대우, 후생연금보험 급부제(급부지불) 미제(미불) ⑦ 적요(질병, 도주, 사망, 종전 등에 의한 징용해제 등 기재) 등 수록	M/F. DB	일본 후생성	국가기록원, *강제동원위원회, 피해자단체, 국회도서관(일부), 독립기념관(일부)
소위 조선인징용자등에 관한 명부 いわゆる朝鮮人徵用者等に關する名簿	//	총 6권. 기업별 명부. 일본정부로부터 이관 당시 원질서 파괴	//	일본 후생성	//
일제하피징용자명부 日帝下被徵用者名簿	1993년	총 8권 3종. 기업별 명부. 일본정부로부터 이관 당시 원질서가 파괴	M/F. DB	일본 후생성	//
군인군속명부 軍人軍屬名簿	//	하와이포로수용소 내 조선인들이 발간한 회보인『자유한인보』제7호 부록에 게재된 명부. 하와이 포로수용소 소장 하월 대위(H.K.Hawell)의 도움으로 한인포로수용소 주보계週報係가 작성. 표지에 자유한인보 'FREE PRESS KOREA'라고 영문과 한글이 병기. 1권. 각 도별로 총 2,653명의 이름과 주소가 한자로 기록. ① 작성경위, 포로수용소명, 작성자週報係 ② 성명 및 주소 : 성명(창씨명이 아님) 및 주소 등 수록	//	일본 후생성	국가기록원, *강제동원위원회, 독립기념관

| 유수명부
留守名簿 | // | 구 일본 육해군 인사 관련 자료를 인계 받은 후생성이 관리하던 「유수명부」 중 1945~1949년 사이에 조선인만 선별해 재작성한 명부. 각 부대별로 작성되어 중대별로 일본어 발음 이름 순서에 따라 편철. 총 114권으로 구성.
① 소속부대 ② 제대, 사망, 행방불명, 사망추정, 도망, 전속 등의 일자와 장소 ③ 편입 연월일 ④ 전 소속부대 편입연월일 ⑤ 본적지 ⑥ 유수담당자(주소, 성명 등) : 유수담당자(부,모,형,배우자)의 이름과 당사자의 동원 당시 주소. 동원 중 사망해서 야스쿠니靖國신사에 합사된 경우에는 '合祀済'로 표기 ⑦ 징집년(임관년) : 최초 동원연도 ⑧ 역종, 병종, 계급 및 발령날짜 ⑨ 성명(창씨명 또는 호적이름) 및 생년월일 ⑩ 보수관련 기록 : 공탁기록(예: 供16781, 供號36719) ⑪ 제대 및 사망기록 : ②에 대한 날인 기록(死, 除, 不, 死推 등) 등 수록 | // | 일본
후생성 | // |
| 해군군속자명부
海軍軍屬者名簿 | // | 국가기록원이 「구해군군인이력원표旧海軍軍人履歷原表」와 「구해군군속신상조사표旧海軍軍屬身上調査表」를 합해 편의상 「해군군속자명부」로 명명.
《구해군군인이력원표》 수록 내역 : ① 입적번호, 병종, 소관 부서, 군번, 병종, 동원담당부대 ② 인적사항(창씨명, 본적, 가족사항, 입대전 학력 및 직업, 복무연한 등) ③ 최초편입일, 부대 ④ 편입부대와 편입날짜 ⑤ 동원내용 ⑥ 최종계급 ⑦ 제대 및 사망여부 및 날짜 ⑧ 공탁사실 ⑨ 야스쿠니靖國신사합사여부.
《구해군군속신상조사표》 수록 내역 : ① 본적이 대한민국의 남측과 북측을 구별 표시 ② 소할(소속했던 기관의 명칭) ③ 소재지(소속기관 또는 동원되어 있던 장소) ④ 소 | // | 일본
후생성 | // |

		관파견 원청 또는 회사명(파견되어 있을 경우 파견 소속부대 또는 회사 명칭) ⑤ 신분 입적번호(직급 등) ⑥ 씨명(창씨명) ⑦ 생년 월일 ⑧ 본적지·주소 ⑨ 유수담당자(연락이 되는 가족 등의 이름 및 본인과 관계) ⑩ 연월일·소할·기사(최초로 동원된 날짜부터 언제, 어디서, 무엇을 했는지 내역) ⑪ 사고(동원 중 사망한 경우에 사망 날짜, 장소, 사유 및 당시 상황, 유골봉환여부 및 유품의 유무 등 기재) ⑫ 강제동원 중 사망하여 야스쿠니신사 합사 날짜 등을 표기 ⑬ 공탁(공탁금 내역) ⑭ 기사(일부 명부에 작성. 당사자의 사망이나 봉급 관련 내용을 추가로 기재)			
임시군인군속계 臨時軍人軍屬屆	//	1945년 3월 1일 오전 0시 현재 일본군대에 동원되어 있던 군인·군속에 대해 호주(또는 가족)가 면장 앞으로 보낸 신고서를 묶은 것으로 출신지역별(道別) 등재. ① 본적지 ② 씨명(창씨명), 생년월일(창씨개명을 하지 않은 경우는 본래 호적 이름 기재) ③ 징집(초임관)년 ④ 병종, 병과(병종은 현역, 보충역, 제2국민역. 병과는 보병, 치중병, 산포병, 야포병, 전차병, 고사포병 등) ⑤ 관등(계급) ⑥ 관등발령년월일 ⑦ 신분(종류), 월급(일급액), 일급, 월급, 발령(결정)연월일 ⑧ 부대 편입(입영, 응소, 입교, 군속 채용)연월일(입대 후 최초 부대에 편입일) ⑨ 부대편입구분 ⑩ 유수담당자 등 수록	//	일본후생성	//
병적전시명부 兵籍戰時名簿	//	일본군으로 동원된 조선인 군인에 대한 개인별 신상카드의 편철. 총 67권에 조선인 군인에 대하여 출신지역별로 구분. 각 도(道)별로 구분하고 다시 군(郡)별로 구분해 작성. 각 권 제일 앞장에 색인 첨부. 총 67권 중 3권은 사망자 별도 편철. ① 병종(현역, 보충역, 제2국민역) ② 병과	//	일본후생성	국가기록원, *강제동원위원회

		(보병, 치중병, 산포병, 야포병, 전차병, 고사포병 등) ③ 본적 ④ 씨명(창씨개명 혹은 이름), 생년월일 ⑤ 유수담당자 주소·씨명(주로 당사자의 가족으로 당시 거주지와 창씨명, 본인과 관계) ⑥ 관등력 ⑦ 사망 ⑧ 이력 등 수록			
군속선원명표 軍屬船員名票	//	육군 군속 선원의 개인별 이력명부로서 총 26권에 출신지역별(도별)로 편철. ① 일련번호(동원시점의 정리번호) ② 씨명(창씨명 또는 호적이름) ③ 원적(창씨자의 원적 혹은 본적) ④ 현재(당시 거주지 혹은 당시 동원된 장소) ⑤ 계급(좌위, 준상, 하, 병) 및 갑(갑판부), 기(기관부), 사(사무부) ⑥ 생년월일, 입계훈등, 병역관계, 면장종류 ⑦ 유수택담당자(주로 당사자의 가족으로 성명, 주소, 본인과 관계) ⑧ 선주명(배의 소유자 또는 회사 이름) ⑨ 선명 ⑩ 직명(배에서 했던 일, 직책) ⑪ 급료, 승선, 하선, 승하선지, 하선사유 ⑫ 복무기간 등 수록	//	일본후생성	국가기록원, *강제동원위원회 독립기념관
공원명표 工員名票 등	//	국가기록원이 「공원명표」(2권), 「공원명부」(3권), 「육군운수부군속명부陸軍運輸部軍屬名簿」(8권)를 합하여 「공원명표 등」이라 붙인 명부. 총 13권. 「공원명표」는 사가미相模육군조병창과 오사카大阪육군조병창으로 동원된 조선인 군속에 대하여 작성한 개인별 신상카드로서 일본 가나발음순으로 정리. 카드 앞면에는 개인에 대한 간략한 인적사항과 소속과 및 공장괘工場掛 항목을 기록하고, 카드 뒷면에는 입사 후 이력에 대해 자세히 기록. 「공원명부」는 오사카大阪·나고야名古屋·고쿠라小倉육군조병창과 다카키鷹来제조소, 기타 여러 육군 관아에 동원된 조선인 명부로서 부대별로 편철. 간략한 개인 인적사항과 동원에 관한 내용 기록. 특히 「공원명부」 내	//	일본후생성	//

		용 중에는 공원 외 상당수의 군인도 함께 등재. 「육군운수부군속명부」는 일본 육군운수부로 동원된 조선인에 대하여 작성한 개인기록 카드. 일본어 이름이 가나 순으로 편철되어 있고 각권 앞에 간략한 인적사항이 기재된 색인목록 첨부. 앞면에는 간략한 개인 인적사항과 편제사항 등을 기록했고 뒷면에는 급료와 부상 또는 질병에 관한 사항 등 기록			
병상일지 病床日誌	//	육군 군인 및 군속 중 한국인만의 병상일지를 편철한 진료기록이며 총 30권. 개인치료카드, 치료상 필요한 개인 병력서류, 치료기록 등으로 구성. 개인치료카드는 입원번호(입원병원 및 입원연월일), 병명(병명 및 진료 연월일), 군의(소속 및 이름), 원적, 유수담당자(이름, 주소, 관계), 소속부대, 계급 및 이름, 직업, 발병지, 발병정도(1,2급), 생년월일, 근무년수(군인만 기재), 발병일자, 초진일자, 입원일자, 퇴원일자, 치유여부, 치료일수 등을 구체적으로 기록	//	일본후생성	//
부로명표 俘虜名票	//	총 156권. 연합군이 영어로 작성해 ABC순으로 편철. 개인기본기록에는 포로번호, 이름, 성별, 키, 체중, 눈 색깔, 피부색, 머리색, 나이, 특징, 서명란, 기소날짜 및 장소, 열손가락 지문, 계급 및 부대, 국적, 적대단위, 생년월일, 본적지, 친척이름, 주소, 가족관계, 체포날짜, 체포장소, 체포부대, 직업, 교육, 가능언어, 체포 당시 건강상태, 결혼여부, 종교 등 작성. 19명의 여성에 대해서는 나이, 직업, 종교, 연령, 결혼여부와 체포한 장소(필리핀지역 세부, 다바오, 루손, 민다나오 등) 기록	//	일본후생성	국가기록원, *강제동원위원회

자료: 정혜경, 『일본제국과 조선인노무자 공출』(선인출판사, 2011)
* 강제동원위원회 : 2016년 1월 이후 행정자치부 과거사지원단으로 업무 이관

〈일본지역 대일과거청산 소송 현황〉

(2012.11.28 현재. 제소일 기준. 강제동원위원회 작성)

연번	소송명		제소일	결과	판결일	재판소
1	손진두피폭수첩신청각하처분취소소송(孫振斗·手帳裁判)	1심	72.3.7.	**인용**	74.3.30	후쿠오카 지방법원
		2심	74.4.12.	**인용**	75.7.17.	후쿠오카 고등법원
		3심	78.3.30.	**인용**	78.3.30.	대법원
2	사할린억류자소송(사할린잔류한국인보상청구소송)		90.8.29.	취하	95.7.14.	도쿄 지방법원
3	태평양전쟁희생자유족회사죄·배상의무확인소송(한국태평양전쟁유족회국가배상청구소송)		90.10.29.			도쿄 지방법원
4	재일한인정상근원호지위확인소송(재일한국·조선인원호법옹호를 받을 지위 확인 소송)	1심	91.1.31.	기각	95.10.11.	오사카 지방법원
		2심	95.10.25.	기각	99.9.10.	오사카 고등법원
		3심	99.9.	기각	01.4.13.	대법원
5	제암리사건 소송		91.7.15.	휴지만료	99.3.26.	도쿄 지방법원
6	사할린가미시스카(上敷香)학살사건소송(사할린가미시스카한국인학살사건진상등청구소송)	1심	91.8.18.	기각	95.7.27.	도쿄 지방법원
		2심	95.8.9.	기각	96.8.7.	도쿄 고등법원
7	김경석日本鋼管소송(일본강관손해배상청구소송)	1심	91.9.30.	기각	96.8.7.	도쿄 지방법원
		2심	97.5.29.	**화해**	99.4.6.	도쿄 고등법원
8	BC급전범소송(한국인BC급전범국가보상등청구소송)	1심	91.11.12.	기각	96.9.9.	도쿄 지방법원
		2심	96.9.19.	기각	98.7.13.	도쿄 고등법원
		3심	98.7.14.	기각	99.12.20.	대법원
9	태평양전쟁희생자유족회 소송(아시아태평양전쟁 한국인 희생자 보상 청구 소송)	1심	91.12.6.	기각	01.3.26.	도쿄 지방법원
		2심	01.	기각	03.7.22.	도쿄 고등법원
		3심	03.	기각	04.11.29.	대법원
10	강원도유족회 소송(강제징병·징용자등에 대한 보상 청구 소송)	1심	91.12.12.	기각	96.11.22.	도쿄 지방법원
		2심	96.12.6.	기각	02.3.28.	도쿄 고등법원
		3심	02.	기각	03.3.28.	대법원
11	재일한인 이창석 은급지위 확인 소송	1심	92.1.9.	기각	98.3.27.	교토 지방법원
		2심	98.4.1.	기각	00.2.23.	오사카 고등법원
		3심	00.	기각	02.7.18.	대법원

12	김순길 미쓰비시중공소송(김순길 미쓰비시조선 손해배상 청구소송)	1심	92.7.31.	기각	97.12.2.	나가사키 지방법원
		2심	97.12.9.	기각	99.10.1.	후쿠오카 고등법원
		3심	99.10.	기각	03.3.28.	대법원
13	재일한국·조선인 장해연금 지급 각하처분 취소소송	1심	92.8.14.	기각	94.7.15	도쿄 지방법원
		2심	97.7.26.	기각	98.9.29.	도쿄 고등법원
		3심	98.10.13.	기각	01.4.5.	대법원
14	우키시마마루소송(우키시마마루 피해자국가보상청구소송)	1심	92.8.25.	일부승소	01.8.23.	교토 지방법원
		2심	01.9.3.	기각	03.5.30.	오사카 고등법원
		3심	03.6.13.	기각	04.11.30.	대법원
15	대일민간법률구조회 소송 (대일민간법율구조회 불법행위 책인존재 확인등 청구소송)	1심	92.8.28.	기각	96.3.25.	도쿄 지방법원
		2심	96.3.26.	기각	99.8.30.	도쿄 고등법원
		3심	98.10.13.	기각	03.3.27.	대법원
16	후지코시 강제동원 소송 (도야마 후지코시 강제연행 소송)	1심	92.9.30.	기각	96.7.24.	도야마 지방법원
		2심	96.8.6.	기각	98.12.21.	나고야 고등법원 가나자와지부
		3심	98.12.25.	**화해**	2000.7.11.	대법원
17	김성수 전쟁 상해소송 (김성수 국가배상 청구 소송)	1심	92.11.5.	기각	98.6.31.	도쿄 지방법원
		2심	98.7.6.	기각	00.4.27.	도쿄 고등법원
		3심		기각	01.11.16.	대법원
18	시베리아 억류 재일한국인 국가 배상청구·소송	1심	92.11.5.	각하	96.6.23.	도쿄 지방법원
		2심	98.7.6.	기각	00.4.27.	오사카 고등법원
						대법원
19	부산위안부·근로정신대 소송 (부산 종국위안부·여자근로정신대 공식사죄 등 청구소송(關釜재판)	1심	92.12.25.	일부용인	98.4.27.	야마구치 지방법원 시모노세키지부
		2심	97.12.9.	기각	01.3.29.	히로시마 고등법원
		3심	01.4.12.	기각	03.3.25.	대법원
20	재일한인'위안부'송신도 소송 (재일 한국인 전 종군위안부 사죄·보상 청구 재판)	1심	93.4.5.	기각	99.10.1.	도쿄 지방법원
		2심	99.10.7.	기각	00.11.30.	도쿄 고등법원
		3심	00.12.20.	기각	03.3.28.	대법원
21	광주 1,000인 소송	1심	93.6.30.	기각	98.12.21.	도쿄 지방법원
		2심	98.12.21.	기각	99.12.21.	도쿄 고등법원
22	재일 한인 강부중 장해연금 각하 처분 취소 소송(재일 한국인 강부중 원호법 원호를 받을 지위 확인 소송)	1심	93.8.26.	기각	97.11.17.	오쓰 지방법원
		2심	97.1.21.	기각	99.10.15.	오사카 고등법원
		3심	99.	기각	01.4.13.	대법원

23	김성수 은급 청구 기각 처분 취소 소송	1심	95.1.18.	기각	98.7.30.	도쿄 지방법원
		2심	98.8.4.	기각	99.12.27.	도쿄 고등법원
		3심		기각	01.11.16.	내법원
24	BC급전범소송(한국인BC급전범 공식사죄·국가보상청구소송)	1심	95.5.10.	기각	99.3.24.	도쿄 지방법원
		2심	99.4.6.	기각	00.5.25.	도쿄 고등법원
		3심	00.	기각	01.11.22.	대법원
25	신일철 징용 손해배상·유골반환 소송(일본제철 한국인 전 징용공 손해배상 등 청구소송(일철부석 재판))	1심	95.9.22.	화해	97.9.18.	도쿄 지방법원
		2심		기각	03.3.26.	
26	미쓰비시 중공업 징용·피폭 소송(미쓰비시 히로시마 전 징용공 피폭자 미불임금 등 청구소송)	1심	95.12.11.	기각	99.3.25.	히로시마 지방법원
		2심	99.4.2.	일부인용	05.1.19.	히로시마 고등법원
27	도쿄 아사이토 방적 근로정신대 소송(한국인 전 여자정신대 공식 사죄·손해배상 청구 소송)	1심	97.4.14.	기각	00.1.17.	시즈오카 지방법원
		2심	00.	기각	02.1.15.	도쿄 고등법원
		3심	02.	기각	03.3.27.	대법원
28	일철 오사카 제철소송(일철 오사카 제철소 전 징용공 손해배상 청구소송)	1심	97.12.24.	기각	01.3.27.	오사카 지방법원
		2심	02.7.31.	기각	02.11.19.	오사카 고등법원
		3심	03.1.29.	기각	03.10.9.	대법원
29	곽기훈 피폭자 지위 확인 소송 (재한 피폭자 건강관리 수당 수급권자 지위확인 소송)	1심	98.10.1.	인용	01.6.1.	오사카 지방법원
		2심	01.6.15.	인용	02.12.5.	오사카 고등법원
30	미쓰비시 중공업 나고야 근로정신 대 소송(미쓰비시 비행장 노동자 손해배상 청구 소송(나고야 미쓰 비시·조선여자근로정신대 등		99.3.1.	기각	05.2.24.	근로정신대 피해자 (박해옥, 김혜옥, 전 싱정, 양금덕, 외
31	최규명 일본생명의 기업책임을 묻는 소송		99.3.1.			오사카 지방법원
32	이강령 건강관리수당 지급 중지 처분 취소 소송(재한 피폭자 이 강녕 건강관리 수당 수급권자 지 위 확인소송)	1심	99.5.31.	인용	01.12.26.	나가사키 지방법원
		2심	02.1.8	인용	03.2.7	후쿠오카 고등법원
		3심	03.2.17.	기각	06.6.13.	대법원
33	한국인징용공공탁금반환청구소 송 제1차소송(일철가마이시)	1심	00.4.27.	기각	04.10.15.	도쿄 지방법원
		2심	04.10.	기각	05.12.14.	도쿄 고등법원

34	군인·군속 피해자 야스쿠니 합사 취소, 유골반환, 손해배상 소송	1심	01.6.29.	기각	06.5.25.	도쿄 지방법원
		2심	06.6.2.	기각	09.10.29.	도쿄 고등법원
		3심	09.2.26.	기각	11.11.30.	대법원
35	이재석피폭자 지위 확인 소송		01.10.3.	**인용**	03.3.20.	오사카 지방법원
36	징용피해자 공탁금 반환청구 각하처분 2차 소송(일철가마이시)		02.12.24.	기각	04.12.27.	도쿄 지방법원
37	후지코시 강제동원 2차 소송	1심	03.4.1.	기각 1명은 청구각하	07.9.19.	도야마 지방법원
		2심	07.10.1.	기각	10.3.8.	나고야 고등법원
		3심		기각	11.10.24.	대법원
38	최수철 피폭자 건강관리수당 인정 신청 각하 처분 취소 소송	1심	04.2.22.	**인용**	04.9.28.	나가사키 지방법원
		2심		**인용**	05.9.26.	후쿠오카 고등법원
39	최수철 피폭자 장제료지급 각하처분 취소 소송	1심	04.9.21.	**인용**	05.3.8.	나가사키 지방법원
		2심		**인용**	05.9.28.	후쿠오카 고등법원
40	이상협 피폭수첩 신청 각하 처분 취소 소송		05.6.15.	기각	06.9.26	히로시마 지방법원
41	군인·군속 합사 취소·손해배상 소송		07.2.26.	기각	11.7.21.	도쿄 지방법원

* 참고자료
1. 김창록, 일본에서의 대일과거청산소송, 법학논고27, 2007
2. 안자코유카, 일본의 전시동원관련재판의 진전과 현황, 중한인문과학연구6, 2001
3. 일본군위안부할머니들의 민족과 여성 역사관, 관부재판의 기록(시모노세키)
4. 전후보상문제자료집 제11집, 상이군속보상재판관계자료집
5. 태평양전쟁한국인희생자유족회, 후지코시강제연행미불임금소송보고집
6. http://space.geocities.jp/japanwarres/center/hodo/hodo07.htm
7. http://cafe.naver.com/ww2pacificwar/5
8. http://event.news1.kr/articles/421573
9. http://denizenship.pot.co.jp/index.php?%E5%9C%A8%E6%97%A5%E6%88%A6%E5%BE%8C%E8%A3%9C%E5%84%9F%E9%81%8B%E5%8B%95%EF%BC%88%E5%B0%8F%E6%A4%8B%E5%8D%83%E9%B6%B4%E5%AD%90%EF%BC%89
10. http://ja.wikipedia.org/wiki/%E3%82%A2%E3%82%B8%E3%82%A2%E5%A4%AA%E5%B9%B3%E6%B4%8B%E6%88%A6%E4%BA%89%E9%9F%93%E5%9B%BD%E4%BA%BA%E7%8A%A0%E7%89%B2%E8%80%85%E8%A3%9C%E5%84%9F%E8%AB%8B%E6%B1%82%E4%BA%8B%E4%BB%B6

강제동원 피해 신고 처리 절차

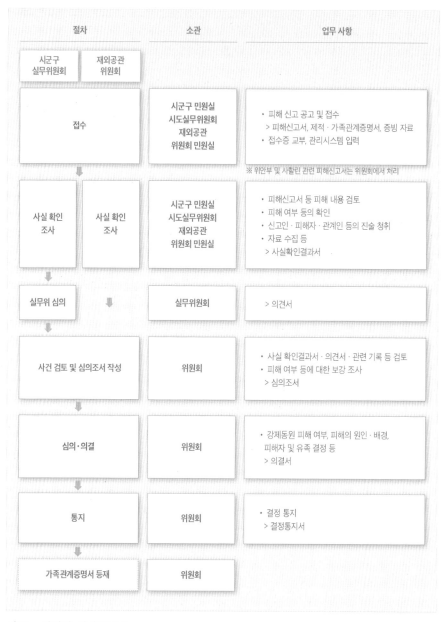

자료 : 위원회 결과보고서

〈강제동원위원회 봉환 이전 강제동원 피해사망자 유골봉환 현황〉

구분 년월일	한국	비고
1948.2.3 1948.5.31	(유골456, 위패4,141 등 총 4,597) (유골330, 위패2,716 등 총 3,046)	G.H.Q지시에 의해 후생성厚生省이 송환한 것으로 추정. 일본 외무성 자료에는 한국정부 발급 영수증을 받았다는 기록이 있으나 현재 行方不明 상태 ·1948년 2월 3일 봉환 건 : 47.2.26 G.H.Q의 지령으로 유족이 남한에 거주하는 자의 유골만 한정. 한국 부산으로 송환된 것으로 추정(출항지 : 사세보) ·1948년 5월 31일 봉환 건 : 3,046명분은 부산 송환으로 추정. 다만 육군 936명분, 해군 341명분 합계 1,277명분은 G.H.Q 불승인으로 송환되지 못함(출항지 : 사세보)
1970.7.1	1	덕적도德積島 유골수습단장(일본)이 서울 소재 일본대사관에서 유족에게 인도
1971.3.17	1	일본 외무성 동북아과 직원이 서울 일본대사관에서 유족에게 인도
1971.11.20	246	일본 외무성 직원이 부산 김해공항에서 한국 외무부 직원의 입회 아래 유족대표인 부산 영락공원永樂公園 소재 재단법인 부산영원釜山靈院 정기영 이사장에게 인도(한국정부 승인)
1973.11.15	240	나가사키長崎 민단이 한국 목포시에 인도. 85.10.10 '망향의 동산'으로 이장移葬
1974.12.20	911	일본 후생성 수송 책임자인 정무차관이 부산공항에서 유해 911위를 한국 보건사회부 차관에게 인도 ·1974.12.20 : 유족에게 641위 인도 ·1977.2.28 : 잔여유골 269위는 유족이 부산영원 이사장 정기영에게 위탁해 부산영원 납골당에 보관
1976.10.1	115	기타큐슈北九州와 홋카이도北海道에서 최종수, 배해원 등이 유골을 '국립 망향의 동산'에 이관(기타큐슈 유골은 한국인 여부 미확인)
1976.10.28	22	일본 후생성 원호국 조사과장과 2명의 직원 및 외무성 직원 1명 등이 부산공항에서 한국 보건사회부 환경위생과장에게 인도

1977.5.15	5,000여	이용택李鎔澤 등이 중부 태평양 티니안에서 발굴한 무연고 유골로서 '망향의 동산'에 봉안. 일본인유골 포함 가능성
1977.10.27	253	재일거류민단의 '순난유골봉환위원회'가 일본 홋카이도 지역에서 발굴한 무언고 유골을 한국 '국립 망향의 동산'에 이장
1978.3.30	1	일본 후생성 원호국 조사과장과 직원 1명이 김포공항에서 한국 보건사회부 사회과장에게 인도
1978.5.10	7	일본 외무성 직원이 한국 외무부 직원 입회 아래 부산 영원 정기영에게 인도, 유족에게 인도
1982.12.7	5	일본 후생성 원호국 업무제1과장과 직원 1명이 김포공항에서 재한국일본국대사관 관원의 입회 아래 한국 보건복지부 사회과장에게 인도
1984.4.24	1	일본 후생성 원호국 업무제1과장과 직원 1명이 김포공항에서 재한국일본국대사관 관원의 입회 아래 한국 보건복지부 사회과장에게 인도
1987.8.10	-	재일 조계종 소속 스님 중 일부가 유텐사 유골을 교토京都 소재 고려사高麗寺에 이관하여 경내 '한일우호평화의 탑'에 안치安置했다가 후생성과 재일본조선인총연합회在日本朝鮮人總聯合會 항의로 76일 만에 단계별로 복원復元 조치
1992.3.1	2	일본 홋카이도 소재 소라치空知 민중사강좌民衆史講座가 발굴한 유골 2주를 한국 '망향의 동산'에 이장
1992.5.20	104	재일동포 배해원이 도쿄 대향사에서 봉환한 유골. 태평양전쟁한국인유족회장 김경석金景錫이 춘천납골당에 보관
1995	10	일본 홋카이도의 민단 본부(2주)와 소라치空知민중사강좌(8주) 발굴 유골을 한국 '국립 망향의 동산'에 봉환
1998.3.10	4	일본 후생성에서 황해도 출신 학도병 1주, 제주도 출신 3주의 유골을 한국 외교통상부로 인도
2005.6.16	1	일본 외무성 직원이 김포공항에서 보건복지부 직원에게 전달

참고문헌

일본 외무성 외교사료관 소장 자료(태평양전쟁 종결에 의한 구 일본 국적인의 보호인
    양관계잡건 조선인 관계1, 릴 넘버 K'0087)
한일회담청구권 문서(한국 측 문서)

森田芳夫, 『朝鮮終戰の記錄』, 巖南堂서점, 1964.
李泳禧, 『역정』, 창작과 비평사, 1988.
姜在彦 金東勳, 『在日韓國朝鮮人-歷史と展望』, 勞働經濟社, 1989.
李圭哲, 『시베리아 恨의 노래』, 1992(프린트본).
노마 필드, 박이엽 옮김, 『죽어가는 천황의 나라에서』, 창비, 1995.
전경운, 『한족韓族 2세 3세가 天仁安島(티니안섬)에 살고 잇는 혼혈아들』(1995년 7월
    2일 작성, 프린트본).
최영호, 『재일한국인과 조국 광복』, 글모인, 1995.
노다 마사아키, 서혜영 옮김, 『전쟁과 인간』, 길, 2000.
한국정신대연구소, 『할머니 군위안부가 뭐예요?』, 한겨레신문사, 2000.
도미야마 이치로, 임성모 옮김, 『전장의 기억』, 이산, 2002.
정혜경, 『일제말기 조선인 강제연행의 역사 -사료연구』, 경인문화사, 2003.
金光烈, 『足で見た筑豊』, 明石書店, 2004.
문제안 외, 『8.15의 기억』, 한길사, 2005.
정근식·신주백 엮음, 『8.15의 기억과 도아시아적 지평』, 선인, 2006.
최영호, 『한일관계의 흐름 2004-2005』, 논형, 2006.
테사 모리스 스즈키, 김경원 옮김, 『우리안의 과거』, 휴머니스트, 2006.
국무총리 소속 일제강점하 강제동원피해진상규명위원회, 『시베리아 억류 조선인 포
    로의 기억1』, 2007.

小熊英二, 한철호 옮김, 『일본이라는 나라?』, 책과함께, 2007.
佐藤卓巳, 원용진 외 옮김, 『8월 15일의 신화 -일본역사교과서, 미디어의 정치학』, 궁리, 2007.
국무총리소속 일제강점하강제동원피해진상규명위원회 직권조사결과보고서, 『사할린 미즈호(瑞穗) 조선인 학살사건 진상조사』, 2008.
박진희, 『한일회담』, 선인, 2008.
太田修, 송병건 등 옮김, 『한일교섭』, 선인, 2008.
현대송 편, 『한국과 일본의 역사인식』, 나남출판사, 2008.
김효순, 『나는 일본군 인민군 국군이었다』, 서해문집, 2009.
국무총리 소속 일제강점하강제동원피해진상규명위원회, 『일제강점하 강제동원희생자 유골봉환백서』, 2009.
국무총리 소속 일제강점하강제동원피해진상규명위원회, 『해방직후 이끼·대마도 지역의 귀국 조선인 해난사고 및 희생자 유골문제 진상조사』, 2009.
장박진, 『식민지 관계청산은 왜 이루어질 수 없었는가』, 논형, 2009.
宋百鎭, 『벽야 송백진 회고록』, 2010.
노 다니엘, 김철훈 옮김, 『독도밀약』, 한울아카데미, 2011.
정혜경, 『일본제국과 조선인노무자 공출』, 선인출판사, 2011.
猪瀬直樹, 박연정 옮김, 『1941년 여름의 패전』, 추수밭, 2011.
이상호, 『맥아더와 한국전쟁』, 푸른역사, 2012.
이연식, 『조선을 떠나며』, 역사비평사, 2012.
국무총리 소속 대일항쟁기강제동원피해조사 및 국외강제동원희생자 등 지원위원회, 『일제강점하 강제동원진상규명의 향후 과제』(2012 국내외 관계자 초청 워크숍 자료집), 2012.
국무총리 소속 대일항쟁기강제동원피해조사 및 국외강제동원희생자 등 지원위원회, 『2013 학술연구용역보고서 -일제 강점동원 동원규모 등에 관한 용역』, 2013.
박진우, 『천황의 전쟁 책임』, 서울대학교 일본연구소, 2013.
남효순·석광현·이근관·이동진·천경훈, 『일제강점기 강제징용사건판결의 종합적 연구』, 박영사, 2014.
동북아역사재단, 『일제식민지배 피해자의 구제를 위한 법정책적 과제』(한일협정 50년사의 재조명 국제학술회의 자료집), 2014.
동북아역사재단, 『일제침탈사 국제공동연구 워크숍 자료집』, 2014.7.29.
동북아역사재단, 『일제침탈사 국제공동연구 학술회의 자료집』, 2014.11.20-21.
조세영, 『한일관계 50년, 갈등과 협력의 발자취』, 대한민국역사박물관, 2014.

川田文子, 오근영 옮김, 『빨간 기와집』, 꿈교출판사, 2014.

小熊英二, 김범수 옮김, 『일본 양심의 탄생』, 동아시아, 2015.

최영호 외, 『강제동원을 말한다 -일제말기 조선인 피징용노무자 미수금 문제』, 선인, 2015.

山本七平, 최용우 옮김, 『어느 하급 장교가 바라본 일본제국의 육군』, 글항아리, 2016.

국무총리 소속 대일항쟁기강제동원피해조사 및 국외강제동원희생자 등 지원위원회, 『위원회 활동결과보고서』, 2016.

최영호, 「한국정부의 대일 민간청구권 보상과정」, 『한일민족문제연구』 8, 2005.

정혜경, 「日帝强占下强制動員被害眞相糾明委員會調査를通해서보는勞務動員」, 『季刊戰爭責任硏究』 55, 2007.

김광열, 「한국의 '역사청산' 법제화 운동에 대한 연구 - 일제강제동원피해 규명운동의 사례를 중심으로」, 『한일민족문제연구』 14, 2008.

하승현, 「일제강점기 강제동원 피해구제」, 성균관대학교 국가전략대학원 석사학위논문, 2010.

장박진, 「강제징용 한국인 피해문제에 대한 대법원 판결의 문제점 검토」, 『일본공간』 14호., 2013.

방일권, 「이루어지지 못한 귀환 : 소련의 귀환정책과 사할린 한인」, 『동북아역사논총』 46호, 2014.

강정숙, 「일본군성노예문제와 관련한 남북교류와 북측의 대응」, 『여성과 역사』 24, 2016.

이상호, 「한국전쟁기 미국의 대일정책 변화와 일본경찰예비대 창설」, 『아세아연구』 59-4, 2016.

일본 TBS '나는 조개가 되고 싶다'

가게야마 아사코影山あさ子 · 후지모토 유키히사藤本幸久감독의 다큐 영화 '할아버지를 파다(2013)'

MBC 광복절특집프로그램 '아버지와 나 - 시베리아포로, 1945년'(2016)

Face Book 글(김광열, 조진구)

정혜경(鄭惠瓊)

1960년 서울에서 태어났다.

한국정신문화연구원(현 한국학중앙연구원)에서 식민지 시기 재일한인의 역사를 주제로 석사와 박사학위를 받았다. 1995년부터 구술사(Oral History)를 시작했고, 1999년부터 기록학(Achival Science) 분야도 공부했다.

그간 단행본 10권(단독)과 논문 40여 편을 발표했고, 일제강제동원&평화 연구회에서 일제말기 조선인 인력동원에 대해 공부하고 있다.

'국무총리 소속 대일항쟁기 강제동원피해조사 및 국외강제동원희생자 등 지원위원회'에서 11년간 조사과장으로 일했으며, 현재는 역사콘텐츠를 통한 역사대중화에 관심을 가진 이들과 '역사문화콘텐츠 공간'에서 난장亂場을 펼치고 있다.